Wolfram Frietsch

Die Traumfahrt der Zauberflöte

Individuation und Archetypus: Mozarts Zauberflöte
aus der Sicht der Psychologie C.G. Jungs

Die Deutsche Bibliothek verzeichnet diese Publikation in der
Deutschen Nationalbibliografie; detaillierte bibliografische Daten
sind im Internet über http://dnb.ddb.de abrufbar.

2. Auflage, erweitert und durchgesehen,
Gaggenau 2017

Besuchen Sie uns im Internet unter
www.scientia-nova.de

Printet in Germany

ISBN 978-3-935164-09-2

Wolfram Frietsch

Die Traumfahrt der Zauberflöte

Individuation und Archetypus:
Mozarts Zauberflöte
aus der Sicht der Psychologie C. G. Jungs

scientia nova

Du schläfst, damit du erwachst.
Du stirbst, damit du lebst.

(Pyramidentext § 1975 b)

Ich habe es versucht, ihre Situation bestmöglich zu verstehen und habe in dieser Untersuchung die Resultate meiner Bemühung dargestellt als ein Beispiel für die Art und den Umfang der Problematik, um die ein Arzt, der Psychotherapie betreiben will, wissen sollte. Er braucht eine Wissenschaft von der Seele, nicht eine Theorie über dieselbe. Ich betrachte den Betrieb der Wissenschaft nicht als einen Wettkampf ums Rechthaben, sondern als eine Arbeit an der Mehrung und Vertiefung der Erkenntnis.

(C.G. Jung: Wandlungen und Symbole der Libido, GW 5, 561)

Nichts ist drinnen, nichts ist draußen;
Denn was innen, das ist außen.

(Goethe: Gott und Welt, Epirrhema)

Wir brauchen in unserer heutigen Zeit auch etwas, was nicht zu gebrauchen ist.

(Karl Kerényi)

Inhaltsverzeichnis

Zweiter Teil

Das kollektive Unbewusste in der Zauberflöte: Archetypen und Mysterien

Vorwort

Die *Zauberflöte* ist nicht nur eine bedeutende Oper, sondern ein zutiefst symbolisches Werk. Möglich, dass gerade ihre Symbolkraft zu dem die Jahrhunderte überdauernden Erfolg beitrug. Die Oper ein Symbol? Nicht nur. In ihr spiegelt sich auch eine psychologische Wahrheit, die ich über der Gedankenwelt C.G. Jungs erschließen möchte. Mein Interesse gilt dabei der archetypischen Symbolik und Struktur der Oper. Ihre Bedeutung zu entziffern und zu interpretieren im System der Individuation als Prozess der Selbstsuche, Selbstverwirklichung und Selbstwerdung ist das Anliegen dieses Buches.

Dass ein solcher Deutungs-Prozess nicht zu Ende kommt, liegt auf der Hand. Müßig wäre es zu sagen, dass meine Interpretation eine abgeschlossene sei. Vielmehr geht es mir darum, Alternativen zu anderen Deutungen aufzuzeigen und dem Leser Anregungen für seine eigene Lesart zu geben. Dann nämlich greift das, was C.G. Jung als Individuation bezeichnet. Die eigene Beschäftigung mit der Oper und der Versuch, zu einer eigenen Interpretation zu gelangen im Medium der hier vorliegenden Auffassung, all das trägt zur eigenen Individuation mit bei.

Vorab einige Bemerkungen: Einige handelnde Figuren werden von mir anders gesehen als allgemein üblich. Beispielsweise ist die Königin der Nacht als liebende Mutter nicht nur eine gütige Gestalt, sondern auch eine furchterregende Hetäre. Ihre Rolle ist komplex angelegt, es überwiegen, meiner Meinung nach, jedoch die Schattenseiten. Allerdings wiederfuhr ihr auch nicht jene Gerechtigkeit, die sie sich gewünscht hatte. Sie musste und muss sich in einer Männerwelt durchsetzen und behaupten. Andererseits rechtfertigt dies nicht ihr Verhalten gegenüber ihrer eigenen Tochter: Zuerst versuchte sie diese dem Tamino anzutragen – nicht ohne Hintergedanken – und als das nicht das gewünschte Ergebnis brachte – sie verliert sowohl Pamina als auch Tamino an Sarastro –, verspricht sie Pamina sogar dem Monostatos, der sie zu vergewaltigen versucht hatte. Und zu guter Letzt dingt sie ihre Tochter als Meuchelmörderin. Auch bei großzügiger Betrachtung bleibt das irritierend.

Tamino wiederum ist nicht jener strahlende Held, der er sein möchte, sondern auch ein sich überschätzender Naivling. Man muss ihn „zum Jagen tragen“, wie es so schön heißt. Dennoch ist er es, der die Wandlung des Geschehens erst ermöglicht und den Konflikt mit Hilfe von Pamina und Sarastro lösen kann.

All das sind – auf der Handlungsebene – nicht immer leicht zu durchschauende Momente. Kommt noch die Symbolik hinzu, wird eine auf den ersten Blick einfache Oper verwickelt und kompliziert. Trotz allem ist die *Zauberflöte* auf eine verborgene Art und Weise in sich stimmig, dann nämlich, wenn sie beispielsweise unter dem Gesichtspunkt der Individuation betrachtet wird. Die Oper bedarf also der Interpretation. Der Prozess der Auseinandersetzung macht sie dann lebendiger, vielgestaltiger und tiefgründiger. Er kann, wie bei jedem guten Werk, nichts von ihrem Zauber wegnehmen.

In diesem Sinne ist es mir ein Anliegen, die Gedankenwelt C.G. Jungs mit jener der *Zauberflöte* zusammenzubringen und eine über die Oper hinausgehende Welt mit erschließen zu helfen.

Einleitung

Die *Zauberflöte* ist in ihrer Einfachheit und Schlichtheit ein hoch komplexes Gebilde. Kaum möglich scheint es, die durch sie an uns herangetragenen oder in uns ausgelösten Fragen und Rätsel beantworten oder gar lösen zu können. Die *Zauberflöte* zeigt uns eine andere Welt, eine, in der alles erlebbar scheint. Sie ist wie ein Traum, der seiner eigenen Logik folgt. Alle Deutungsversuche können daher nur vorläufig sein und alles Material, so gründlich es vorliegen mag, kann sich nur annähern. Eine endgültige oder gar richtige Deutung der *Zauberflöte* wird es ebenso wenig geben, wie den Versuch, keine Deutungen mehr zu unternehmen.

Es gehört vielmehr zur menschlichen Natur, einen Sinn „hinter" etwas zu suchen oder zu vermuten. Um diese Sehnsucht zu befriedigen, würde man alles tun, wenn möglich, sogar Mozart und Schikaneder wieder zum Leben erwecken, um sie über den verborgenen Sinn ihrer Oper befragen zu können. Aber könnten sie Auskunft geben? Wissen sie, was sie geschaffen haben? Kann überhaupt jemand wissen, was sich in dieser Oper abspielt und zwar nicht allein auf offener Bühne, sondern auch „hinter" den Kulissen?

Wird nicht durch und mit der *Zauberflöte* ein imaginärer Raum erzeugt, in dem sich Handlung und Kulissen, Schauspieler und Publikum, Musiker und Dirigent, Komponist und Textdichter, Vergangenheit und Gegenwart, Sterbliche und Götter, Offenes und Verborgenes, Klarheit und Mysterium treffen, um gemeinsam eine einzigartige Oper zu bewirken? Kommt uns nicht in jeder Aufführung, ja in jedem Moment, wenn an die *Zauberflöte* gedacht wird, ein imaginäres *Etwas* in den Sinn, das besagen will: *Das* ist der *Zauber* der *Zauberflöte*! – Was aber ist dieses *Etwas*?

Was letztlich bleibt, ist das Faszinosum *Zauberflöte* und zwar in Bezug auf denjenigen, der sie hört, sich mit ihr auseinandersetzt, sie betrachtet und sich darüber Gedanken macht. Das ist das Reale der *Zauberflöte* und zugleich ihr Märchen und das ist die Basis, von der hier ausgegangen wird.

Lassen wir uns auf die *Zauberflöten*-Welt ein, wird man sich wieder einer Welt gewahr, in der – wie im Märchen – alles möglich scheint. Die Welt ist verwandelt und ein geheimnisvoller Sinn leuchtet in den kleinsten Kleinigkeiten. Plötzlich ist alles wichtig geworden und kann Auskunft über das Wesentliche der Welt geben. Ruft nicht Papageno in einem entscheidenden Moment aus „Ich Narr vergaß der Zauberdinge!"

Vergessen nicht auch wir die Zauberdinge, jene Glücksmomente, in denen die Dinge zu uns sprechen und die Welt um uns lebendig wird? Erhält dann nicht alles eine symbolische Qualität? Eine eigene Ewigkeit? Einen Glanz der Unvergänglichkeit? Und spüren wir dabei nicht unmittelbar, dass es ein Mehr an Sinn gibt, den wir ahnen, aber noch nicht zu benennen vermögen, weil er uns im letzten Moment immer zu entwischen scheint? In seiner Erzählung *Jugend ohne Jugend* drückt dies der Religionswissenschaftler Mircea Eliade so aus:

> *Er sprach manchmal von einer neuen Lebensqualität, behauptete steif und fest, daß jeder von uns sie entdecken kann und muß. Kaum aufgewacht, wurde er von einer Freude überflutet, die er nicht zu beschreiben vermochte; es war zweifellos Lebensfreude, Freude über sein eigenes Wohlergehen, aber auch über die Tatsache, daß es andere Menschen gab, daß die Jahreszeiten einander ablösten und kein Tag dem anderen glich, daß er Bäume und Blumen sehen und Tiere streicheln konnte. Auf der Straße hatte er, auch wenn er nicht ringsumher blickte, das Gefühl, einer riesigen Gemeinschaft anzugehören, ein Teil der Welt zu sein. Er betrachtete selbst Häßliches wie eine Müllgrube oder einen Autofriedhof mit verklärten Augen.*

Wenn die Welt sich plötzlich in eine märchenhafte verwandelt, hat alles eine Bedeutung. Nichts ist unbedeutend. Alles ist wesenhaft und wichtig. Ebenso ergeht es dem Helden der Oper, Tamino, als er wieder erwacht und sich in die unwirkliche Umgebung der Zauberflötenwelt versetzt findet. Er wird zum Staunenden, zum Faszinierten, zum Verwunderten.

Das Eigenartige daran ist, dass diese andere Welt immer schon *da* war. Wir haben sie nur nicht bemerkt. Deshalb ist es nötig, ab und zu die eigenen Sinne und Empfindungen, seinen Verstand und sein Gefühl, seine Intuition und seine Anschauung in Frage zu stellen und neu auszurichten. Eben solches geschieht, wenn wir uns einem solch komplexen Werk wie Mozarts *Zauberflöte* nähern, wenn wir in die Zauberflötenwelt eintauchen und versuchen, sie unter symbolischen und archetypischen Gesichtspunkten zu beleuchten, wobei nur das aufgezeigt werden kann, was vorhanden aber nicht unmittelbar sichtbar ist. Der dabei gewonnene Erkenntniszuwachs wird nicht nur ein rationaler, sondern auch ein existentieller sein.

Die *Zauberflöte* ist, wie die zahlreichen mitunter differierenden Deutungen zeigen, eine dankbare Projektionsfläche und gehorcht doch nur ihrer eigenen Logik. Die Zauberflötenwelt bildet ihr eigenes Universum an Möglichkeiten, die im Alltag nur schwer wiederzufinden sind. Unschwer zu erahnen ist aber, dass die Zauberflötenwelt zutiefst symbolisch dasteht. Diese Symbole können einsichtig gemacht und ihre Bedeutung freigelegt werden.

Besteht dabei nicht die Gefahr einer willkürlichen Deutung oder Überinterpretation? Lautet dabei doch der gängige Einwand: Hat dies der Autor auch so gewollt? Hat er das beabsichtigt? – Die ehrlichste Antwort darauf muss lauten: Wir wissen es nicht. Wir können es nicht sagen. Selbst wenn der Autor neben uns stünde und wir ihm unsere Deutung verlauten ließen, er sozusagen als Schiedsrichter fungierte, könnte er nur zustimmen oder nicht. Was, wenn er nicht zustimmt? Liegen wir dann „falsch“ mit unserer Interpretation? Wenn wir den Autor als letzte Autorität hinter seinem Werk vermuten, dann bleibt auch dies nur eine Vermutung.

In jedem künstlerischen Werk muss vieles offen gelassen werden. Vieles bleibt ungesagt, ist doppeldeutig oder entzieht sich einer eindeutigen Aussagemöglichkeit. Sich auf die Autorität des Autors oder die Autorität eines zeitgenössischen Publikums zu beziehen ist eine gute Möglichkeit, die aber dann zu kurz greift, wenn sich das Werk schon bald nach der Uraufführung vieler Deutungsvarianten erfreute, so wie es bei der *Zauberflöte* der Fall war.

Wir können sie als Märchenoper betrachten oder als ägyptische Oper. Wir können sie als von Geheimwissen geprägt ansehen oder in ihr verborgene Hinweise auf Geheimgesellschaften vermuten. Wir können ihren Text ignorieren und uns lediglich an der Musik erfreuen; oder wir können den Text nach logischen Brüchen absuchen und feststellen, dass diese zuhauf vorhanden sind. Es gibt kaum ein widersprüchlicheres Werk wie das der *Zauberflöte*.

Alle Deutungsversuche können nur Annäherungen sein. Sie abzuwerten ist müßig. So wichtig und wesentlich es ist, die historische Situation, in der die Oper spielt, herauszuarbeiten, so unbefriedigend bleibt dies und wenig hilfreich, wenn es darum geht, die Faszination und die *tiefen*-psychologische Ebene der Oper aufzuzeigen. Dazu kommt, dass wir dabei von einer idealen Situation eines idealen zeitgenössischen Verständnisses ausgehen würden. Aber: Wie viele Opernbesucher haben die Hinweise auf die Ereignisse der damaligen Zeit verstanden? Wie viele haben überhaupt die ägyptischen Hintergründe in ihrer Bedeutung erfasst? Von welcher historischen Situation sollen wir ausgehen? Vom 30. September 1791, dem Tag der Uraufführung? Oder, um ein beliebiges Datum zu nennen, dem 23. März 1793?

All das scheint vordergründig sinnvoll, bei näherer Betrachtung jedoch verlieren wir uns in Details, die keinen festen Boden geben, sondern im Gegenteil, uns letztlich keinerlei Urteil mehr erlauben. Zu komplex und vieldeutig werden alle zusammengetragenen Informationen dastehen. Uferlos und undurchschaubar wird es letztlich keine Erkenntnis geben, sondern, wie der Philosoph Edmund Husserl treffend bemerkt, Skeptizismus wird das Ergebnis sein. Doch gerade das wollen wir hier vermeiden.

In dieser Untersuchung werden wir davon ausgehen, dass in der Oper eine verborgene, unbewusste und *tiefere* Symbolebene vorhanden ist, die in einem psychologischen Sinne wirkt, eben weil sie uns ergreift, und es deshalb nahe liegt, auf das Arbeitswerkzeug der Psychologie zurückzugreifen. Des Weiteren nehmen wir an, dass eine symbolische Ebene einen archetypischen Grund hat, dass also die Oper um ein archetypisches Zentrum kreist – oder um mehrere Zentren –, was mittels der Psychologie C.G. Jungs offengelegt werden kann.

Eine psychologische Deutung geht von Fragen aus, die hilfreich sind, um den eigenen Zugang zur Oper besser verstehen und auslegen zu können. So sind Fragen nach dem Sinn der Handlung, der handelnden Figuren und vor allem nach der Symbolik für das eigene Verständnis wesentlich. Entscheidend ist dabei die Frage: Was könnte es bedeuten, würde ich dieses Symbol träumen? Oder, was könnte eine entsprechende Figur aus der *Zauberflöte* ausdrücken, würde sie mir im Traum erscheinen? Was besagt sie auf der Subjekt- und was auf der Objektstufe? Orientieren wir[1] uns an den Arbeiten von

1 Das im Text gebrauchte „wir“ schließt den miterlebenden Leser ebenso ein

C. G. Jung und seinen Nachfolgern, so wird deutlich, dass es trotz der Komplexität des Materials um die Bezogenheit auf eine archetypische Grundaussage geht, die sich an einer psychischen Gesamtsituation oder einer seelischen Gestimmtheit orientiert.

Wenn wir also in einer Sprache des „Dahinter“, des „Verborgenen“ oder „Unbewussten“ argumentieren, sollte gleichzeitig damit deutlich sein, dass dies als Hilfskonstruktion dient, um die Komplexität des Sich-Darstellenden zu entziffern. Wir vermögen es nicht oder noch nicht, unmittelbar einsichtig auf eine Symbolstruktur zu reagieren und bedienen uns deshalb einer archäologischen Sprache der *Tiefen*-Deutung, die nach Verborgenem schürft. Gemeint kann aber nur sein, etwas offenzulegen, was offensichtlich sein könnte, zum jetzigen Zeitpunkt aber nicht ist.

Ein Irrtum wäre es anzunehmen, der zu entziffernde oder zu erschließende Text enthalte einen Sub- oder Metatext. Das tut er nur scheinbar. Denn ein Text ist das, was er ist und enthält alle Deutungsmöglichkeiten dadurch, dass sie auf ihn bezogen werden müssen.

Eine Deutung im Sinne der Jungschen Psychologie ist also auch in der Zauberflötenwelt präsent. Diese Präsenz evident zu machen bedeutet, aus der Gleichzeitigkeit des Vorhandenen verschiedene Ebenen des Präsenten aufzuzeigen. Dieser Prozess ist von seiner Idee her ein zutiefst ganzheitlicher; von seiner Herangehensweise aber werden zuerst die Aspekte benamt, aufgeschlüsselt und zerlegt.

Wenn wir von einer symbolischen Ebene sprechen, dann ist sie immer mit der Handlungsebene verbunden und nicht von ihr zu trennen. Sprechen wir von einer archetypischen Konstellation, ist dies kein unabhängiger oder losgelöster Bereich in einem luftleeren Raum, sondern die zur jeweiligen Szene oder zum jeweiligen Umstand gehörige und damit fest verbundene Sphäre.

Die Psychologie C.G. Jungs legt ihr Augenmerk verstärkt auf archetypische Konstellationen, ohne dabei den Blick auf die psychische Disposition oder die reale Situation zu verlieren. Es wird weder der reale und aktuelle Aspekt verkannt, noch wird er zugunsten einer imaginären Vorstellung verborgen. Im Gegenteil: durch eine solche Betrachtungsweise öffnet sich neuer Raum, der – bildlich ge-

---

wie den Autor, der zugleich Leser ist und entkleidet sich damit des Vorwurfs eines pluralis majestatis.

sprochen – zum gleichen Gebäude gehört, bis jetzt aber unbemerkt bleibt. Dennoch: Er ist *da* und übertragen auf die seelische Wirklichkeit: Er wirkt!

In dem Sinne ist eine archetypische Disposition wie eine magnetische Kraft, die gewisse Dispositionen und Konstellationen an sich bindet oder um sich schart. Diese wiederum sind als Symbole oder archetypische Bilder auszumachen und finden ihren Widerhall in der sich darstellenden Handlungssituation.

Man kann davon ausgehen, dass der gesamten Oper eine archetypische Konstellation zugrunde liegt, die bis heute wirksam ist. Abzulesen ist das am Grad ihrer Faszination und Rezeption. Die *Zauberflöte* ist nach wie vor anziehend, ergreifend, bewegend und problematisch. Sie stellt im besten Sinne eine Aufgabe der Interpretation dar. Wir sind aufgefordert, uns diesem Problem zu nähern, es aufzunehmen und seine Entschlüsselung zu versuchen.

Zur Selbstkontrolle können wir folgende Fragen stellen: Fasziniert uns die *Zauberflöte*? Wenn ja, wollen wir uns auf diese Faszination einlassen? Was bedeutet und *meint* diese Faszination? Was verbirgt sie, was legt sie offen? Welche „Botschaft" bewahrt die *Zauberflöte* für uns?

Dennoch müssen wir nicht alles, was uns daran fasziniert – wovon wir uns ergreifen lassen oder ergriffen sind – bis ins kleinste Detail analysieren. Der Verdacht besteht, dass eine solche Arbeit etwas zu rational und zu analytisch angegangen werden könnte. Die Angst oder zumindest die Befürchtung schwingt mit, dass bei einem solchen Prozess der Auseinandersetzung etwas verlorenzugehen vermag. Der Dichter Maurice Maeterlink hat es treffend beschrieben:

> *Sobald wir etwas aussprechen, entwerten wir es seltsam. Wir glauben, in die Tiefe der Abgründe hinabgetaucht zu sein, und wenn wir wieder an die Oberfläche kommen, gleicht der Wassertropfen an unsern bleichen Fingerspitzen nicht mehr dem Meere, dem er entstammt. Wir wähnen eine Schatzgrube wunderbarer Schätze entdeckt zu haben, und wenn wir wieder ans Tageslicht kommen, haben wir nur falsche Steine und Glasscherben mitgebracht; und trotzdem schimmert der Schatz im Finstern unverändert.*

Auch Rainer Maria Rilke kennt solche Gedanken und Befürchtungen. In einem seiner Gedichte sagt er uns:

Ich fürchte mich so vor der Menschen Wort.
Sie sprechen alles so deutlich aus:
Und dieses heißt Hund und jenes heißt Haus,
und hier ist Beginn und das Ende ist dort.

Mich bangt auch ihr Sinn, ihr Spiel mit dem Spott,
sie wissen alles, was wird und war;
kein Berg ist ihnen mehr wunderbar;
ihr Garten und Gut grenzt grade an Gott.
Ich will immer warnen und wehren: Bleibt fern.
Die Dinge singen hör ich so gern.
Ihr rührt sie an: sie sind starr und stumm.
Ihr bringt mir alle die Dinge um.

Unser Ziel kann es nicht sein, die Dinge *umzubringen*, d.h. ihnen ihre *Manakraft*, ihre Anziehungskraft oder Numinosität zu rauben. Sich in reine Begrifflichkeiten zu versenken und dabei die eigentliche Bedeutung aus den Augen zu verlieren, kann ebenfalls nicht der Weg sein. Ganz im Gegenteil. Friedrich Weinreb teilt diese Bedenken und hält folgendes dagegen:

> *Das Wort kann sich öffnen. Aber nur dem, der sich in Gefühlen zu ihm begibt. Ein Öffnen im Kausalen, im Naturwissenschaftlichen gibt es nicht, da bleibt man äußerlich. Das Wort erreicht uns also, wenn wir Empfindungen haben ..., dann entsteht eine Beziehung von uns zum Wort und vom Wort zu uns, dann lebt es.*

Eine nur kausale und rein logische Deutung würde dem Sinn nicht gerecht und blockierte die filigrane Verbindungslinie zwischen unserem Inneren und der *Zauberflöten*-Welt. Gerade die subtilen Ahnungen, Eingebungen und Intuitionen sind es, die einen Riss in der Wirklichkeit erspüren und uns ahnen lassen, dass da noch mehr ist. Zum Anfang hegen wir einen Verdacht und folgen ihm. Es wird sich zeigen, was dabei zum Vorschein kommt.

Eine kurze Wegbeschreibung

Die Zauberflöte wurde von Emanuel Schikaneder und Wolfgang Amadeus Mozart getextet bzw. komponiert. Die Uraufführung fand am 30. September 1791 im Freihaustheater in Wien statt. Die Handlung der Oper setzt ein mit dem Auftritt des Prinzen Tamino, einem jungen Mann, der sich von einer Schlange verfolgt sieht. Doch davor war einiges geschehen, vom dem der Zuschauer erst im Laufe der Handlung erfährt. (Eine ausführliche Inhaltsangabe der Oper findet sich im Anhang.)

Als Paminas Vater starb, hatte er seine Macht in Form des *siebenfachen Sonnenkreises* an Sarastro und die Eingeweihten übergeben. Gleichzeitig unterstellte er seine Frau, die *Königin der Nacht*, zusammen mit seiner Tochter Pamina der Führung der Priester. Die Königin der Nacht weigerte sich, dieser Forderung nachzukommen. Das zuvor geeinte Reich spaltete sich in die Machtbereiche der Königin der Nacht einerseits und der Eingeweihten um Sarastro andererseits. Daraufhin entführte Sarastro Pamina, was die trauernde Königin der Nacht verzweifelt nach einer Möglichkeit suchen lässt, ihre Tochter zurückzugewinnen. Parallel zur Entführung Paminas gelangt Tamino, verfolgt durch die Riesenschlange, in das Reich der Königin der Nacht.

In einer Aufführung der Bayrischen Staatsoper unter Wolfgang Sawallisch und einer Inszenierung von August Everding aus dem Jahre 1983 konnte man sehen, dass die Königin der Nacht, sozusagen von oben herab, die Fäden zog. *Sie* dirigiert also das Geschehen, lenkt die Schlange, verschiebt die Felsen, weist die Drei Damen an, die Schlange zu töten. Der Verdacht liegt nahe, dass sie die Schlange geschickt und das Geschehen inszeniert hat mit der Absicht, jemanden zu finden, der für sie die Tochter aus den Fängen Sarastros befreit. Tamino wird also nicht zufällig von einer Riesenschlange verfolgt und gerät nicht von ungefähr in diese öde, felsige Gegend, weitab von seinen Gefährten, vielmehr schürt das Geschehen die Vermutung, dass wir es mit einer inszenierten Aktion zu tun haben.

In der Tat macht sich Tamino mit Papageno, einem Vogelhändler auf, Pamina zu suchen und sie zur ihrer Mutter zurückzubringen. Tamino hat eine Zauberflöte im Gepäck, Papageno ein silbernes Glockenspiel. Beide Instrumente haben Zauberkräfte. Ehe aber Tamino sein Vorhaben in die Tat umsetzen kann, wird er von Sarastro überzeugt, dass die Königin der Nacht die Menschen täuscht und verblendet.

Sarastro bietet Tamino eine Einweihung in die geheimen Mysterien der Isis und lässt verlauten, dass er Pamina der Mutter entrissen habe, weil es der Götter Vorsehung sei und Pamina für Tamino bestimmt wäre. Tamino wird nicht nur Pamina gewinnen, sondern auch der Weisheit eines Eingeweihten teilhaftig. Das Paar wird die Nachfolge Sarastros und der Königin der Nacht antreten und beide Reiche werden dadurch wieder vereint.

Die Handlung birgt Unerwartetes und gibt dem Unvorhergesehenen Raum. Die duale Handlungsstruktur – Paminas Befreiungsversuch, die anstehende Einweihung – und die Ambivalenz der Handelnden – die Königin der Nacht wird von der trauernden zur rächenden Mutter, Sarastro vom Entführer zum gerechten Weisen, Tamino vom Prinzen zum Eingeweihten – unterstreichen die Unberechenbarkeit des Geschehens.

Am Ende, so der suggerierte Eindruck, haben die Götter gehandelt, hat sich alles nach einem höheren Ratschluss erfüllt. Das Schicksal hat die Fäden gezogen und die teilweise verwirrende bis widersprüchliche Handlung erhält durch die Bannung der Königin der Nacht und die Einsetzung von Pamina und Tamino einen versöhnlichen Sinn.

Nicht nur Pamina und Tamino haben sich gefunden, sondern auch die beiden Reiche – Mond und Nacht auf der einen, Sonne und Tag auf der anderen – können befriedet werden. Der synchrone Akt – Tamino und Pamina, Sonne und Mond, Priester und Herrscher – geht Hand in Hand mit einem diachronen Akt: die Überlieferung der alten Mysterien (Vergangenheit) harmoniert mit den politischen Machtverhältnissen der Gegenwart: Der weise Herrscher der Gegenwart und Zukunft ist mit der zeitlosen Mysterien-Tradition verbunden.

Vorbild der Oper

Als Vorbild der Oper dienen verschiedene Vorlagen. Insbesondere der Roman des Abbé Jean Terrasson *Sethos* (1777/78), der im Alten Ägypten spielt, wird immer wieder mit der Handlung der Oper in Verbindung gebracht. Aus dem Sethos-Roman erfahren wir, dass dessen Vater Osoroth kein Interesse an der Ausübung seiner Herrschaft hatte und diese seiner Frau Nephte überließ, die allseits geachtet und beliebt war. Sethos, der Sohn des Osoroth, wird vom Weisen Amedes erzogen. Nach dem frühen Tod Nephtes heiratet Osoroth Dulca, die die neue Herrscherin wird, aber Hof und Land korrumpiert.

Um Sethos zu prüfen, schickt Amedes (!) eine Riesenschlange, die von Sethos besiegt wird. Danach wird er in die Geheimnisse der Pyramide eingeweiht und besteht die Probe der Vier Elemente: Feuer, Wasser, Luft und Erde. Er wird die Ordnung im Land wieder herstellen.

In der *Zauberflöte* wird auch Tamino, der unvermutet auftaucht, von einer Riesenschlange angegriffen, die er aber nicht selber tötet, das geschieht durch die Dienerinnen der Königin der Nacht. Letztere herrscht wie ihr Vorbild Dulca. Auf den ersten Blick wird deutlich, dass Dulca als „böse“ Herrscherin der Königin der Nacht entspreche, Sethos dem Tamino, Amedes dem Sarastro und die Initiation in die Pyramide und die Riesenschlange wären Teil der Einweihung in die Mysterien. Der Vater Paminas ist tot, der Vater des Sethos lebt zwar, tritt aber nicht in Erscheinung.

Aus der Handlung des Sethos-Romans wird deutlich, dass Sethos seine Stiefmutter stürzen und selber die Regierung antreten wird. Diese eingeschlagene Richtung wird in der *Zauberflöte* – wenn auch leicht variiert – beibehalten: Pamina und Tamino treten nach bestandenen Prüfungen die Herrschaft an, die Königin der Nacht (Dulca) wird gestürzt.

Der fehlende oder abwesende König bzw. Vater und die herrschsüchtige Mutter bzw. Stiefmutter bilden den Konfliktrahmen, in dem Sethos/Tamino und Pamina agieren. Ebenso wie Sethos vom Konflikt am Hof nichts mitbekommt, weil ihn Amedes davon fernhält, erfuhr auch Pamina nichts von der Absicht ihres Vaters, mit der er Sarastro einst die Macht anvertraut hatte. Für sie ist Sarastro ein Dämon, der sie ihrer Mutter entriss und nun grundlos gefangen hält.

Ein weiteres Vorbild für die Handlung der Oper ist J. A. Liebeskinds Erzählung *Lulu oder Die Zauberflöte* aus dem Jahre 1787. Sie wurde in den zweiten Band von Christoph Martin Wielands *Dschinnistan oder auserlesene Feen- und Geistermärchen* aufgenommen.

Der böse Zauberer Dilsenghuin hat der strahlenden Fee Perifirme den Feuerstrahl und die Tochter Sidi geraubt. Die Funken des Feuerstrahls ermöglichen die Herrschaft über das Geisterreich. Ein Prinz namens Lulu soll beides – Tochter und Feuerstrahl – zur Fee Perifirme zurückbringen. Ihm wird die Hand der Tochter versprochen.

Der Prinz erhält einen Ring, der ihm jede gewünschte Gestalt verleiht sowie eine Flöte, deren Klang die Herzen verzaubert. Als

Greis bezwingt Lulu die Zauberburg und mittels der Flöte kann er die wilden Tiere besänftigen. Er gewinnt Sidis Liebe und schläfert den Zauberer ein. Dann stiehlt er ihm den Feuerstrahl und flieht als Uhu. Die Zauberburg wird zerstört und die beiden Liebenden werden im Feenschloss vermählt.

Die Parallelen sind offensichtlich, wobei der Charakter der Fee nicht dem der Königin der Nacht entspricht, genauso wenig gleicht Sarastro dem Zauberer Dilsenghuin. Geblieben sind die Zauberflöte, die der Mozart-Oper den Namen gibt, ihre magische Eigenschaft, die Entführung Paminas in Gestalt Sidis und deren Vermählung mit dem Prinzen.

Wandlung und Individuation

Grundsätzlich spricht vieles dafür, die Oper als Initiationsdrama zu sehen, das, in musikalischer Form, nicht nur ein Mysteriendrama auf die Bühne bringt, sondern durchaus Züge der Rituale von Geheimgesellschaften einbindet.

In der Tat weist die Oper eine innere Logik auf, die das spiegelt, was man von Einweihungen in Geheimgesellschaften weiß oder darüber vermutet. Nicht zufällig steht im Zentrum der *Zauberflöte* ein Ritual. Dieser Aspekt ist bereits hinreichend thematisiert worden. Hier geht es nun um die psychologische Komponente der Individuation oder Selbstwerdung, die sich im *Zauberflöte*n-Weg ablesen und darstellen lässt.[2] Auch dieser entspricht einem gewissen ritualisierten, wenn auch ungleich dynamischeren und natürlicheren Ordnungsschema.

Wir wissen, dass die Oper aus *zwei* Akten und auch aus *zwei* Reichen besteht: dem Mondreich der Königin der Nacht und dem Sonnenreich Sarastros. Erich Neumann geht in seiner Deutung der *Zauberflöte* darauf ein. Er schreibt:

> *Diese Sonnensymbolik ist das archetypische Vorbild jedes Helden und auch jedes Einweihungsweges, in welchem der Held das zu erreichende Bewußtseinsprinzip vertritt, das sich im Kampf gegen die Dunkelmächte*

---

2 In der Forschung zur Oper und ihrer Symbolik wurde bereits darauf hingewiesen, dass der Initiationsgang der *Zauberflöte* eine Parallele zum Stufenweg des alchemisch-psychologischen Prozesses zur symbolischen Transmutation von Blei in Gold in sich trägt. Siehe dazu: Anhang.

> *des Unbewußten zu bewähren hat. Darüber hinaus aber hat der Held den Schatz neuer Inhalte und neuer Lebendigkeit aus der Nachtwelt des Unbewußten im Kampf mit den bewußtseinsfeindlichen Mächten zu befreien, wobei er gewandelt und ‚neugeboren' aus dieser lebensgefährlichen Auseinandersetzung hervorgeht.*[3]

Der „Held" durchlebt gewisse Situationen, die ihm neue Einsichten und Bewusstseinsmöglichkeiten offenbaren. Wenn er gelernt hat, sich das anzueignen, was er durchlebt, wird er „neugeboren", also völlig neue Aspekte seines Lebens und Daseins erkennen. Nicht zufällig wird dies mit der „Sonne" als Symbol verbunden. Neumanns kurze Einschätzung ist deshalb durchaus richtungsweisend auch für diese Arbeit.

Individuation im Sinne der Selbstwerdung bedeutet ja auch, dass gewisse Stufen oder Stationen durchlaufen bzw. bewusst gemacht werden müssen. Die klassische Individuation beruht dabei auf den archetypisch zu nennenden und im Folgenden noch näher zu erläuternden „Wegkreuzungen": Persona, Schatten, Anima oder Animus und dem Selbst. Dazu kommt, sozusagen als große Klammer, die Auseinandersetzung mit dem Vaterbild (Vater-Imago) und dem Mutterbild (Mutter-Imago), das nach Außen projiziert auftreten wird. Es bedeutet, dass andere Personen zum Träger innerer Prozesse werden.

Und es bedeutet weiter, dass gewisse Handlungsabläufe eine Eigendynamik erhalten und man das Gefühl hat, so etwas „schon einmal" so oder so ähnlich erlebt zu haben. Dann wird von „Inszenierungen" gesprochen, dass also das Unbewusste durchaus in der Lage ist, Situationen herbeizuführen, die einem gewissen Muster entsprechen. Situationen bergen einen Kern, dessen man sich bewusst werden sollte, um mehr über sich selbst in Erfahrung zu bringen. Andernfalls werden gewisse Konstellationen sich immer wieder einstellen, um auf sich aufmerksam zu machen.

Die musikalische Traumfahrt des Tamino in das Reich der Königin der Nacht, die den Auftakt zur Individuation des Tamino bildet, scheint auf den ersten Blick hin etwas Neues und noch nie Erlebtes – ja sogar etwas Unwirkliches – zu sein, sie birgt aber einen Bedeutungskern, den es herauszuschälen gilt. Dabei lässt sich er-

---

3 Erich Neumann, *Zur Psychologie des Weiblichen*, 106.

kennen, dass dieser „Kern“ psychologisch gesehen *Individuation* heißt. Auch wird in Erfahrung gebracht, dass Tamino nicht nur auf große Fahrt geht, sondern sich beispielsweise mit seinem inneren, tief verwurzelten Mutterbild beschäftigen muss.

Die Auseinandersetzung mit der Mutter-Imago bildet den Auftakt des Individuationsweges, wobei als Trägerin der Projektion die Königin der Nacht in Frage kommt. Andererseits hat sich Tamino seiner Rolle als Prinz bewusst zu werden, was wiederum der Persona entspricht. Und er wird seine Schattenseiten kennen lernen, jene Seiten an sich also, die ihm unbewusst sind. Geeignete Träger hierfür sind Papageno oder jene im Rahmen der Selbstprüfung in Sarastros Reich entdeckten Eigenschaften.

Es folgt die nächste Stufe der Auseinandersetzung des Mannes mit seiner „weiblichen“ Seite und die der Frau mit ihrer „männlichen“ Seite, Anima bzw. Animus genannt.[4] Hier treffen Tamino auf Pamina und Papageno auf seine Papagena. Sarastro als Vater-Imago und Alter Weiser, die Elementenprüfung und die Einsetzung als „Priesterkönig“ am Ende der Oper sind im Zusammenhang mit der letzten Stufe, der Individuation oder dem Selbst, zu nennen.

All dies spielt unbewusst eine Rolle, wenn die Reise des Tamino genau so verläuft, wie sie verläuft. Der Zuschauer erlebt ebenfalls „seine“ Individuation, die Tamino stellvertretend für ihn beschreitet, dann, wenn eine gewisse Identifikation eintritt und man sich fragt, was dies und jenes für einen selbst bedeuten mag.

Faszination ist aber nicht nur in einem positiven Sinne zu verstehen, sondern durchaus auch „negativ“, als Abgestoßensein oder Sich-gegen-etwas-Wehren. Wesentlich bleibt die Frage nach Sinn und Bedeutung: Was bedeutet das für mich? Was fange ich für mich selbst damit an? Was könnte es bedeuten, wenn ich davon träume?

Nach und nach kristallisiert sich, auf die *Zauberflöte* übertragen, folgendes umseitig abgebildete Schema heraus.

Des Weiteren werden wir dieses vorerst abstrakt erscheinende Muster mit Leben erfüllen und auf die Erarbeitung dessen Wert legen, was denn die einzelnen Figuren bezogen auf das eigene „Seelenleben“ für eine Rolle spielen können. Dann wird die Oper nicht

4 Vgl. zur Anima/Animus-Problematik ausführlich den Anhang.

nur zu einem musikalischen Ereignis, sondern auch zu einem Bewusstseinsprozess, der einem hilft, sich selbst besser zu verstehen, während dem eigenen Selbst in projizierter und symbolischer Gestalt begegnet wird.

	1. Akt	
Mutter-Imago	Königin der Nacht Muttergöttin	Mond
Persona	Prinz (Tamino), Vogelfänger (Papageno)	
Schatten	Landschaft, Schlange, Triebsphäre, der jeweils Andere (Papageno für Tamino, Monostatos für Sarastro usw.)	
Anima	Pamina als Bild	
„Seelenführer“	Die drei Knaben	
	2. Akt	
Vater-Imago	Sarastro	Sonne
Anima	Pamina in der „Opern“-Realität	
Alter Weiser	Sarastro	
Stufen des Selbst:	Zulassung zur Initiation Prüfungen Einweihung	
Selbst	Priesterkönig: Tamino und Pamina, Einigung der Reiche: Sonne und Mond	

Das vorliegende Buch gliedert sich in zwei Teile. Im ersten wird der Gang der Individuation mit ihren Stationen: Persona, Schatten, Anima und Selbst ausführlich dargestellt und in Bezug auf die verborgene Seite der *Zauberflöte* beleuchtet. Der zweite Teil geht auf das archetypische Material der Oper ein, respektive die Emanationen des Kollektiven Unbewussten, so dass ein ausgewogenes und der Problematik der *Zauberflöte* annähernd gerecht werdendes Gesamtbild im Lichte der Psychologie C.G. Jungs gezeichnet wird.

Noch eine wichtige Anmerkung: Wenn im Folgenden verkürzt von der *Zauberflöte* gesprochen wird, dann ist immer das Werk beider Schöpfer, nämlich Mozarts und Schikaneders gemeint.

ERSTER TEIL

Der Individuationsprozess in der Zauberflöte

Die Schlange oder Am Beginn der Selbstwerdung

Der Vorhang öffnet sich. Zu sehen ist eine felsige Gegend. Vereinzelt finden sich Bäume und auf beiden Seiten angedeutet Berge. Ein runder Tempel gehört ebenfalls zur Kulisse. Tamino, in ein prächtiges japanisches Jagdgewand gekleidet, flieht vor einer herannahenden Schlange. Er hält einen Bogen in der Hand, hat aber keine Pfeile mehr. Tamino kommt – vom Zuschauer aus gesehen – von rechts.

Er ist in einer verzweifelten und ausweglosen Lage. Ohnmächtig sinkt er zu Boden. Gleichzeitig, und noch ehe die Schlange ihn erreicht, nähern sich drei Damen vom benachbarten Tempel und töten die Schlange mit ihren silbernen Speeren.

Während Tamino regungslos daliegt, streiten sich die drei um den schönen Jüngling und darum, wer die Botschaft seiner Ankunft an die Fürstin, die Königin der Nacht, überbringen soll und wer beim Jüngling bleiben darf. Ihre Lösung ist pragmatisch: Sie lassen Tamino alleine zurück und eilen zusammen in den Tempel.

Tamino erwacht. Es folgt Papagenos Auftritt. Er kommt auf einem Fußweg die Felsen herab, hat eine Vogelsteige mit Vögeln auf dem Rücken, pfeift ab und zu auf seiner kleinen Flöte und singt. Aus Papagenos Arie erfahren wir, dass er ein weithin bekannter, lustiger, heiterer aber auch erfahrener und erfolgreicher Vogelfänger ist. Doch würde er lieber anstatt der Vögel Mädchen einfangen und sich daraus das ihm passende aussuchen. Ihr würde er Zucker geben und sie wären dann Mann und Frau.

Papagenos naive Art lässt ihn als Naturburschen im Sinne Jean-J. Rousseaus erscheinen. Das sich anschließende Gespräch zwischen ihm und Tamino ist nicht ohne Witz, Papageno gibt sich geschäftstüchtig aber auch bauernschlau und naseweis.

Papagenos Aufgabe ist es, jener Königin der Nacht Vögel zu bringen, um sie gegen Zuckerbrot, Wein und süße Feigen zu tauschen. Er haust in einer Hütte, die ihn gegen Regen und Kälte schützt und seine Mutter hatte im Tempel der Königin der Nacht gedient. Über seinen Vater erfahren wir nichts.

Tamino spricht Papageno an und fragt ihn, wer er denn sei. Dieser antwortet, er sei ein Mensch und fragt seinerseits zurück. Er sei ein Prinz und aus fürstlichem Geblüt, lautet Taminos Antwort. Papageno wird gewahr, dass es außerhalb seines Landes andere Länder gibt. Sein Geschäftssinn erwacht. Der Auftritt Taminos bis zum Zusammentreffen mit Papageno nimmt sich wie folgt aus:

> ERSTER AUFTRITT:
> Das Theater ist eine felsige Gegend, hier und da mit Bäumen überwachsen; auf beiden Seiten sind gangbare Berge, nebst einem runden Tempel. Tamino kommt in einem prächtigen japanischen Jagdkleide rechts von einem Felsen herunter, mit einem Bogen, aber ohne Pfeil; eine Schlange verfolgt ihn.
>
> TAMINO:
> *Zu Hülfe! zu Hülfe! sonst bin ich verloren,*
> *Der listigen Schlange zum Opfer erkoren.*
> *Barmherzige Götter! schon nahet sie sich;*
> *Ach rettet mich! ach schützet mich!*
> Er fällt in Ohnmacht; sogleich öffnet sich die Pforte des Tempels; drei verschleierte Damen kommen heraus, jede mit einem silbernen Wurfspieß.
>
> DIE DREI DAMEN:
> *Triumph! Triumph! sie ist vollbracht*
> *Die Heldentat. Er ist befreit*
> *Durch unsers Armes Tapferkeit.*

Eine Schlange / Keine Schlange – Kein Held / Ein Held

Wenden wir uns der dramatischen Flucht Taminos und der Rettungsaktion zu. Dies wirft einige Fragen auf. Warum hat es Tamino in diese unwirtliche Gegend verschlagen? Offensichtlich ist er von seinem Weg abgekommen. Was aber war der Grund dafür? War es nur die Schlange? Auf den ersten Blick scheint der Schlange die

Auslöserolle der Handlung zuzufallen. Auf jeden Fall bringt sie uns auf die Spur, die Oper in ihrer komplexen Symbolik zu sehen. Doch um diese zu verstehen, bedarf es der gründlichen Auseinandersetzung mit den ersten initiatorischen Momenten der Oper. So bietet sich an, generell diese erste Szene musikalisch gründlich auszudeuten. Bei den weiteren Szenen kann dann auf eine solch ausführliche musikalische Darstellung verzichtet werden. Hier scheint es aber notwendig, weil die Musik selbst einen wesentlichen Schlüssel zum Verständnis abbildet und den äußeren Rahmen vorgibt, aus dem sich das Geheimnis der Oper bergen lässt. Doch greifen wir nicht voraus, sondern beschränken uns erst darauf, was wir sehen und unmittelbar wahrnehmen können.

Bis zum Auftritt Papagenos (Zweiter Auftritt, *Aria*) agieren folgende Personen: *Tamino* und die *Drei Damen. Die Königin der Nacht* wird nur namentlich erwähnt. Die felsige Landschaft, der Tempel, die Bäume und die Schlange bilden die Kulisse.

Nach der Ouvertüre setzt die Handlung unvermittelt und plötzlich mit der Verfolgung Taminos durch die Schlange ein. Dem strahlenden Es-Dur der Ouvertüre folgt ein c-Moll, jene Moll-Parallel-Tonart von Es-Dur mit ebenfalls drei b als Vorzeichen.

Moll und Dur zeigen zwei musikalische Qualitäten an, die auch hörbar unterschieden werden können. In der Regel wird eine Molltonart dann verwendet, wenn Ruhe, Melancholie, Traurigkeit oder auch Besinnung und Schwermut ausgedrückt werden sollen. Für eine Verfolgungsszene ist der Gebrauch von Moll eher ungewöhnlich.

Ab dem 17. Jahrhundert ist die Unterscheidung zwischen Dur- und Moll-Tonarten gebräuchlich. Dur – vom Lateinischen „dura" bedeutet hart – und Moll – von „molis" weich, sanft oder schlaff. Mozart hat einige Werke in c-Moll komponiert, darunter seine berühmte, von ihrer Grundstimmung her feierlich zu nennende c-moll-Messe (KV 427 bzw. 417a). Sie wurde 1783, ein Jahr nach der Hochzeit mit Constanze, in Salzburg aufgeführt und zwar mit seiner Frau als Solistin. Die Messe ist aus einem Gefühl der Frömmigkeit und Liebe heraus entstanden. Auch sein Klavierkonzert in c-Moll (KV 491) wirkt nicht „traurig", sondern vermittelt eher festlichen Eindruck. Es würde zu weit führen, eine umfassende Tonartencharakterisierung Mozarts vorzunehmen, bestimmte typische Vorlieben in Bezug auf die *Zauberflöte* können aber festgestellt werden. Es-Dur ist nach Georg Horcicka Mozarts „Liebestonart“, hingegen As-Dur die „Tonart der Nacht“. Es-Dur ist die Dominante von As-Dur und c-Moll die parallele Moll-Tonart von Es-Dur. Damit sind c-Moll und Es-Dur eng verbunden.

Wenn Mozart seine Oper in der Moll-Parallele der Haupttonart beginnen lässt und das gleich mit einer Unheil verkündenden Szene, dann kann dies aus musikalischer Sicht bedeuten, dass die Bedrohung nicht so ernst ist, wie sie scheint und dass sie mit der Intention der *Zauberflöte* übereinstimmt, eben weil die Verwandtschaft zwischen c-Moll und Es-Dur besteht: c-Moll ist ja die *weiche* Seite von Es-Dur. Die Bedrohung durch die Schlange entspräche einer verborgenen Seite der *Zauberflöte*, die es zu entschlüsseln gilt, wobei die musikalische Intention der Deutung Raum schenkt, dass Schlange und Todesnähe eng mit der Absicht der *Zauberflöte* verbunden sein müssen.

Das Tempo der Szene ist *Allegro*, ein schnelles Tempo mit einem Bass in Achtelnoten und 32stel-Noten für die Streicher. Die Bläser unterstützen die Stimmung der Eile und des Gehetztseins, indem sie den $^4/_4$-Grundrhythmus verschieben (*Synkope*). Durch die ersten Violinen wird die Flucht und Verzweiflung Taminos wiedergegeben. Das teilweise gegen den $^4/_4$-Takt arbeitende Melos unterstreicht die Aufregung. Taminos Hilfeschreie beginnen unvermittelt am Ende des 17. Taktes mit einer 16tel-Auftaktfigur. Verzweifelt flieht er, ohne Aussicht auf Rettung. Die ersten Violinen illustrieren die Verzweiflung. Im 18. Takt schrauben sie sich in die Höhe, um gleich danach (19. Takt) in die Tiefe zu stürzen. Das Auf und Ab wiederholt sich, eine Beruhigung ist nicht in Sicht. Die Stimmung wird zunehmend aufgewühlter und bedrohlicher.

Die Musik illustriert die Flucht Taminos zwar dramatisch, aber keineswegs chaotisch oder aufgelöst anarchisch. Deutlich wird dies an den Bläserakkorden, die die Bewegung der Streicher nicht mitmachen, gleichwohl aber die drängende, fluchtartige Stimmung unterstützen. Dem Zuhörer wird signalisiert, dass trotz dieser außergewöhnlichen Situation, die Bedrohung nicht außerhalb einer musikalischen Ordnung liegt.

Musik bedeutet mehr, als dass nur etwas erklingt. Musik trägt auch Zeichen-, wenn nicht gar Symbolcharakter. Ein solcher Gedanke war dem 18. Jahrhundert nicht fremd. Das musikalische Barock – und damit barockes Musikdenken – ist noch durchaus präsent und dieses ist geprägt von Symbol- und Zeichenhaftigkeit. Zur Zeit Mozarts sind insgesamt drei Musikstile zugegen: *Barock* – Johann Sebastian Bach starb 1750 und Georg Philipp Telemann erst 1767 –, weiters *Rokoko* – dazu gehören beispielsweise die Söhne Bachs, der frühe Joseph Haydn und Gluck – und als drittes die *Wiener Klassik* um Haydn, Mozart selbst und Beethoven.

Zum Barock gehören rhetorische Figuren, die die Bedeutung des vertonten Textes unterstreichen und sich auch im Notenbild ausdrücken. Unmittelbar einleuchtend sind Figuren wie die *Pause*, die Schweigen oder Verstummen (*Aposiopesis*) bedeutet oder der *passus duriusculus*, ein „harter Schritt", musikalisch ein chromatischer Halbton-Durchgang, der auf Dissonanz im weitesten Sinne verweist oder ein abfallendes Melos, das Trauer ausdrückt. Rhetorische Figuren sind zahlreich und im Notenbild ablesbar.[1] Sie gehören zur bedeutungsschweren Kompositionsweise des Barock und drücken ein Mehr an Information und Sinn aus. Wird beispielsweise von Gott gesungen, ist es ohne weiteres einsichtig, dass das Wort „Gott" die höchste Note in der Melodielinie erhält. Werden andere Worte ebenfalls mit dieser höchsten Note belegt, so gehören sie zu Gott bzw. sind mit ihm zusammen zu betrachten. Frei nach dem Motto: Was sich wiederholt, gehört zusammen.

Auch Tonarten haben eine spezielle Bedeutung. In G-Dur ist f der erste Ton, der um einen Halbton (fis) erhöht wird. Dargestellt wird das mit einem Kreuz als Vorzeichen. Die parallele Molltonart von G-Dur ist e-Moll. E-Moll verwendet Johann Sebastian Bach z. B. in seiner Matthäus-Passion, in der er das Leiden Christi musikalisch ausdrückt. *Moll*, weil es zum traurigen Anlass passt und *e-Moll*, weil sie *ein* Kreuz hat, denn es geht ja um die Kreuzigung Christi.

Das Barockzeitalter wird auch Generalbasszeitalter genannt, weil vom Fundament der Musik, also vom Bass aus, gedacht und komponiert wurde. Die Basslinie ist das Wesentliche, nicht das Melos, die Harmonien oder die Melodie. Das Denken vom Bass aus (*Generalbass* und *Kontrapunkt*) – von unten nach oben in einer vertikalen musikalischen Bewegung –, ist im 18. Jahrhunderts noch ge-

1 Vgl. dazu Dietrich Bartel: *Handbuch der musikalischen Figurenlehre* (Laaber, 1985). Rolf Dammann: *Der Musikbegriff im deutschen Barock* (Laaber, 1984).

genwärtig. Mozart beherrschte Generalbass-Spiel und Kontrapunkt bereits in jungen Jahren perfekt.

Die harmonische Denkweise der Modulation von einer Tonart in eine andere – eine horizontale musikalische Bewegung also, die in Tonika, Dominante usw. denkt – ist erst im Entstehen begriffen. Angemessener wäre es deshalb, von *Stufen* statt von harmonischen Verhältnissen zu sprechen. Die erste Stufe ist die Grundtonart (entsprechend der *Tonika*). Die fünfte Stufe diejenige, durch die in eine andere Tonart moduliert oder zurückmoduliert wird (*Dominante*). Wenn Mozart im 30. Takt über A-Dur (Drei Kreuze) und D-Dur (zwei Kreuze) nach c-Moll zurückmoduliert, so kommt er von der ersten Stufe (C) zur sechsten Stufe (A), um dann über die zweite Stufe (D) wieder zur ersten Stufe zurückzukehren.

Übertragen auf die *Zauberflöte* bedeutet dies, dass sich in ihrem Tonraum sinnfällige und symbolische Aussagen befinden, die es zu entdecken und zu deuten gilt. Mit einem solchen Vorwissen betrachten wir beispielsweise den 31. Takt näher.

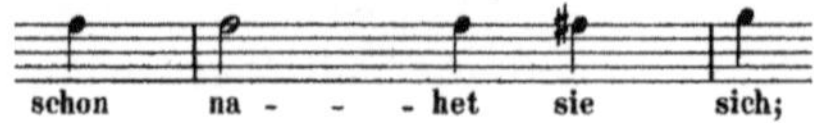

Tamino singt: „... schon nahet sie sich." Das Notenbild zeigt einen chromatischen Durchgang, bei dem das „sie" (die Schlange) auf das *fis* fällt, wobei die Note *f* musikalisch um einen Halbton erhöht und in der Notierung mit einem Kreuz versehen, also *gekreuzigt* wird.

Das *fis* in der Melodie fällt mit dem *c* im Bass und in den Violinen zusammen, so dass wir es mit einem Tritonus zu tun haben, einer übermäßigen Quarte oder verminderten Quinte.

Der Tritonus wird auch „diabolus in musica" also „Teufel in der Musik", „Teufelsintervall" oder „Teufelsquinte" genannt und stellt die größtmögliche musikalische Dissonanz einer klassischen Tonsprache dar, noch dissonanter geht es kaum. Die Verzweiflung hat damit ihren Höhepunkt erreicht. Der musikalische Bezugsrahmen Taminos ist in Auflösung begriffen, die Rhythmik unterstreicht das, wenn auch nicht so, dass die Verzweiflung Taminos das gesamte Orchester – und damit den gesamten Tonraum – ergreifen würde.

Als vorläufiges Fazit können wir feststellen, dass Teile der Musik unaufgeregt und beinahe teilnahmslos agieren, während zur selben Zeit andere Instrumentengruppen rhythmisch und dissonant auftreten. Eine ambivalente Musiksprache entspricht anscheinend einer auch ambivalenten Handlung.

Mozarts Werk verführt den Interpreten durch seine scheinbare Einfachheit dazu, es zu unterschätzen. Beispielsweise gilt die *Zauberflöten*-Ouvertüre in ihrer subtilen Durchsichtigkeit als anspruchsvoll und gefährlich für die ausführenden Musiker. Zu leicht kann ein falscher Ton, eine unsaubere Nuancierung, ein flüchtiger Ausdruck die Gesamtaussage verderben. Jede Note ist wichtig. Mozarts Musikstücke sind so durchkomponiert, dass alles an seinem Platz zu sein scheint und es nichts Überflüssiges oder Unnötiges gibt. Hierüber kann schnell und sehr leicht Einigkeit erzielt werden.

Können wir diese Einigkeit der Aufführungspraxis auf die Bedeutungsebene der Komposition übertragen? Anders gesagt: Kann jede Note so interpretiert werden, dass genau sie gemeint ist und keine andere? Und wenn ja, kann daraus geschlossen werden, dass eine Note eine Bedeutung hat oder zumindest haben kann, wenn sie in einem sinnvollen musikalischen und inhaltlichen Zusammenhang gesehen wird? Mit anderen Worten: Wenn für die Aufführungspraxis jede Note wesentlich ist, fällt ihr dann auch eine wesentliche Bedeutung zu in Bezug auf Handlung und Handlungsverlauf?

Dies ist die Grundannahme, nach der ich hier verfahre und die sich wie folgt erklärt: Wenn also der Ton fis als eine exponierte Note im Zusammenhang mit der c-Moll Verfolgungsszene erkannt wird, dann muss er in dieser Besonderheit auch gedeutet werden. Als einzelner Ton ist er einer von vielen. In Bezug auf die c-Moll Tonart ist er zu allererst ein fremder Ton. Er gehört zwar zur Dominante G-Dur, dennoch gibt es in beiden Fällen, in denen fis auftaucht, keinen Grund zu modulieren. Zwar handelt es sich in Takt 31 um einen chromatischen Durchgang in Halbtonschritten und das fis kommt auf einen unbetonten Taktteil, aber es ist „zufällig“ mit der Schlange („sie“) verbunden. In Takt 26 gibt es ebenfalls einen Durchgang, jedoch mit fis auf einem betonten Taktteil.

Erst einmal ist dies eine musikalische Beobachtung. Es muss noch kein Sinn dahinter vermutet werden. Für einen Musikwissenschaftler wird dies nichts so Besonderes sein. In Bezug auf eine formale, musikwissenschaftliche Analyse ist die vorausgegangene musikalische Deutung stringent, aber die abgeleitete Interpretation mag sich dem Verdacht aussetzen, „überinterpretierend“ vorzugehen. Dass ich dennoch an dieser Deutung festhalte, liegt hauptsächlich daran, das sich diese Note für mich „verdächtig“ gemacht hat. Sie mag grundsätzlich unverdächtig sein, aber der musikalische Kontext in dem sie sich befindet, verleiht ihr eine zusätzliche Bedeutungsebene. Und um diese Bedeutung geht es.

Sicherlich könnte folgende Bedeutungsebene auch ohne die Note fis erschlossen werden, aber redlicherweise muss ich zugeben, dass erst dieser Ton es war, der mich auf das folgende Deutungsmuster brachte. Das fis ist sozusagen der Stein des Anstoßes, die „Schlange“ der Andeutung, die es ermöglichte, die folgende Interpretation in einen umfassenden symbolischen Bedeutungshorizont zu stellen. In gewisser Weise ist diese Note Mittel zum Zweck. Anderseits ist sie vorhanden und mit ihr der folgende Deutungsversuch.

Das Kreuz mit der Schlange

Begreifen wir das Kreuz im Sinne einer rhetorischen Figur und in Hinblick auf ihre Zeichenhaftigkeit, so ist es offensichtlich, dass der Aspekt der „Kreuzigung“ mit hineinspielt. In Takt 31 wird die Schlange folglich musikalisch gekreuzigt. Erst gilt für fis nur, dass es an exponierter Stelle steht und die Note dem musikalischen c-Moll-Tonraum fremd ist. Übertragen auf die Schlange lesen wir musikalisch heraus, dass auch sie einen Fremdkörper darstellt, der sie in der Tat auch ist, doch anders als es auf den ersten Blick erscheint.

Ursprünglich war vorgesehen, statt der Schlange einen Löwen auftreten zu lassen. Dies wurde aus dem Grunde verworfen, dass der Löwe schon Sarastro zugeordnet war. Damit werden aber auch Schlange und Löwe parallel zu Tamino und Sarastro in eine assoziative Beziehung gebracht, deren Folgen uns noch beschäftigen werden.

Bekanntlich hatte Goethe in seiner Zeit als künstlerischer Direktor in Weimar aus der Schlange einen Drachen gemacht. Mag ihm eine Schlange keinen ausreichenden Grund dafür geliefert haben, dass ein „Held“ vor ihr in Ohnmacht fällt? Oder war es ihm nicht dramatisch genug? Ein Löwe wäre gewiss dramatischer, ist aber als Sonnen-Tier des Sarastro bereits vergeben. Außerdem würde sich ein Löwe dem Helden viel zu schnell nähern. Die Schlange hingegen bringt genau das richtige Tempo für eine dramatische Rettungsaktion mit sich.

Wie bedrohlich muss eine Schlange sein, um einem Menschen, einem Prinzen und Jäger gefährlich zu werden? Tamino hatte sich verirrt und war vor der Schlange auf der Flucht. Aus dem Umstand heraus, dass er mit einem Bogen ohne Pfeile ankommt, können wir vermuten, dass er seine Pfeile verschossen hat. Kann es sein, dass er auf die riesige Schlange gezielt und sie mit seinen Pfeilen verfehlt hat? Das ist unwahrscheinlich, immerhin ist er nicht nur Prinz, sondern auch Jäger. Er kann ein Tier treffen und erlegen. Auch hat er mehrere Pfeile verschossen und nicht sofort die Flucht ergriffen. Viel wahrscheinlicher ist es, dass die Pfeile von der Schlange abgeprallt sind mit der Folge, dass eine solche Schlange sich mit „normalen" Waffen nicht erlegen lässt. Es bedarf außergewöhnlicher Werkzeuge, silberner Wurfspieße um genau zu sein, um sie niederstrecken zu können.

Im Nibelungenlied erschlägt der Held Siegfried den Drachen oder Lindwurm – eine Abart der Schlange – und wird, weil er in dessen Blut badet, unverwundbar. Siegfried der Drachentöter wurde zum Helden. Tamino der Schlangenflüchter wirkt eher wie ein *Antiheld.*

Auf dem Weg zum Heldsein fällt er noch dazu, für einen Helden ganz untypisch, in Ohnmacht. Tamino soll zum Drachentöter oder Schlangenbezwinger werden? Offenbar nicht. Er muss seinen Heldenmut anders unter Beweis stellen, vorausgesetzt Schikaneder und Mozart wollten sich über Tamino weder lustig machen noch die Heldenrollen in der Oper persiflieren. Was folgern wir daraus?

Durch Tamino wird ein ganz anderer Heldentypus eingeführt, der sich grundlegend von bisher bekannten unterscheidet. Offenbar stehen Tamino und die Schlange nicht nur am Beginn einer außergewöhnlichen Oper, Tamino verkörpert vielmehr einen ganz neuen Helden-Charakter, dessen archetypische Bedeutsamkeit erst nach und nach erfasst werden kann und für dessen Verständnis wir die ganze Oper kennen müssen.

Gleich zu Beginn wird also eine Bedeutungsebene sichtbar, die eine unmittelbare Betroffenheit auslöst und den Zuschauer direkt in die Handlung einbezieht. Sicherlich ist es nicht die eleganteste Art, einen Protagonisten und kommenden Retter vorzustellen, der Tamino offenbar sein soll, doch es geschieht nicht ohne Grund, dass er ohnmächtig wird. Im Gesamtkonzept der Oper ist es stimmig und, wie wir noch zeigen werden, richtungsweisend. Wie Jan Assmann bemerkt, wird Tamino nicht nur ohnmächtig, sondern stirbt auch eines symbolischen Todes, um in einem neuen Leben zu erwachen. Die Ohnmacht Taminos steht aber in einem funktionalen Zusammenhang, der den Zustand der Ohnmacht als „symbolischen Tod" begreift, der zu einem neuen Leben führt.[2]

Das *prinzenhaft*-unbekümmerte und sorglose Dasein scheint (vorerst) vorbei zu sein. Der chromatische Anstieg, der musikalisch die langsam aber stetig wachsende Bedrohung abbildet, sowie die Ohnmacht des Helden, aus dem sich ein neues Leben gebiert, greifen ineinander und verheißen eine einschneidende Wandlung.

Ohnmächtig mächtig

Tamino ist vorerst aber einfach nur ohnmächtig. Ohnmächtig meint wörtlich: ohne Macht und somit hilflos. Wenn ich ohne Macht bin, bin ich einer anderen Macht ausgeliefert. Ich habe die Kontrolle über mich abgegeben. Ich vermag nichts auszurichten. Meine Macht ist zu gering.

Ohnmächtigsein ist der offenbare Ausdruck eines Energieverlustes. Der Körper schaltet sich selber ab. Die Bedrohung ist so groß, dass der Körper sich tot stellt, um damit die letzten Reserven an Lebensenergie zu sichern. Medizinisch gesehen ist es ein Zustand, in dem das Gehirn kurzzeitig mit nicht genügend Sauerstoff versorgt wird und „abschaltet". Eine Minderdurchblutung des Gehirns führt zur Bewusstlosigkeit, wörtlich: zum Verlust des Bewusstseins. Hier ist die Ursache eine übersteigerte Angst vor der Schlange verbunden mit der Angst, getötet zu werden, wobei nicht klar ist, ob Tamino gebissen oder erwürgt werden soll.

---

2 „Die Annäherung der Bestie – Löwe oder Schlange – bildet Mozart im Orchester durch ein Motiv ab, das fünfmal jeweils einen Halbton höher wiederholt von g nach c aufsteigt. Tamino fällt vor Schreck in Ohnmacht, wird uns also zunächst als das Gegenteil eines Helden vorgestellt. Aber die Ohnmacht hat vielerlei Bedeutung, macht vieles sinnfällig. Tamino hat sich auf der Jagd verirrt, ist auf der Flucht vor der Schlange noch weiter von seiner vertrauten Welt abgekommen und erleidet jetzt in dieser Ohnmacht eine Art symbolischen Tod, um in einer neuen Welt, zu einem neuen Leben zu erwachen. ... jedem Zuschauer [wird] klar, daß Tamino mit dieser Ohnmacht seinem früheren prinzlichen, knabenhaften Leben abstirbt und ein neues Leben, in einer neuen Welt, beginnt" (Assmann, *Zauberflöte,* 41).

Ohnmächtig meint aber nicht notwendigerweise hilflos, das ist ein Ohnmächtiger nur scheinbar. Wie ein Baby einen Mutter- und Beschützerinstinkt auslöst, kann ein Ohnmächtiger ähnliche Instinkte wachrufen. Ohnmächtigkeit kann eine andere Machtqualität bedeuten, eine, die passiv wirkt und den Anderen zum Handeln und Helfen auffordert.

Die Regression in eine frühkindliche Abhängigkeit durch die Aufgabe der eigenen Macht stellt eine andere Qualität von Einflussnahme dar: andere müssen sich um mich kümmern, sich meiner annehmen. Ohnmacht kann eine Gegen-Macht sein, die im Kontext von indirekter Machtausübung betrachtet werden muss. Provoziert also Tamino seine Ohnmacht, um Hilfe zu erhalten?

Das Merkwürdige ist, dass Tamino nach seiner Ohnmacht weder sonderlich erschöpft oder übermäßig verausgabt noch verlegen erscheint. Ein direkter körperlicher Aspekt – man ist benommen, zum Umfallen müde oder völlig erschlagen – liegt nicht vor, gleichwohl die Flucht vor der Schlange Kraft gekostet haben muss. Lässt die Ohnmacht daher eher auf eine psychische Ursache schließen?

Im Moment der Ohnmacht kann sich das Ich nur einer anderen, fremden Macht oder den Göttern anvertrauen. Genau diese ruft Tamino und vertraut ihnen sein Leben an. Dasselbe illustriert auch die Musik: Tamino singt in Takt 26 auf fis von „Göttern“, wodurch ein Zusammenhang mit Takt 31 und der gekreuzigten Schlange hergestellt wird. In Takt 26 bei „Barmherzige Götter“ liegt die Silbe „zi“ auf fis. (*Barm* = c, *her* = f, *zi* = fis, *ge* = fis, *Göt* = g, *ter* = g.) Damit werden die „Götter“ mittels eines chromatischen Durchganges *gekreuzigt* (fis) und musikalisch mit der Schlange – ebenfalls auf fis gesungen – verbunden.

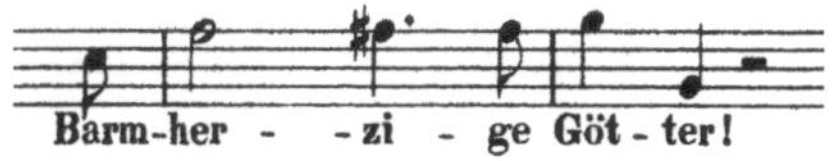

Musikalisch handelt es sich um zwei Dissonanzen: der „Teufelsquinte“ oder dem Tritonus (31. Takt) und einer einfachen Sekunde (26. Takt). Die Bedrohung im 26. Takt ist musikalisch gesehen nicht so schwerwiegend und die Situation nicht so „verteufelt“ aussichtslos wie jene fünf Takte später.

Tamino wartet nicht darauf, dass ihm die Götter erscheinen und hilfreich zur Seite stehen, sondern gibt schon vorher auf, so dass es nur folgerichtig ist, „sonst bin ich verloren“ wörtlich zu nehmen: *Ich bin verloren*; das „Ich“ ist verloren, dann, wenn es von der Schlange erreicht wird.

Die Schlange hat Tamino zum „Opfer erkoren“. Warum aber zum Opfer und nicht einfach zur „Nahrung“ bzw. zum „Fressen“? Fühlt sich Tamino als Opfer? Wem soll er geopfert werden? Offensichtlich der Schlange. Aber warum ihr? Was verbirgt sich hinter der Schlange?

Tamino erwähnt die Schlange zweimal. Einmal indirekt als „listige Schlange“ – im 24. Takt wird „Schlange“ in einer Abwärtsbewegung von d nach h gesungen – und im 31. Takt mit dem unpersönlichen Personalpronomen „sie“ auf dem Ton fis. In dem Moment aber, wenn er die Schlange direkt anspricht, wird sie *gekreuzigt* (fis).

Eine weitere Verbindung zwischen Tamino und Schlange, die über das hinausgeht, was wir sehen, scheint es nicht zu geben. Wir erfahren nicht, warum Tamino sich als Opfer der Schlange und nicht als deren Beute sieht. Sicherlich spielt der Reim eine nicht unerhebliche Rolle. Andererseits drückt „Opfer“ eine unbewusste oder unterschwellige Vermutung und Befürchtung aus, mehr zu sein, als nur jemand, der von einer Schlange verfolgt und von ihr getötet werden kann.

In dem Moment als Tamino die Hoffnung aufgegeben hat, verzweifelt um Hilfe fleht und ohnmächtig wird, wandelt sich das c-Moll in As-Dur. Drei verschleierte Damen eilen aus dem Tempel herbei und erlegen die Schlange mit ihren silbernen Wurfspießen, indem sie diese – laut Regieanweisung – in „drei Teile“ [sic!] zerstückeln. Ihr Gesang zeichnet eine Abwärtsbewegung, wodurch der Niedergang der Schlange musikalisch untermalt wird.

Der folgende „Triumph“-Gesang der Damen erklingt in Es-Dur, der „*Zauberflöte*n“-Tonart. Statt Es-Dur wäre auch As-Dur möglich gewesen. As-Dur hat vier b als Vorzeichen, Es-Dur drei. Musikalisch wäre gut vorstellbar, gleich nach As-Dur statt nach Es-Dur zu modulieren. Möglicherweise hat aber die Vierheit der Vorzeichen eine Entsprechung in der Zerstückelung der Schlange, denn drei silberne Wurfspieße teilen die Schlange eben nicht in drei Teile, sondern rechnerisch in vier, außer eine Dame hätte danebengestoßen…

Beim letzten „rettet mich“ des Tamino fallen die Drei Damen unisono mit ihrem „stirb“ auf Taminos „mich“ ein, so dass Ohnmacht und Rettung Hand in Hand gehen. Sein „mich“ singt Tamino auf c, ein mögliches c-Moll also, aber weil die Damen unisono mit einem as einfallen, wird aus c-Moll ein As-Dur (*enharmonische* Verwechslung). Das Unheil wird musikalisch logisch moduliert und abgewendet mit dem Nebeneffekt, dass Mozart sein strahlendes Es-Dur nicht mit Gewalt und Tod in Verbindung bringen musste.

An dieser Stelle wollen wir ein wenig vorgreifen und nach den Folgen der wundersamen Errettung fragen. Eine Folge wird sein, dass der Prinz sein Prinzsein als Lebensentwurf wird aufgeben müssen. Die Bezeichnung Prinz meint Nicht-König, Nicht-Herrscher, also ein Zustand der Erwartung und des Wartens und der Noch-nicht-Verantwortung. So assoziieren wir mit „Prinz“ eine Gestalt, die einem *ewigen Jüngling*, einem *puer aeternus* gleicht, ohne Verantwortlichkeit und in einer privilegierten Wartestellung. All das wird Tamino, wie wir miterleben werden, aufgeben, überwinden oder hinter sich lassen. Eine neue Welt eröffnet sich dem Fürstensohn. Und Auslöser für alles ist … die Schlange! Hätte er die Verfolgung durch die Schlage nicht erlebt, wäre eine solche Entwicklung nicht in Gang gekommen.

All das legt den Verdacht nahe, dass die Schlange mehr ist als nur etwas beliebig Austauschbares, basierend auf der Annahme, statt einer Schlange könnte es auch ein Drache oder ein Löwe sein. Intuitiv spürt man, es muss eine Schlange sein. Aber warum und wieso?

Zu einfach wäre es, die Schlange als bereits bekanntes und vertrautes Symbol zu sehen. Zu viele Assoziationen drängen sich durch sie auf, die im Zusammenhang mit der Oper geprüft und analysiert werden müssen. Besser ist es, über die Bedeutung der Schlange erst einmal nichts zu wissen und sich einzugestehen, lediglich die Vermutung zu haben, dass die Schlange mehr verbirgt, als das, was auf den ersten Blick sichtbar ist. Ein solcher Verdacht liegt nahe, weil die gesamte weitere Entwicklung der Handlung und die Veränderung Taminos durch seine Flucht *vor* der Schlange ausgelöst wurde. Ohne die Schlange gäbe es keine „Zauberflöte“!

Um aber nicht einem Teilaspekt eine übermäßige Bedeutung zu geben, ihn isoliert zu betrachten oder überzubewerten, ist es notwendig, jede Szene in ihrer Eigendynamik und Komplexität zu untersuchen und dann die Elemente aufeinander bezogen zu interpretieren.

Zur Eingangsszene gehören also neben der Schlange auch Tamino, Bogen, Speer oder Lanze, die Landschaft, die Drei Damen, Papageno und die Königin der Nacht. Die teilweise widersprüchliche, ins Märchenhafte reichende Handlung – Riesenschlange, drei Damen mit einem Silberspeer, der sich aber nicht als Speer eignet, weil pures Silber ein zu weiches Metall wäre usw. – legt eine symbolische Deutung nahe.

Um demnach die Auslöser oder Initiatoren für den Fortgang der Handlung und die weitere Entwicklung Taminos symbolisch-psychologisch deuten zu können, werden folgende Fragen gestellt:

1. Woher kommt die Schlange?
2. Wer hat sie geschickt?
3. Was bedeutet sie?

Die Schlange – Ein Symbol

Wird die Schlange als Medium, Sinnbild oder Möglichkeit für noch etwas anderes angesehen, ist sie nicht mehr beliebig austauschbares Mittel zum Zweck, sondern Symbol. Die Darlegung der Bedeutungsinhalte eines Symbols kann langwierig sein. Die komplexen Zusammenhänge eines Symbols müssen aufgezeigt werden, ohne dass dieses aus dem Zusammenhang gerissen wird.[3] Die Richtung, die ein Symbol vorgibt, ist für die Interpretation der *Zauberflöte* wegweisend, denn es genügt nicht, darzustellen, was zu sehen ist, sondern das zu erahnende Verborgene der Oper teilt uns etwas mit, das wir in den kurzen Momenten des Gewahrwerdens von Brüchen im Handlungsverlauf erahnen können und sonst entweder übersehen oder nicht bemerken. Diesem „Etwas" gilt unsere vermehrte Aufmerksamkeit. Dieses „Etwas" gilt es zu entziffern.

Der Ägyptologe Jan Assmann sieht die Oper in seinem grundlegenden Werk *Die Zauberflöte: Oper und Mysterium* als Hieroglyphe und meint damit, dass verschiedene Lese- und Deutungsarten

3 Vgl. dazu: C. G. Jung, *GW* 9.1., 103f.

zulässig sind. Daran anknüpfend können wir auf folgende abendländische Tradition der Schriftauslegung zurückgreifen. Seit dem Mittelalter wird in der Auslegung eines Wortes oder einer Handlung von einem 4-fachen Schriftsinn gesprochen, der vier Bedeutungsebenen unterscheidet: Was ist, was war? (*sensus literalis*); Was bedeutet das heilsgeschichtlich? (*sensus allegoricus*); Was bedeutet es für den Einzelnen? (*sensus moralis*) und: Was bedeutet das eschatologisch? (*sensus anagogicus*). Sie waren oder sind fester Bestandteil der Bibelexegese. Beispielsweise bedeutet „Jerusalem" im 4-fachen Schriftsinne die Stadt im heiligen Land, die Kirche, die Seele und das himmlische Jerusalem. Übertragen wir dieses Schema leicht abgewandelt auf die *Zauberflöte*, so bleibt neben einer inhaltlichen Bestandsaufnahme:

1. die Frage nach Quellen und Einfluss,
2. nach einem (verborgenen) Sinn,
3. der sich symbolisch und letztlich
4. archetypisch mittels der Psychologie Jungs erschließen lässt.

Amplifikation

C.G. Jung entwickelte eine Methode, die er *Amplifikation* nannte. Sie besteht darin, einen vorgefundenen Begriff, ein Symbol oder ein Bild mittels Parallelen aus der Mythologie, Religionsgeschichte, Anthropologie und anderen Disziplinen zu erweitern, sodass ein kollektiver Aspekt sichtbar wird und der zugrundeliegende Archetypus herausgearbeitet werden kann.[4]

Die Amplifikation ist ein wichtiges methodologisches Instrument. Jeder Teil eines Traumes – oder in unserem Fall: der Oper – kann bedeutsam sein (muss es aber nicht). Die Rückbindung an den Sinnzusammenhang des Traumes oder wie hier einer Handlung, ist als Kontrolle wesentlich. Letztlich geht es darum, Aspekte zu erschließen, deren Bedeutung vorher nicht gesehen wurde. Amplifikation ist ein Moment der Ergänzung, Vereinigung und Aneignung kollektiver Inhalte bis hin zur Offenlegung von der Individuation zugrundeliegenden Bedingungen.

4 Vgl. C.G. Jung, *GW* 9, § 436; sowie: *Lexikon Jungscher Grundbegriffe bzw. Wörterbuch Jungscher Psychologie* unter dem Stichwort „Amplifikation".

Übertragen auf die *Zauberflöte* besagt dies, dass die Symbolik der Oper sich nur aus dem Gesamtzusammenhang ergeben kann. Erst alles zusammen bringt die gewisse Wirkung hervor, durch die sich aber, symbolisch verschlüsselt, ein *archetypischer* Raum bergen lässt. Dieser ist stets präsent: er wirkt, bleibt aber zugleich verborgen, weil sich seine Wirkkraft nur mittelbar zeigt.

Um die Entfaltung und Darlegung dieses archetypischen Zentrums geht es. Damit kann ein *unbewusster* Kerngedanke der Oper freigelegt werden, ohne dessen Kenntnis sich der Sinn der Handlung nur unzulänglich erschließen würde. Das archetypische Zentrum wird dabei aus dem Verweiszusammenhang aller Szenen gebildet, deren Entschlüsselungen wir uns hier widmen.

Warum trägt der Prinz Tamino ein „japanisches" Gewand, was sich seltsam ausnimmt, wenn man davon ausgeht, dass die Oper ägyptische Züge trägt? Eine pragmatische Erklärung dafür ist, neben der einer damals üblichen Modeerscheinung, dass der Held äußerlich als eine sich abhebende Gestalt gelten soll. Er ist etwas Besonderes und damit in dieser Umgebung deplatziert, mit einem Wort: exotisch.

Wie aber hängen Schlange, felsige Umgebung und Königin der Nacht zusammen? Wie kam es zur Verfolgung durch die Schlange? Wir wissen es nicht und die Handlung gibt keine Auskunft darüber. Wir können nur vermuten, dass Tamino sie bei der Jagd aufgescheucht hat. Wir wissen, dass er von seinen Gefährten getrennt wurde und der Schlange allein gegenüberstand. Die Schlange bleibt rätselhaft. Angenommen sie wäre immer schon dagewesen, so ist nur schwer vorstellbar, dass die Dienerinnen der Königin der Nacht sie bei ihren Ausflügen nicht schon längst entdeckt hatten. Andererseits müssten sie dann auch wissen, welche Gegend gemieden werden sollte. Ist es denkbar, dass Papageno wusste, welche Gegenden er zu meiden hatte, um nicht „Opfer" der Schlange zu werden?

Damit stellt das bloße Auftauchen der Schlange ein Problem dar. Weder ist bekannt, woher sie kam noch ob sie in dieser Gegend lebte, noch ob sie sich dorthin „verirrt" hatte.

Die Schlange trennt den Prinzen von seinen Gefährten, bringt ihn vom rechten Weg ab und lockt ihn in eine ihm fremde Umgebung. Tamino wäre dort nicht gelandet, hätte die Schlange ihn nicht verfolgt. Die Schlange ist infolgedessen mehr als *nur* eine Schlange. Sie ist Auslöser und Initiator (s)*eines* Abenteuers.

Hingegen könnte er sich auch verirrt haben und rein zufällig auf die Schlange getroffen sein. Aber was führte ihn in diese Gegend? Zufall? Wurde er hergelockt? Und wenn ja von wem?

Der rechte Weg des Wanderers

Immer wieder begegnet man dem Topos des Wanderers, der vom rechten Weg abgekommen ist und unvermutet in ein Abenteuer verwickelt wird, um sein Leben radikal zu ändern. In Dantes *Die Göttliche Komödie* heißt es: „Auf halbem Weg des Menschenlebens fand / Ich mich in einen finstern Wald verschlagen, / Weil ich vom graden Weg mich abgewandt.“[5] Dantes Held befindet sich in der Lebensmitte, Tamino ist noch ein Jüngling. Gibt es dennoch einen Zusammenhang? Ja, denn beide gelangen aus ihrem gewohnten Umfeld heraus in eine fremde Umgebung und beide mussten oder werden ihr Leben grundsätzlich ändern.

In seinem Seminar *Die Psychologie des Kundalini-Yoga* erzählt C.G. Jung eine ähnliche Geschichte und zwar die, 1499 in Italien erschienene, vom *Traum des Poliphilo*. Poliphilo gerät – wie der Protagonist in Dantes *Göttlicher Komödie* – in einen Wald (genauer: in den *Schwarzwald*). Er geht immer tiefer in diesen hinein und erreicht die Ruinen einer römischen Stadt. Er bekommt Angst und möchte umkehren, doch wird der Rückweg von einem Drachen versperrt. C.G. Jung deutet den Drachen als Auslöser des Abenteuers, als Kundalinikraft, eine numinose Energie, die den Wanderer, der sich in einer ausweglosen Situation befindet und nicht vor noch zurück kann, antreibt, sein Abenteuer zu bestehen. „Es ist diese Suche, die das Leben lebenswert macht, und das ist Kundalini; sie ist dieser göttliche Drang.“[6] Ein solcher Drang treibt an, etwas zu tun, das eigentlich nicht beabsichtigt war; eine Richtung zu einem Ort einzuschlagen, wohin man nicht wollte, ein Leben zu leben, das anders vorgestellt war. Doch das „Schicksal“ in Gestalt eines Drachens zwingt zu einem Richtungswechsel.

---

5 Zwei andere Textvarianten lauten: „Auf unsers Lebens halbem Wege / fand ich mich in einem düstern Wald, / verirrt von rechter Bahn.“ Oder: „Es war in unseres Lebensweges Mitte, / Als ich mich fand in einem dunklen Walde; / Denn abgeirrt war ich vom rechten Wege.“

6 C.G. Jung: *Die Psychologie des Kundalini-Yoga*, 80f.

Der Drache versperrt den Rückweg ... Wo war er vorher? Hat ihn der Wanderer übersehen? Jedenfalls entpuppt er sich als Antrieb zur *Individuation* im Sinne der Lebensmeisterung. Denn: ein Zurück gibt es für den Protagonisten nicht, er muss also vorwärts und weiter ins Leben *verwickelt* werden. Ebenso wie uns der Rückweg ins Paradies versperrt ist – dort steht ein Cherub mit einem Schwert[7] –, ist es in der *Göttlichen Komödie* ein Drache, der den Rückweg in den gewohnten Alltag vereitelt.

Hier ist es ein Drache, der symbolisch gesehen etwas bewegt; in der *Zauberflöte* ist das entscheidende Moment die Schlange. Durch den Drachen (respektive die Schlange) wird etwas ausgelöst, das, soweit können wir vorausgreifen, nach der Ohnmacht, zu einer gesteigerten Aktivität im Sinne eines Energieschubes – Anstieg der Lebensenergie – führen wird.

Die Ohnmacht lässt zwar das Energiepotential Taminos sinken, verantwortlich dafür ist seine Angst vor der Schlange, aber die Angst ist auch der Auslöser dafür, Schlange und Energie miteinander in Beziehung zu bringen, wodurch sich ein verstärktes Energiepotential aufbauen wird. In *Die Psychologie des Kundalini-Yoga* erwähnt C.G. Jung eben jene Kraft, die als *Schlangenkraft* oder *Kundalini* bezeichnet wird und die Jung mit dem Drachen als Auslöser der Individuation verbindet.

Kundalini-Schlange

Kundalini ist ein Begriff aus dem Sanskrit und wird einer speziellen Yogatechnik, dem Tantra-Yoga zugeordnet. Danach wohnt in jedem Menschen eine Energie oder Kraft, die sich am unteren Ende der Wirbelsäule befindet und erweckt werden kann. Symbolisiert wird sie durch eine zusammengerollte Schlange (Sanskrit: *kundala* „gerollt, gewunden"), die langsam „aufgerollt" (aktiviert) werden muss. Dadurch soll ein Energiefluss durch verschiedene Chakren oder Energiezentren im Körper wahrnehmbar sein, der mit inneren Bildern oder psychischen Erlebnissen einhergeht. Möglicherweise kann eine Verbindung von Kundalini als Energieform mit dem griechischen Äskulap-Stab gesehen werden.

7 Vgl. dazu Heinrich von Kleists Essay Über das Marionettentheater, in dem er eben jene ausweglose Situation schildert, worauf wir später noch zurückkommen werden.

Der Indologe Wilhelm Hauer[8] (1881–1962) versteht unter Kundalini „keineswegs eine erotische Kraft des Mannes, sondern eine Form der weiblichen Kraft, die nichts als reines Wesen ist" und diese „muß befreit und mit der Erkenntnis der männlichen Kraft auf der höchsten Stufe der Entwicklung vereinigt werden."[9] Nach Hauer geht es im *Tantra* nicht um Erotik, sondern Erkenntnis. Die Erweckung des „weiblichen" Kundalini führe in Verbindung mit der „männlichen" Kraft zur höchsten Erkenntnis.

C.G. Jung kommentiert in dem erwähnten Seminar die Ausführungen Hauers und übersetzt sie in eine psychologische Sprache. Dabei arbeitet er heraus, dass Kundalini nicht nach eigenem Gutdünken oder willkürlich erweckt werden darf. Vielmehr ist dafür ein innerer Impuls nötig, ein Antrieb durch das Selbst. Auch bedarf es „eines reinen Geistes", will man die „Schlange" und den verbundenen Energiefluss wecken.

Der Impuls einer Erweckung der Kundalini-Energie – und damit der Individuation im weitesten Sinne – darf *nicht* vom Ich ausgehen, sondern muss als Anstoß aus dem Unbewussten kommen, beispielsweise als innerer Drang oder in Gestalt eines besonderen und eindrücklichen Traumes.

Ein solcher Anstoß ist an Kraft dem eigenen Willen, dem eigenen Zutun überlegen. Dazu C. G. Jung: „Denn sonst werden Sie nicht da hindurch gehen. Sie werden beim ersten Hindernis umkehren; sobald Sie den Leviathan sehen, werden Sie weglaufen. Aber wenn dieser lebendige Funke, dieser unabweisliche Drang Sie gepackt hat, dann können Sie nicht zurück. Sie müssen Ihren Mann stehen."[10]

Jung betont das Wagnis der Selbstwerdung als ein so unvergleichlich großes Abenteuer, dass es über die beschränkten Kräfte und Vorstellungen des „Ich" hinausgeht. Das Vertrauen und Zutrauen in eine höhere, weil überlegene Macht – in der *Zauberflöte* werden in Grenz-

---

8 Zu Hauer vgl. ausführlich: H. T. Hakl. Eranos: Nabel der Welt. Glied der goldenen Kette. Die alternative Geistesgeschichte.

9 „Kundalini ist „keineswegs eine erotische Kraft des Mannes, sondern eine Form der weiblichen Kraft, die nichts als reines Wesen ist; es gibt in der weiblichen Kraft eine bestimmte Kraft der Erkenntnis, eine Kraft, die nichts mit der Erotik zu tun hat, und diese muß befreit und mit der Erkenntnis der männlichen Kraft auf der höchsten Stufe der Entwicklung vereinigt werden" (C.G. Jung: *Die Psychologie des Kundalini-Yoga*, 81f).

10 C.G. Jung: *Die Psychologie des Kundalini-Yoga*, 80.

situationen die Götter angerufen – weist auf die Tendenz der Ein- und Unterordnung des Ich in oder unter das Selbst hin. Letztlich muss es das Selbst sein, das zur Individuation drängt. „Prinz"-Sein ist eine gute Voraussetzung, um im symbolischen Sinne „König" zu werden.

Der Aufbruch

Die Geschichte *Der Aufbruch* von Franz Kafka illustriert treffend einen solchen Impuls. Der Icherzähler holt sein Pferd aus dem Stall, sattelt es und will losreiten, weil er ein Trompetensignal gehört hat. Sein Diener hat nichts dergleichen vernommen und fragt, wohin er reiten möchte:

> „Ich weiß es nicht", sagte ich, „nur weg von hier, nur weg von hier. Immerfort weg von hier, nur so kann ich mein Ziel erreichen." „Du kennst also dein Ziel?" fragte er. „Ja", antwortete ich, „ich sagte es doch: ‚Weg von hier', das ist mein Ziel." „Du hast keinen Eßvorrat mit", sagte er. „Ich brauche keinen", sagte ich, „die Reise ist so lang, daß ich verhungern muß, wenn ich auf dem Weg nichts bekomme. Kein Eßvorrat kann mich retten. Es ist ja zum Glück eine wahrhaft ungeheuere Reise."

Die Doppeldeutigkeit der kafkaesken Sprache zeigt, dass die Reise keine gewöhnliche sondern eine „ungeheuere" ist, eine *Quest*, eine Individuationsreise. Sie trägt Weg und Ziel in sich: „Weg von hier".

Die „wahrhaft ungeheuerliche Reise" ist keine zu planende oder eine, bei der man gesellschaftlichen Umgang pflegt: der Diener hat das Signal weder gehört noch wird er seinen Herrn begleiten. Vielmehr kommt es auf die eigene innere Stärke an, sich dieser insoweit anzuvertrauen, dass man das Empfinden hat, auf die Reise „geschickt" worden zu sein. Eine Heldenfahrt ist nicht etwas, das man aus reiner Neugierde anstrebt. Im Gegenteil: Man wird dazu gesandt und auserwählt. Es ist kein All-inclusive-Abenteuerurlaub, wohl organisiert und durch und durch geplant, sondern eine existentielle Bedrohung. Sie wird, so oder so, das Leben kosten, nämlich das gewohnte Leben. Ob das neue Leben besser oder schlechter, angenehmer oder unangenehmer sein wird, lässt sich nicht sagen. Vielmehr wird man sich Wertungen enthalten und sich darauf einlassen müssen. Alles Weitere muss sich finden. Eine Wahl hat man auf dieser „ungeheueren Reise" nicht.

Die innere Frau

Es würde zu weit führen, die Komplexität des Begriffes Kundalini und seiner Bedeutung ausführlich darstellen zu wollen, doch ist folgendes noch wesentlich für das psychologische Verständnis dieses Begriffes in Bezug auf die symbolische Qualität der Schlange.

C.G. Jung orientiert sich an John Woodroffe (d. i. Arthur Avalon, 1865–1936) und dessen 1919 erschienenem Buch *The Serpent Power* (*Die Schlangenkraft*).

Woodroffe war Rechtsanwalt, Professor der Rechte und Richter in Kalkutta, sowie Professor für indisches Recht in Oxford. Sein Interesse galt der Erforschung hinduistischer Philosophie. Er lernte Sanskrit, vertiefte sich in das Tantra-Yoga und schrieb zahlreiche Bücher über *Tantra* und die *Chakren*-Lehre. Bis heute gilt er als Autorität auf diesem Gebiet.

Ausführlich setzte sich C.G. Jung mit dieser Art der Bewusstwerdung auseinander, was ihm half, den Prozess der Entstehung von Bildern und Symbolen durch das Unbewusste zu verstehen. Die Verbindung von Kundalini zu Anima, dem inneren weiblichen Seelenanteil im Mann, – und damit von Schlange zu Anima – ist für ihn, von einem energetischen Standpunkt aus betrachtet, signifikant.[11] Nach Sonu Shamdasani war folgender Satz in C.G. Jungs Ausgabe von Woodroffe dick unterstrichen: „Sie [Kundalini] … ist die ‚Innere Frau', sie ist gemeint, wenn gesagt wird: Wozu brauche ich eine äußere Frau? Ich habe eine innere Frau in mir."

Kundalini ist wahrnehmbar als „innere Frau". Deren chthonischer, erdhafter Aspekt wiederum äußert sich im Bild der Schlange, was auf eine Bewusstwerdung und einen Zuwachs an psychischer Energie hindeutet. Die Schlange zeigt die Bewusstwerdung der chthonischen Natur oder Triebnatur im Menschen. Darunter wird die ursprünglich neutrale Lebenskraft verstanden, jener Wille zum Leben, der an Arthur Schopenhauers *Willen* erinnert, der blind ist und einfach „nur" tätig sein will. Salopp gesprochen: der Wille ist zwar blind, aber nicht blöd.[12] Dieser Wille entspricht der „Kundali-

11 Vgl. zur Problematik des „Weiblichen" bzw. des „Männlichen" den Anhang über die Anima/Animus Problematik.

12 Dazu erinnert Sonu Shamdasani an Jungs Worte bezüglich eines Mandalas, in dem eine zusammengerollte Schlange erscheint: „Sie strebt nach außen:

ni" als „innere Frau" und damit in der Psychologie C.G. Jungs der *Anima*. Die Anima regelt und aktiviert den Energiefluss des Mannes. Im Zustand der Verliebtheit – im Sinne der Projektion der Anima auf die Umwelt – ist ein eindeutiger Zuwachs an Vitalität erfahrbar. „Kundalini" ist gleichsam der energetische Aspekt der Anima, sodass die Verbindung von Schlange, Kundalini, und Anima zwar erst auf den zweiten Blick in ihrer ganzen Tragweite einsichtig wird, aber, dessen ungeachtet, wesentlich für das Verständnis und die Folgen der Eingansszene ist. Übertragen auf die *Zauberflöte* bedeutet dies, dass Schlange, Tamino, Pamina und Königin der Nacht in einer engeren, symbiotischen Bindung stehen, als vordergründig sichtbar ist.

Das Auftauchen der Schlange geht mit Veränderung, Bewusstwerdung oder Zur-Bewusstwerdung-gedrängt-Sein einher. Die Verbindung zum Instinktmäßigen, ausgedrückt dadurch, dass sich das Animalische mit der Anima verbinden lässt und besonders, dass Schlange und Vogel in eine eigenartige Symbiose gerückt werden, wird noch zu klären sein.[13]

Tamino und Gilgamesch

Die Schlange ist aber nur bedingt positiv besetzt. Tamino fällt bei der Verfolgung durch die Schlange in Ohnmacht, wodurch seine Rettung und seine Individuation ausgelöst werden. Genau das Gegenteil widerfährt dem Helden *Gilgamesch*, dem im Schlaf von einer Schlange das eben mühevoll erworbene Kraut der Unsterblichkeit gestohlen wird.

Gilgamesch, der mittels seiner Kraft und seines unerschrockenen Heldenmutes seine Abenteuer besteht, ist auf den ersten Blick das klassische Gegenstück zum ohnmächtigen Tamino. Und doch verbindet beide die „Suche", die Quest oder Individuation. Eine

---

es ist das Erwachen der Kundalini, das heißt die chthonische Natur wird aktiv. [...] Praktisch heißt dies ein Bewußtwerden der Triebnatur." C.G. Jung: *Die Psychologie des Kundalini-Yoga*, 81, Anm. 128.

13 An einer anderen Stelle streicht C.G. Jung die Verbindung von Anima zum Tierhaften heraus und birgt damit in der Anima einen weiteren Aspekt, der für unser Verständnis der Schlange in Bezug auf Tamino und die Königin der Nacht wesentlich sein wird: „Auch die Animafigur hat Beziehungen zu Tieren, welche ihre Eigenschaften symbolisieren. So kann sie als Schlange oder Tiger oder Vogel erscheinen" (C.G. Jung, „Zum psychologischen Aspekt der Korefigur", *GW* 9/1, 217).

nicht uninteressante Parallele ergibt sich: beim einen ist es Unbewusstheit durch Ohnmacht, beim anderen Unbewusstheit durch Schlaf. Bei beiden ist aber die Schlange beteiligt, entweder als Auslöser der Unbewusstheit oder als deren Nutznießer. C. G. Jung schreibt zu dieser Episode, dass „der Anspruch des Unbewußten [...] zunächst wie ein lähmendes Gift auf die Tatkraft und Unternehmungslust“ wirkt, „weshalb er wohl dem Biß einer giftigen Schlange verglichen werden kann.“ Wichtig ist dabei, dass es das eigene Unbewusste ist, das einem die Energie und Tatkraft raubt und nichts von außerhalb Kommendes. Diese Regression kann vielfältige Ursachen haben, die von Enttäuschungen und Misserfolgen bis hin zu sozialen und organischen Störungen und Depressionen reichen.[14]

Die Konfrontation mit dem Unbewussten kann lähmend wirken. Man fühlt sich buchstäblich wie das Kaninchen angesichts der Schlange. Auch die „Entdeckung“ des eigenen Unbewussten kann zu einem fundamentalen Energieverlust führen, der sich körperlich ausdrückt. Eben dies ist bei Tamino geschehen, seine Furcht und sein Entsetzen vor der Schlange lähmten ihn. Gleichzeitig ist es aber auch die Schlange, die ihn voranbringt, psychologisch übersetzt: in die Bewusstwerdung *initiiert.* Ein wesentlicher Unterschied zu *Gilgamesch* besteht darin, dass dieser durch den Verlust des Unsterblichkeitskrautes in einen regressiven Zustand verfällt, während bei Tamino das Gegenteil der Fall ist. Aus der scheinbaren Regression erwächst die Aussicht auf eine progressiv gestaltete Zukunft.

Der »Stein des Anstoßes«

Dass die Schlange rätselhaft ist und mehr verbirgt als sie enthüllt, wird dann offensichtlich, wenn wir der Frage nachgehen, wer sie gesandt hat oder warum sie überhaupt *da* ist. Welche Aufgabe hat sie? Welche Bedeutung trägt sie für die Oper? Eines konnten wir feststellen: *ohne* die Schlange wäre Tamino nicht in diese Gegend gekommen und *ohne* sie hätte er *seinen* Weg nicht

14 C.G. Jung, *Wandlungen und Symbole der Libido*, 384.

angetreten. In welche Richtung wirkt sie? Erschöpft sich ihre Bedeutung damit, dass sie Tamino in diese Gegend treibt? Oder vermag der Blick auf ihre Symbolik weitere Aspekte zu entbergen?

Letztlich führt der Zwischenfall mit der Schlange dazu, dass sich Tamino auf die Suche nach Pamina begibt und als Eingeweihter zurückkehrt. Er erfährt einen Zuwachs an Bewusstheit und an Lebensmöglichkeiten. Auslöser für sein physisches und psychisches Wachstum bzw. seinen Zuwachs an Entwicklung ist erst einmal die Bedrohung durch die Schlange.

Um zu zeigen, dass die Schlange nicht „zufällig" ausgewählt wurde – oder aus einer Auswahl von unterschiedlichen Gefahrenmomenten übrig blieb – müssen weitere Bedeutungsaspekte der Schlange angeführt werden, woraus nicht nur deutlich werden wird, dass die Schlange als Symbol bezogen auf ihr Umfeld (Tamino, Königin der Nacht, Drei Damen und Papageno) letztlich den Wandlungsprozess im Sinne der Individuation bedingt, sondern auch *welchen* Aspekt dieser Wandlung sie verbirgt!

Der Initiationstraum

Das Auftauchen der Schlange in der ersten Szene entspricht einem Initiationstraum – vergleichbar dem ersten Traum in der Analyse – und enthält im Keim die weitere Entwicklung bzw. nimmt sie symbolisch verschlüsselt vorweg. In welche Richtung geht diese Entwicklung? Was kann man zu Beginn darüber sagen? Was verbirgt und entbirgt die Schlange noch?

Die Schlange ist ein komplexes und universales Symbol, sodass es vermessen wäre, ihre Bedeutung adäquat wiedergeben zu wollen. Wir beschränken uns darauf, herauszuarbeiten, was sich in Bezug auf die Handlung und die szenische Gestaltung der *Zauberflöte* sagen lässt und beginnen damit, einen Überblick zu geben, auf dem sich aufbauend eine weitere für die Individuation relevante Bedeutung der Schlange zeigt.

Die ägyptische Schlange

Die *Zauberflöte* spielt wenigstens der Idee nach im Alten Ägypten. Darum liegt es nahe, mit der ägyptischen Symbolwelt zu beginnen, in der die Schlange als Himmelsschlange und als Schlange des Ursprungs bzw. des Totenreiches eine herausragende Rolle spielt.

> Als chthonisches Tier gehört die Schlange zu den lebenschaffenden Mächten: die vier weiblichen Glieder der Achtheit tragen Schlangenköpfe, und Amun tritt als Urgott in Gestalt der Schlange Kematef auf. [...] Unter den bösen Mächten ragt die Apophisschlange als Widersacher des Sonnengottes hervor. [...] Die (sich häutende) Schlange kann schließlich zu einem Symbol des Weiterlebens nach dem Tode werden – so im Totenbuch (87. Kap.).[15]

Die Schlange ist ein „lebenschaffendes" Tier und mit dem Ursprung (*Amun* und *Kematef*) verbunden. Damit reicht sie zu jener mythologischen Zeit zurück (*illo tempore*), die wir als Urzeit nur von Mythen und Legenden her kennen. Sie ist Element und „Ausdruck" dieser jenseitigen Zeit.

Die Schlange wird auch im Sinne des *Uroboros*, eines „weltumringenden, regenerierenden Nichtseins" gesehen.[16] Die Göttin *Hathor* (wörtlich: „Haus des Horus") wird neben ihrer Erscheinung als „Auge des Sonnengottes" oder als Frau mit Kuhhörnern und Sonnenscheibe auch als Schlange oder Löwin dargestellt.

Die Nähe der Schlange zum Löwen, ihre Verbindung zum Totenreich, ihr dämonischer Charakter – als Apophisschlange wird sie zum Widersacher des Sonnengottes –, ihre Attribute als einkreisendes und lebenspendendes Symbol bis hin zur Verheißung des Weiterlebens nach dem Tode, zeigen die Komplexität und Vielfalt ihrer Symbolkraft. Diese Attribute sind *im* Symbol „Schlange" impliziert und müssen berücksichtigt werden. Sie spielen in Bezug auf Taminos weiteren Werdegang eine Rolle und verdeutlichen, was nicht unmittelbar offensichtlich ist aber zum Verständnis und Sinn der Oper beiträgt. Dazu gehört auch, den Wirkkreis der Schlange auf ihre Erscheinung am Himmel auszudehnen, wo sie als astrologisches Zeichen zu sehen ist.[17]

---

15 Stichwort: Schlange. In: Manfred Lurker: *Symbole der Alten Ägypter.*

16 Hornung, *Der Eine und die Vielen,* 174, 189.

17 Der Astronom Johannes Kepler verfasste 1606 seine Schrift *Der neue Stern im Fuß des Schlangenträgers (De Stella Nova in Pede Serpentarii).* Der Beweggrund zu dieser Schrift war eine eigenartige Himmelserscheinung aus dem Jahr 1604, eine Konjunktion von Saturn, Jupiter und Mars mit einem vierten Stern, den Kepler als Fixstern deutete. Man sprach astrologisch von einem „Feuer-Trigon". Bezeichnenderweise spielte das Jahr 1604 auch bei Rosenkreuzern und Esoterikern der damaligen Zeit eine große Rolle, gingen sie doch davon aus, dass diese Gestirnkonjunktion eine neue Epoche einleite.

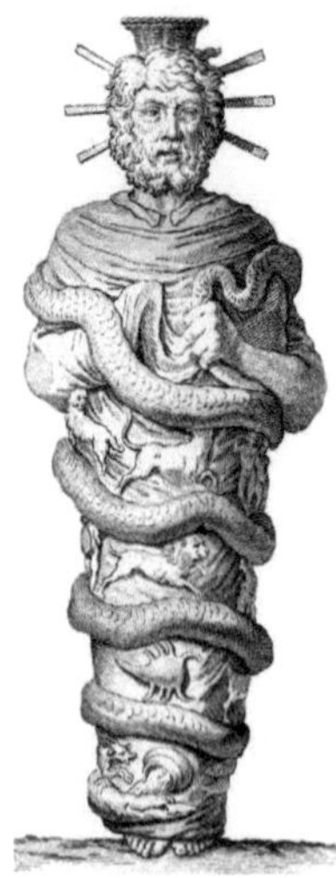

Serapis, eine ägyptische Schlangengottheit

Im Tierkreis steht sie am südlichen Himmel und beginnt mit ihrem Kopf unter dem Krebs, zieht an Löwe und Jungfrau vorbei und endet bei der Waage, wobei sie in ihren Windungen eine Anzahl kleinerer Sterne birgt.[18] In den klassischen Märchen haben Schlange oder Drache einen Schatz zu bewachen. Dem Schatz kann eine „Jungfrau" beigegeben sein, die erlöst werden muss. Die Schlange wird durch ihre Verbindung zum Schatz in die Nähe des Selbst gerückt, im Sinne der „schwer erreichbaren Kostbarkeit", die das Selbst symbolisiert. Sie kann als Mittler oder *Weg*-Weiser im Sinne eines „Seelenführers" (*Psychopompos* bzw. *Mercurius*) zum Selbst werden. Ihr destruktives Bild einer Bedrohung wandelt sich zum Initiator eines neuen Weltverständnisses.

Schlange und Wachstum

In der Alchemie wird das „Wachstumsprinzip" durch „die aufsteigende Schlange symbolisiert". In Ägypten gibt es die Verbindung von Stab und Schlange, was auf einen zweideutigen und numinosen Wachstumsprozess hindeutet, wie Erich Neumann bemerkt.[19]

Die Symbolik der Schlange in ihrem Aspekt der Verbindung und Vereinigung von Himmel und Erde[20] und wie Erich Neumann betont, ihre Beziehung zur Alchemie enthüllt einen ihrer weiteren Aspekte. Die Nähe der Schlange zu Mercurius, der als *Psychopompos*, als Seelenführer oder als Symbol für den zu vollziehenden Wandlungsprozess fungiert, macht den alchemischen Wandlungscharakter der Schlange deutlich. Die Schlange wird mit einem grundlegenden Bewusstseinszuwachs assoziierbar, indem sie die konstruk-

18 Vgl. dazu: *Wörterbuch der Mythologie*: „Rabe", 398ff.

19 Neumann, *Die Große Mutter*, 307f.

20 „Wie das Mütterliche das Obere als Himmel und Geier ist, ist es auch das Untere als Unterwelt und Schlange. Als Schlange ist es die Uatchet, die wie die Nechbet auch mit Isis und allen anderen Göttinnen identifiziert wurde. Und wie die Kuh obere und untere Kuh war, ist die Schlange himmlische und unterirdische Schlange zugleich" (Neumann, *Die Große Mutter*, 210).

tiven Tendenzen des Sündenfalls sublimiert. Ihre Verbindung zum Stab deutet sich so, dass ihre geheimnisvolle Doppelnatur unterstrichen wird und sie sich zu Mercurius und Äskulap wandelt. Mercurius oder Hermes wird ein Stab mit zwei Schlangen beigegeben, ebenfalls dem Asklepios (Äskulap), dem Gott oder der Schutzfigur der Ärzte. Letzteres steht für Heilung während Mercurius für Bewusstsein und Wandlung bürgt.

In *Heilung* – als Verwandlung der Unordnung (Krankheit) zur Heilung (Gesundheit) – und *Wandlung* wird ein Aspekt der Schlange als numinose Gestalt doppelt fassbar.[21] Die Verbindung der Schlange zu einem Stab ist bereits im Alten Testament zu finden, wo Aaron seinen Stab in eine Schlange verwandelt, der die anderen Stäbe bzw. Schlangen der Ägypter auffrisst.[22] Auch da steht der Stab mit der Schlange symbolisch in einer symbiotischen Beziehung. Für Erich Neumann wird dadurch der „Geist eines Wachstumsprozesses“ deutlich, der sich in der Stab-Schlange-Verbindung ausdrückt. Gleichzeitig wird die Wandlung des Stabes zur Schlange und wieder zurück sichtbar als Zuwachs und Mehr an Energie oder als Ausdruck einer überlegenen Macht.

In der griechischen Mythologie ist es die *Hydra lernaea*, jene Schlange, die der Held Herkules im Auftrage des Eurystheus als eine seiner 12 Aufgaben töten musste. In der germanischen Mythologie ist es das die Erde umgebende Ringmeer, das als Midgardschlange bezeichnet wird. Die Germanen kannten die *Nidhoegr* oder *Neidhard*, jene Schlange, die an der Wurzel der Welt-Esche *Yggdrasil* nagt. Eine solche Information ist nicht unwichtig, weil die *Zauberflöte* selbst symbolisch gesehen aus einem Zauberbaum geschnitzt wurde, wodurch eine unsichtbare Verbindung zwischen der Schlan-

21 Es liegt auf der Hand, den Speer der Drei Damen als Abwandlung des Stabes zu sehen. Nur mit welchem Resultat? Allein für die Tötung der Schlange wäre, wie wir noch sehen werden, zu kurz gegriffen.

22 „(8) Und der HERR sprach zu Mose und Aaron: / (9) Wenn Pharao zu euch sagen wird: Beweist eure Wunder, so sollst du zu Aaron sagen: Nimm deinen Stab und wirf ihn vor Pharao, daß er zur Schlange werde. / (10) Da gingen Mose und Aaron hinein zu Pharao und taten, wie ihnen der HERR geboten hatte. Und Aaron warf seinen Stab vor Pharao und vor seinen Knechten, und er ward zur Schlange. / (11) Da forderte Pharao die Weisen und Zauberer; und die ägyptischen Zauberer taten auch also mit ihrem Beschwören: / (12) ein jeglicher warf seinen Stab von sich, da wurden Schlangen daraus; aber Aarons Stab verschlang ihre Stäbe“ (AT, Exodus 7).

ge und jener Flöte, die Tamino erhalten wird, hergestellt ist. Assoziativ drängt sich deshalb der Weltenbaum (*Yggdrasil*) als Ort der Zauber-Flöte auf. Die weltumspannende Urschlange (*Midgardschlange*) ist dem alles durchdringenden Mercurius ähnlich. Mercurius als alchemisches Quecksilber entspricht dem Urstoff „nous", aus dem alles was ist geschaffen wurde und der letztlich alles zusammenhält. Die Schlange als pneumatisches Symbol und als „geistiges Tier" in der Antike entspricht folglich dem Nous.

Die im Mittelalter stark verbreitete Schrift *Physiologus* hebt die Verjüngung der Schlange hervor, denn ihre Häutung wird mit dem ewigen Leben verbunden und biblisch so interpretiert, dass der Greis seinen Leib hinter sich lässt, um ins ewige Leben einzugehen.

Die Transzendierung der erdgebundenen Schlange als Bindeglied zum Totenreich bzw. zur Unterwelt und als Symbol für Wiedergeburt und Erneuerung sowie Zyklus und Ewigkeit ist ebenso auffallend, wie die Gleichsetzung mit einem die Erde umgebenden Gürtel oder dem Bild eines sich schlängelnden Flusses. Damit wird die Schlange *ent*-naturalisiert, ihrer natürlichen Umgebung beraubt und in eine Symbolsphäre erhoben, die ihr auf den ersten Blick nicht zu entsprechen scheint.

In dem 1793 erschienenen und von Karl Philipp Moritz herausgegebenen Buch *Die symbolische Weisheit der Ägypter aus den verborgensten Denkmälern des Alterthums. Ein Theil der Ägyptischen Maurerey, der zu Rom nicht verbrannt worden* wird die Schlange mit der *Zeit* als solcher assoziiert: „Die Zeit: Eine Schlange, die in vielen Krümmungen langsam fortkriecht."

Der kontinuierliche Zeitfluss ist durch einen mäandernden, an den Nillauf erinnernden Zeitfluss ersetzt. Die Zeit erhält eine neue Qualität und wird ihres rein mechanischen Ablaufes enthoben.

Was folgern wir daraus? Durch die Schlange kommt Tamino nicht nur mit einer numinosen Tiergestalt, sondern auch mit einer anderen Zeitqualität in Berührung, und zwar mit einem a-logischen Zeitablauf. Gerade eine solche Zeitqualität entspricht voll und ganz der *Zauberflöte* und ihrem teilweise widersprüchlichen, märchenhaft verwobenen Nebeneinander von Handlungssträngen. Das unterstreicht den ambivalenten Charakter der Oper als „Zauber-" oder „Märchenoper".

Die Verbindung der Schlange zum Ursprung – und damit zur Zeitlosigkeit, zur ewigen Gegenwart, zum ewigen Jetzt – ist hergestellt, wodurch dessen Qualitäten auf sie abstrahlen. Schlange und Zeit, Schlange und mythische Zeit, sind weitere Eigenschaften ihres symbolhaften Charakters.

Fassen wir das bisher Gesagte im Sinne einer Ansammlung von Attributen zur Schlange zusammen, so ergeben sich folgende Paarbildungen: Schlange und Macht, Schlange und Energie, Schlange und Veränderung (Wandlung), Schlange und Wachstum, Schlange und Gegensatzvereinigung, Schlange und Himmel, Schlange und Erde, Schlange und Totenreich sowie Schlange und Zeit. All das sind Attribute, die offen legen, was alles die Bedrohung durch die Schlange noch verbirgt.

Um das symbolisch aufgeladene Schlangenbild abzurunden, liegt es nahe, auch ihre Verbindung zum Phallus aufzuzeigen.

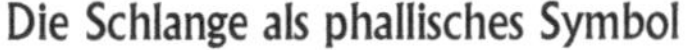

Die Schlange als phallisches Symbol

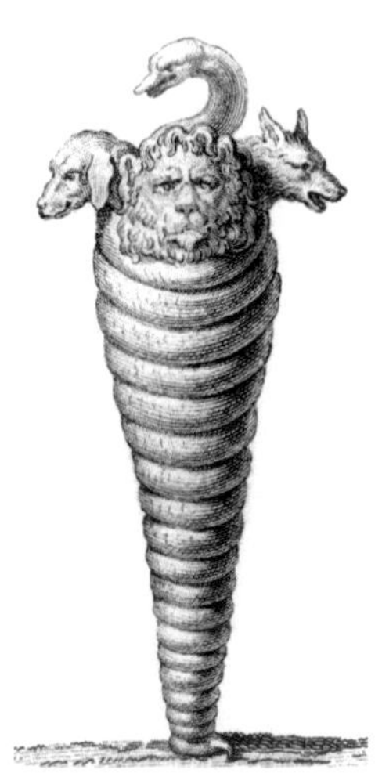

Serapis in anderer Gestalt

Der phallische Charakter der Schlange ist einsichtig. Ihr Erscheinen kann als Abspaltungsprozess der Schlange von der Königin der Nacht in ihrer phallisch-männlichen Bedeutung interpretiert werden. Das „plötzliche“ Auftauchen der Schlange sowie die Angst Taminos vor ihr tragen Züge einer sexuellen Konnotation. In einem solchen Fall würde die Schlange nicht nur weibliche Zugehörigkeit, sondern auch männliche Möglichkeiten implizieren, so dass der Königin der Nacht hermaphroditische Züge zugesprochen werden könnten. (Dieser Spur zu folgen würde aber zu weit führen und sei lediglich als weiterer Ausdruck von symbolischer Ambivalenz eingefügt.) Halten wir an der Verbindung Schlange und Königin der Nacht fest, so verbirgt diese eine männlich-phallische Komponente. Die Tötung der Schlange durch die Drei Damen entspricht daher nur bedingt einer Tötung. Sie gleicht vielmehr einer Zerstückelung. Das Männliche wird zerstückelt und kastriert. Die Ohnmacht des Mannes (Tamino) ist adäquat dazu und folgerichtig. Das Männliche opfert sich dem Weiblichen, verfällt seinem Einflussbereich.

Eine überaus interessante Variante der Tamino-Schlangen-Episode findet sich in Ägypten. Dort wird die Flucht und die Rettung vor einer Schlange mythologisiert und rituell erhöht:

> Als der Kampf zwischen Horus und Typhon ausgebrochen, gingen viele zu Horus über, und auch Thueris kam zu ihm, zwar von einer Schlange verfolgt, die aber von den Leuten des Horus zerhauen wurde. Zum Gedächtnis dieser Tat feierten die Priester des Horus eine Zeremonie, bei welcher sie einen Strick in die Mitte des Tempels warfen, dessen Windungen die Krümmungen einer Schlange vorstellen sollten; am Ende der Feierlichkeit stürzten sich die Priester auf das Bild und zerstückelten es mit ihren Schwertern.[23]

Dadurch können wir ein weiteres Motiv bergen, das auf die rituelle Zerstückelung Osiris' hinweist und in der Tötung der Schlange verborgen liegt. Letztere deutet den Osiris-Mythos an, der dann im zweiten Teil der Oper wichtig werden wird. Hier, in der Zerstückelung, ist bereits der Keim dieses Mysteriendramas angelegt.

Andererseits bedeutet die Zerstückelung der phallischen Schlange auch den „Triumph" des Weiblichen über ein patriarchalisches Symbol. Lanze bzw. Speer als phallisches Symbol zerstückeln die Schlange als ebenfalls phallisches Symbol. Die Lanze oder der Wurfspieß ist silbern. Silber ist symbolisch dem Mond zugeordnet, was daher auch als Metall der Königin der Nacht entspricht.

Die Ambivalenz der Szene wird dadurch unterstrichen, dass die Schlange zum Reich der Königin der Nacht und demnach zu ihr gehört. Durch diese Tat wird ein Teil der Königin der Nacht – ihre männliche Seite, ihr männlicher Bewusstseinsanteil – zerstückelt. Die Abspaltung der Schlange entspricht der Abtrennung des Männlichen von ihr bzw. der absichtlichen Isolierung ihres Animus.

Was aber die Königin der Nacht sozusagen nicht kennt, ist die Beziehung der Schlange zur Anima und damit die Verbindung der Schlange zu ihr bzw. zu ihrer Tochter Pamina.

Durch das Auftauchen der Schlange und deren Zerstückelung wird ein Prozess in Gang gesetzt, den die Mutter und Königin nicht

23 *Wörterbuch der Mythologie*, 433ff.

mehr kontrollieren kann. Die „unverhoffte“ Begegnung der Königin der Nacht mit Tamino und dessen Bereitschaft, Pamina zu befreien, bedeuten schließlich das Ende ihrer Herrschaft. Die Auflösung der Entführung im Sinne einer Rückführung stellt also nicht den alten Zustand wieder her, sondern einen unerwartet neuen.
Die symbolische Kastration – und damit die Opferung des Männlichen bzw. des Phallus – führt zu einem überraschend neuen Lösungsansatz. Das Männliche als Emanation einer traditionellen Helden-Gestalt – Sarastro oder der verstorbene Ehemann der Königin der Nacht – kann oder konnte der Königin der Nacht und ihrer Ambitionen nicht Herr (!) werden. Es versagte. Aber gerade dem Nichtgebrauch des Männlichen und der Abspaltung des Männlichen (symbolische Zerstückelung der Schlange) in Gestalt eines „ohnmächtigen Prinzen“, wird das gelingen. Tamino wird einlösen, was vorbestimmt aber nicht vorhersehbar war.

Wir bewegen uns in einem ambivalenten und mehrdeutigen Auslegungsraum und können weiterhin lediglich versuchen, die Tiefe dieses symbolischen, mythologischen und initiatorischen Beginns und das damit unbewusst einhergehende Begehren auszuloten. In dieser Szene sind so viele Fäden gleichzeitig aufgenommen und miteinander verwoben, dass es schwer fällt, den Überblick zu behalten. Folgendes kristallisiert sich bislang heraus:

Aus der Sicht der Königin der Nacht ist die Schlange ein Funktionsträger. Sie bringt ihr sozusagen Tamino als Retter.

Aus der Sicht Taminos ist die Schlange Bedrohung und Chance zugleich. Seine Existenz und sein Leben wird durch sie gefährdet, gleichzeitig aber bietet sie die Möglichkeit der Individuation.

Aus der Sicht der dunklen, verborgenen Seite der Königin der Nacht symbolisiert die Schlange das phallisch-männliche, dessen sie sich gerne entledigen möchte, um ganz Königin und Alleinherrscherin zu sein. Die Zerstückelung der Schlange ist Ausdruck der Zerstörungswut und des rituellen Opfers. Letzteres wiederum trägt den Keim einer neuen Verbindung in sich.

Die Alchemie kennt den Spruch „solve et coagula“: löse und binde. Die Schlange wurde zerstückelt und der feste Körper aufgelöst. Doch die Möglichkeit einer erneuten Verbindung und der Sublimierung ergibt sich erst durch die Auflösung der alten Bindung. Wer also von der Schlange bedroht ist, wird nicht nur zu Wandlung und

Veränderung angetrieben, sondern auch zur Erkenntnis einer neuen Zeitqualität, die letztlich auf die Bewusstwerdung und Geborgenheit des Ursprungs aus ist. Wir formulieren damit den begründeten Verdacht, dass sich die Schlange als Symbol oder Hinweis des Selbst bzw. der Selbstwerdung entpuppt in Bezug auf eine Reintegration des Ursprungs im Sinne der (rituellen) Wiedergeburt oder Widererneuerung.

Tamino, von adeliger Herkunft ist bereits Fürst, Prinz und Mensch – und wird doch erst im Laufe der Oper zu alledem. Er wird aus einem Zustand der Unbekümmertheit und einer unbewussten, *parzivalischen* Sorglosigkeit gerissen. Dies geschieht abrupt und, man darf weder vergessen noch unterschlagen: *lebensbedrohlich*. Die Schlange droht ihn zu töten. Die Zerstückelung der Schlange durch die Speere der herbeigeeilten Drei Damen trägt zeremonielle Züge und gemahnt an den Isis-Osiris-Mythos, in dem Osiris durch seinen Bruder Seth in vierzehn Teile zerstückelt wird. Die initiatorische Tötung wird hier wie dort zum Ausgangspunkt der Wiedergeburt, so wie Zer*stücke*-lung Ganzheit voraussetzt oder nach sich zieht.

Ausgangspunkt der Individuation

Ausgangspunkt der Individuation ist die Bewusstwerdung der Persona bzw. des Schattens. Das geht in der Regel mit einer Erschütterung des herkömmlichen Ichbewusstseins einher.

In der Tat wird Tamino erschüttert. Seine Einheit zerfällt. Sein unbewusster oder vorbewusster Zustand wird durch die Schlange offenbar. In einem rituellen Geschehen ist der Anfang besonders bedeutsam. Hermann Hesse spricht davon, dass jedem Anfang ein Zauber innewohne. Der Beginn, der erste Traum in einer Analyse, der erste Eindruck, der erste Moment der Begegnung … all das stellt die Weiche für Späteres und wirkt entscheidend für das weitere Vorgehen. Auch hier enthält die erste Szene symbolisch verschlüsselt „alles“ im Keim, was sich im Weiteren entfalten wird. Auf die Symbolik der Schlange als Trägerin der Erneuerung und Wiedergeburt, der Weisheit und des Selbst, wurde bereits hingewiesen. Doch ehe die Kraft der Schlange sich entfalten kann, müssen Projektionen zurückgenommen und Stationen des Individuationsprozesses eingesehen werden, als da sind vorerst Persona und Schatten.

Die dunklen Seiten: Persona und Schatten

Auf die Frage Papagenos wer er sei, antwortet Tamino, er sei aus fürstlichem Geblüt und ein Prinz. Das ist streng genommen keine adäquate Antwort auf die Frage. Taminos Antwort zeigt, dass er an Äußerlichkeiten haftet, dass er mit seiner Rolle als Thronfolger und Sohn seines Vaters verwoben ist und nicht zwischen dieser Rolle und seinem Menschsein differenziert. Möglicherweise kann er die Frage gar nicht anders beantworten, was darauf hinweist, dass ihm etwas Wesentliches fehlt, nämlich die Unterscheidungsfähigkeit zwischen seinem *Ich* und seiner *Persona.* Die Persona ist eine Art „Maske", die zwischen Ich und Außenwelt vermittelt. Sie steht zwischen dem Ich und der Umwelt und spiegelt einerseits dem Ich, andererseits der Umwelt ein unzutreffendes Bild über das eigentliche Wesen vor. Beruf, soziale Rolle oder Habitus des Menschen werden als Persona angesehen, was in dem Moment krankhaft wird, wenn eine Identifikation des Ich mit der Persona eintritt.[24] Grundsätzlich übernimmt die Persona die Vermittlung zur Außenwelt, als Pendant dazu vermitteln Schatten bzw. Anima (oder Animus) zur Innenwelt, sprich dem persönlichen Unbewussten.[25]

Eine *Persona* ist notwendig, und es ist auch wichtig, dass das Ich sich dessen bewusst bleibt, dass es eine Persona besitzt. Tamino weiß das nicht und erst Sarastro wird seine Persona durchschauen und in ihm den Menschen sehen, was Grundbedingung für die Einweihung sein wird. Eine Persona – die Rolle eines Fürsten oder Prinzen – kann man nicht einweihen, sondern nur einen Menschen! Der Bewusstwerdung der Persona folgt die Einsicht in den eigenen *Schatten.* Dieser deckt den Bereich des persönlichen Unbewussten ab. Zu Beginn des Individuationsprozesses stellt er noch den gesamten Bereich des Unbewussten dar. Erst allmählich beginnt der Prozess der Differenzierung und Integration des Schattens.[26]

---

24 „Die Persona ist ein kompliziertes Beziehungssystem zwischen dem individuellen Bewußtsein und der Sozietät, passenderweise eine Art Maske, welche einerseits darauf berechnet ist, einen bestimmten Eindruck auf die anderen zum machen, andererseits die wahre Natur des Individuums zu verdecken" (C.G. Jung, *GW* 7, 201).

25 Vgl. dazu: Jacobi, 119f.

26 „C.G. Jung soll einmal in einer Seminarsitzung über den Beginn der Unterscheidung der Archetypen vom Unbewussten lapidar und wohl auch provo-

Der Schatten wird vornehmlich auf ein gleichgeschlechtliches Gegenüber projiziert.[27] Er beinhaltet „jene verhüllte, verdrängte, meist minderwertige und schuldhafte Persönlichkeit, die mit ihren letzten Ausläufern bis ins Reich der tierischen Ahnen hinaufreicht und so den ganzen historischen Aspekt des Unbewußten umfasst"[28]. Der Schatten zeichnet ebenfalls für das Triebhafte und Instinkthafte verantwortlich und, obwohl er meist negative Vorzeichen trägt, muss er es durchaus nicht immer sein. So kann er „aufbauende und regenerierende Kräfte" beinhalten.[29]

In Papageno findet Tamino seinen Schatten projiziert vor. Papageno ist es, der seine instinkthafte – aber auch übertrieben naive – Wesensseite spiegelt. Wie der Verlauf der Handlung deutlich macht, sind beide aneinander gebunden. Eine Trennung kann erst dann erfolgen, wenn sowohl Tamino seine Pamina als auch Papageno seine Papagena gefunden haben. Wie sich noch herausstellen wird, integriert Tamino seine „instinkthafte Seite" durch und mit der Einweihung am Ende der Oper. Papageno wird sich seiner „dunklen" Seite bewusst, als ihm die Abwesenheit Papagenas schmerzhaft in den Sinn kommt und er im Begriff ist, Selbstmord zu begehen.

Was wäre wenn ...

Was wäre, wenn diese Szene geträumt worden wäre? Fühlten wir uns im Traum – oder auch im Wachtraum – in eine solche felsige Gegend versetzt, bedroht von einer Schlange, gepaart mit Ohnmacht und einer wunderbaren Rettung, so könnte dies, bei aller Bedrohlichkeit, auch als Neubeginn und Auftakt zur Bewusstwerdung ver-

---

zierend gesagt haben: „Der Schatten ist ganz einfach das gesamte Unbewußte." (Von Franz, *Der Schatten* ..., 9).

27 „Ich möchte zusammenfassend hervorheben, daß die Integration des Schattens, das heißt die Bewußtmachung des persönlichen Unbewußten, die erste Etappe im analytischen Prozeß bedeutet, ohne welche eine Erkenntnis von Anima und Animus unmöglich ist. Der Schatten kann nur durch die Beziehung zum Gegenüber realisiert werden, und Animus und Anima nur durch die Beziehung zum Gegengeschlecht, weil ihre Projektionen nur dort wirksam sind." C.G. Jung, *Aion*, *GW*, Band 9/2, 31.

28 C.G. Jung, *GW*, Band 9/2, 281.

29 „Der Schatten muß aber nicht immer nur böse sein, sondern kann auch aufbauende und regenerierende Kräfte haben; vor allem, wenn der Mensch nicht allzu überheblich, allzu überzeugt von der eigenen Macht und Tugend bleibt, sondern bereit ist, sein Ich den unpersönlichen Mächten unterzuordnen" (Jaffé, 67).

standen werden. Bereits erwähnt wurde, dass die erste Szene einem Initiationstraum entspricht, der die Richtung der weiteren Entwicklung sozusagen im Keim vorwegnimmt. Hier fungiert die Schlange als Antreiber, als Wachmacher, als ein durchaus rätselhaftes Symbol, von dem man nicht genau weiß, was es für einen selbst zu bedeuten vermag.

Im Kontext der *Zauberflöte* hat die Schlange ihren festen Platz. Gilt entsprechendes auch für mich selbst, wenn ich von einer Schlange träume? Das ist für sich selbst herauszufinden.

Als begründeten Verdacht können wir formulieren, dass die Auftaktszene Veränderung bedeutet, den Beginn eines Abenteuers, die Aussicht auf einen Neubeginn. Im Zusammenhang mit dem Individuationsprozess wäre es nun an der Zeit, sich mit dem eigenen Mutterbild – Mutter-Imago – und dem Vaterbild – Vater-Imago – zu beschäftigen. Tamino wird zum *alter ego* für uns Betrachter, sozusagen ein handelnder Stellvertreter, der uns vor Augen führt, wie ein solcher Prozess der Individuation ablaufen kann. Seine Reise macht uns bewusst, wie unsere eigene Reise verlaufen könnte.

Die Loslösung

Nach seiner wundersamen Rettung unterhalten sich Papageno und Tamino. Sie kommen auf die Königin der Nacht, die Sternenflammende Königin oder Göttin der Nacht zu sprechen. Tamino erinnert sich, dass schon sein Vater über sie erzählte. Papageno meint, dass niemand sie jemals gesehen habe.

Beide bemerken die tote Schlange. Papageno gibt an, sie erdrosselt zu haben. In dem Moment erscheinen die Drei Damen und händigen Papageno Wasser und einen Stein aus. Sie verschließen seinen Mund mit einem Vorhängeschloss, weil er gelogen hatte. Dann erklären sie Tamino, dass sie es waren, die ihn vor der Schlange errettet und zeigen ihm ein Medaillon mit dem Bildnis Paminas. Falls er sich in sie verliebe, stellen sie ihm Glück, Ehre und Ruhm in Aussicht. Es gelingt. „Ich fühl‘ es, wie dies Götterbild / Mein Herz mit neuer Regung füllt.“ Taminos Liebe erwacht und auch seine Lebensgeister kehren zurück.

Tamino vernimmt nun, dass ein böser Dämon Pamina entführt hat. Es donnert und die Königin der Nacht erscheint. Sie gibt sich als unschuldig liebende und leidende Mutter und verspricht Tamino ihre Tochter, wenn er sie zu ihr zurückbringt. Danach entschwindet sie ebenso plötzlich, wie sie gekommen war. Tamino entschließt sich, Pamina zu befreien. Papageno wird das Schloss abgenommen mit der Auflage, nicht mehr zu lügen. Der Name des Entführers wird genannt: Sarastro. Tamino erhält eine Zauberflöte, die die wundersame Eigenschaft hat, die Leidenschaften der Menschen zu verwandeln: „Der Traurige wird freudig sein, / Den Hagestolz nimmt Liebe ein." Papageno wird ihm als Gefährte zugeteilt. Dieser erhält zu seinem Schutz ein silbernes Glockenspiel.

Drei Knaben schweben herbei, um die beiden Befreier zu Sarastros Burg zu führen. Auf dem Weg dorthin werden sie getrennt. Papageno wird später Pamina gegenüber lügen und beteuern, sie hätten keine Knaben gesehen und der Prinz Tamino habe ihn vorausgeschickt. Papageno trifft genau in dem Moment bei Pamina ein, als sie einen Fluchtversuch unternimmt und von Monostatos, dem „alles belauschenden Mohr", wieder eingefangen wird. Monostatos wollte sie anscheinend vergewaltigen, blieb aber bei Paminas Hilferuf nach Sarastro „stumm und unbeweglich stehen". Sie flüchtet.

Monostatos bringt die Ausreißerin zurück. Er und Papageno begegnen sich, erschrecken voreinander und fliehen. Beide halten den anderen für den Teufel. Papageno kommt als erster zurück mit der Bemerkung: „Es gibt ja schwarze Vögel in der Welt, warum denn nicht auch schwarze Menschen?"

Die Drei Knaben

Halten wir hier kurz inne, denn merkwürdig genug sind jene Drei Knaben, die in beiden Reichen verkehren können und anscheinend jedem zu Diensten sind, ohne jemandem zuzugehören. Wie selbstverständlich nutzt sie die Königin der Nacht, um Tamino und Papageno zu führen. Und wie selbstverständlich greifen sie in Sarastros Reich helfend und unterstützend ein. Sie scheinen wie aus dem Nichts zu kommen, schweben vom Himmel herbei und verschwinden ebenso rätselhaft wie sie auftauchten.

Der Individuationsweg bietet nicht nur reiche Symbolik, sondern auch Hilfen in Form von personifizierten Helfern, Ideen oder Einfällen. Die Drei Knaben sind solche Helfer im Sinne eines „Seelenführers“ oder Psychopompos. Sie stehen bereit, wenn Gefahr droht und bieten ihre Hilfe an. Dabei haben sie eine deutliche Nähe zum Selbst und kommen aus einer Sphäre, zu der man weder direkten Zugang hat (Himmel), noch lassen sie sich manipulieren oder lenken.

Die Drei Knaben symbolisieren einen Zustand von Reinheit und Unschuld, ohne allzu schnell in menschliche Schicksale einzugreifen. So wäre es ihnen sicher ein Leichtes gewesen, Hilfe herbeizuholen, als Pamina von Monostatos bedrängt wurde, aber hier waren sie nicht zur Stelle. Sie entziehen sich dem menschlichen Willen und Handeln wie „sie“ es wollen. Das bedeutet, dass sie einer anderen Logik unterstehen, als jener, die wir gewohnt sind.

Die Drei Knaben faszinieren mit ihrem Gesang und sie faszinieren durch ihr unvermitteltes Auftauchen. Sie haben Brückenfunktion zu einer „überlegenen“ Einsicht, die durchaus dem Selbst entspricht. Ein Vergleich mit „Engeln“ wäre ebenso naheliegend wie der zu Feen und Schutzgeistern. Auch in ihrer Dreizahl passen sie genau in das Schema der Oper und unterstützen die tiefe Symbolik. Sie sind sowohl für Tamino als auch für Pamina bedeutungsvoll und vermitteln eine Ahnung davon, dass die „alte“ Welt für Tamino keine Gültigkeit mehr haben wird.

Taminos Abschied

Die alte Welt Taminos verliert ihre Stellung. Tamino nimmt Abschied und weiß es noch nicht. Die vertrauten Ansichten und Bindungen werden gelöst. Einer alchemischen Aussage gemäß findet die *Solutio* – die Loslösung – im Mond statt. Was hier ohne weiteres zutrifft, denn er ist bei der Königin der Nacht und damit in der Mondsphäre angelangt.

Hier begegnet Tamino dem Mutterimago, das ihn als leidende Mutter mit „Sohn“ anspricht und für sich einnimmt. Tamino wird von ihr zum Sohn gemacht. Er ist ganz von ihr befangen und weiß am Ende nicht zu sagen, ob die Begegnung wirklich stattgefunden hat oder ob er sich nur täuschte. Sein Ich wird vom Mutterarchetypus ergriffen und aufgesogen. Eine Inflation droht und damit eine Überflutung (Wasser) mit unbewussten Inhalten. – Die Schlange wandelt sich zur Mondgöttin.

Wie könnte das neue Leben aussehen? Im Prinzip deutet sich die Veränderung bereits an, ehe sie sich manifestiert. Man muss dabei die Zeichen des Neuen deuten, ihren Spuren folgen, um eine Ahnung zu bekommen, wohin der Weg führen wird. Tamino weiß nicht, dass er sich dadurch, dass er einen Fuß in dieses felsige Gelände setzte, bereits auf einem Initiationsweg befindet. Dabei wird er förmlich auf seinen Weg gestoßen. Wie anders kann man den Angriff durch die Schlange und seine waghalsige Flucht sonst deuten? Gäbe es einen besseren Beginn für eine symbolisch-initiatorische „Nachtmeerfahrt"?

Der Weg des Initianden

Weiß Tamino warum er hier ist? Vorerst scheinbar, um Pamina zu befreien. Das genügt bis diese Antwort durch eine andere abgelöst werden wird. Kann zu diesem Zeitpunkt bereits von einem Initiationsweg im Sinne einer Individuation gesprochen werden? Die Zeichen deuten in diese Richtung, vorerst aber bleibt nur der Verdacht, dass es so sein könnte.

Traditionell werden zu Beginn einer rituellen Einweihung Fragen an den Initianden gestellt, die er beantworten muss. Sie dienen der eigenen Bewusstwerdung. Hier werden keine Fragen gestellt und doch ist Tamino aufgefordert, (s)eine Antwort zu suchen auf die Frage, warum er von seinem Weg abgekommen sei. Er muss sich die Frage nach seinem Hiersein räumlich und existentiell stellen.

Tamino sieht Paminas Bildnis und verfällt in Liebe zu ihr bzw. ihrem Bild („Dies Bildnis ist bezaubernd schön"). Augenblicklich will er sich aufmachen und sie retten. Das Bild Paminas legt eine indirekte Einflussnahme nahe. Es ist ein Bild – keine reale Person – das Sehnsucht auslöst. Das Bildnis wirkt als Katalysator, wie ein Liebestrank und macht Tamino trunken und übermütig, sodass er spontan und unüberlegt – ohne Vernunft also – eine Entscheidung trifft.

Paminas Bild wirkt als Animaprojektion und über das Bild wird die Sehnsucht nach der wirklichen Pamina geweckt, wodurch der klassische Weg skizziert wird mit dem einen Unterschied, dass hier nicht ein reale Frau, sondern ein Bildnis steht, welches erst zu einem lebendigen Gegenüber mutieren muss.

Der Bildzauber wirkt. Tamino ist fasziniert, ein Indiz seiner Animaaktivierung. Und er macht sich auf den Weg. Ihm kann nicht bewusst werden, dass er durch die Rettung der Pamina nicht Pamina oder sich nützt, sondern allein der Königin der Nacht. Er ahnt nicht, dass er „instrumentalisiert“ wird, ohne letztlich eine freie – was im Kontext der Zauberflötenwelt bedeutet: eine vernünftige – Entscheidung treffen zu können. Auch der Zuschauer ahnt nichts davon, denn auch er nimmt die Königin der Nacht nur als „liebende Mutter“ wahr.

Ein Bildnis ist aber nicht die Wirklichkeit. Und doch erschafft sich Tamino lediglich aufgrund von Erzählungen und Bildern eine „neue“ Wirklichkeit und fühlt sich berufen, Ordnung herzustellen. Er will richten, was durcheinander geraten ist. Tamino nimmt spontan eine Heldenrolle an, ist aber – liest man die äußeren Zeichen richtig – nicht wirklich darauf vorbereitet (initiiert).

Ihm zur Seite wird Papageno, ein Vogelhändler und *tumber Tor*, gestellt. Papageno fungiert als *alter ego* Taminos. Er verkörpert seine Schattenseiten und steht für jene einfache Natur, die zu kleinen Mysterien zugelassen werden kann, nicht aber zu den großen. Papageno geht es um Triebbefriedigung – Essen, Trinken und ein „Weib“… Dennoch: Er hat ein gutes Herz, ist geradlinig und aufrichtig.

Papageno als „Papagei“ plappert nach, was ihm vorgesagt wird. Er schwindelt, ist auf seinen Vorteil bedacht und alles andere als ein Held. Er spiegelt Taminos instinkthafte und triebhafte Seite, denn zu klar und zu geradlinig betritt dieser die Bühne der Welt. Ihm fehlt sein Schatten. Papageno vertritt diesen.

Paminas Bildnis offenbart Tamino, so scheint es uns, seine Bestimmung zum Helden. Liebe erwacht und damit eine neue Energie, die ihn zu Höchstleistungen anspornen wird. In Pamina erkennen wir *seine* Anima, als ein belebendes und lebenspendendes Moment.

Die äußeren Umstände dagegen machen misstrauisch und deuten auf einen unterschwelligen Konflikt. Durch die Entführung Paminas wird offenbar, dass im Reich der Königin der Nacht etwas nicht in Ordnung ist. Die Stimmung ist zwiespältig. Noch macht die Aura der strahlenden Königin die kahle Felsenlandschaft erträglich.

Das silberne Licht der lunaren Welt spiegelt Verheißung und Hoffnung, statt Öde und Leere. Wer kann aber Tamino Glück, Ehre und Ruhm garantieren? Und wie sollen sie sich hier auswirken? Wie soll Tamino ein Held sein, gegenüber einem so mächtigen Feind wie Sarastro einerseits und andererseits vollends im Dienste der „Mutter", respektive der Königin der Nacht, stehend? Ist Tamino wirklich ein Held? Und wie weit wird er von seinem Mutterimago bestimmt?

Held und Mutter

Um Antworten zu finden, kommen wir noch einmal auf die Schlange zurück. In seinem Buch *Symbole und Wandlungen*[30] macht C.G. Jung deutlich, dass Schlange und Libido gleichzusetzen sind bzw. die Schlange ein Libidosymbol ist und eng mit dem Mutterimago und damit dem Sohn verwoben ist.

Ist die Verbindung zur Mutter besonders eng und fehlt der Vater, wie es auch in der *Zauberflöte* der Fall ist, kann von einem symbiotischen Verhältnis des Sohnes zur Mutter gesprochen werden. Der Sohn als *puer aeternus* oder ewiger Jüngling nimmt hier eine besondere Stelle ein. Er ist Sohn und muss nicht Vater werden; er ist Sohn und muss diesen Zustand nicht aufgeben, muss nicht Verantwortung übernehmen, sich nicht ins Leben verwickeln und nicht erwachsen werden. Sohnsein genügt der Mutter. Der Sohn kann bleiben wie er ist: naiv, unreflektiert, arglos, unkritisch, leicht begeisterungsfähig, leichtgläubig … kurzum, ihm fehlt jene Reflektiertheit, die zum Leben gehört. Er ist mit seinem Zustand zufrieden, will keine Veränderungen und nicht aus der vertrauten Geborgenheit des Muttereinflusses (Mutterschoßes) weichen.

Damit gerät der Sohn als Mann in Konflikt mit dem Leben, das auf stetige Veränderung (Progression) und nicht auf dauerndes Bleiben (Regression) angelegt ist. Der sich ergebende Konflikt führt entweder zum Verbleib im Mutterimago und in der Abhängigkeit von der Mutter oder – symbolisch gesehen – zur Heldentat, die im Erschlagen des Drachens, dem Bergen des Schatzes, dem Kampf mit der Schlange besteht und mit der Lösung von der mütterlichen Welt einhergeht. Der Mutter-Sohn wird zum Helden, der Sohn wird zum Manne.

Mutter – Schlange – Jüngling

Die Kombination: Mutter – Schlange – Jüngling birgt ein komplexes Symbolsystem, das aber überraschende Hinweise auf eine

30 C.G. Jung, *GW* 5.

Tiefenstruktur in der *Zauberflöte* enthält. Aus diesem Grunde sollten wir dieser Verbindung weiter nachgehen. In *Symbole und Wandlungen* beschreibt C. G. Jung den Sohntypus als *puer aeternus*, als einen frühvollendeten „Götterjüngling" wie es Tammuz, Attis, Adonis und Christus gewesen seien. Der Held als „göttlicher Sohn", der trotz seiner Heldenattribute doch nur mehr das Dasein eines *puer aeternus* fristet, erschöpft sich in der auf ihn projizierten Erwartungshaltung. Der göttliche Sohn ist ohne das Zutun der Mutter nicht lebensfähig. Er stirbt in jungen Jahren, weil er aus sich heraus nicht mit der Welt verwurzelt ist, sondern ein Leben aus zweiter Hand führt. Jung hebt den Typus des Sohngottes heraus, der jung stirbt aber früh vollendet ist.

Für C.G. Jung ist der ewige Jüngling ein Parasit der Mutter, der durch sie sein Leben lebt, was in eine psychologische Sprache übertragen bedeutet, dass er im kollektiven Unbewussten verbleibt, ohne sich daraus befreien zu können oder zu wollen. Er lebt durch und bei der Mutter, so dass „er sich also in dauerndem Inzest befindet. Er ist sozusagen ein Traum der Mutter"[31].

Der Sohn wähnt sich zwar frei in seinen Entscheidungen und unabhängig in seinem Leben, hat aber kein Bewusstsein über seine wahren Beweggründe und Motive. Sie verbleiben sozusagen an die Mutterwelt – und damit an das kollektive Unbewusste – rückgebunden. Er mäandert zwischen Schlaf und einem Dämmerzustand von Erwachen und Schlafen, Bewusstwerdung und Unbewusstheit. Sein Vergehen ist die andauernde Regression und damit der symbolisch permanente Inzest. Dieser unhaltbare Zustand wird ihn vor die Wahl stellen, früh zu sterben oder ein Held zu werden, um den Drachen – sprich das Mutterimago – zu überwinden und den Schatz – im Sinne der Selbstwerdung – zu bergen. Dazu C.G. Jung:

> Der Drache drückt [...] als negatives Mutterbild den Widerstand gegen den Inzest, beziehungsweise die Angst davor aus. Drache und Schlange sind die Symbolrepräsentanten der Angst vor den Folgen der Tabuverletzung, das heißt der Regression zum Inzest. Es ist daher verständlich, wenn wir immer wieder dem Baum mit der Schlange begegnen. Der Schlange und dem Drachen kommt besonders die Bedeutung des Schatzhüters und -verteidigers zu.[32]

31 C.G. Jung, *GW* 5, 334.
32 C.G. Jung, *GW* 5, 336.

Die inzestuöse Komponente will besagen, dass die Lebensenergie zwischen Mutter und Sohn verbleibt, so dass eine progressive Bewegung ins Leben in Bezug auf freies Fließen der Libido unerreicht bleibt. C. G. Jung erwähnt den Drachen als „negatives Mutterbild", der mit der Angst vor einer Regression (Inzest) verbunden ist und den Widerstand davor ausdrückt. Schlange und Drache sind austauschbar, insoweit als beide einen Schatz hüten oder verbergen. Schatz meint: Leben und Selbstwerdung, Unsterblichkeit und ewiges Leben. Übertragen auf die *Zauberflöte* werden wir einer latenten Verbindung von Königin der Nacht und Schlange im Sinne einer Verknüpfung von Mutterarchetypus und Drachen, puer aeternus und Helden, gewahr. Doch was bedeutet dies für den Fortgang der Handlung?

Der liebe Sohn

Die Arie der Königin der Nacht gehört zu den Höhepunkten der Oper. Sie steht in B-Dur und stellt an die Sängerin allerhöchste Ansprüche. Es stellt sich der Eindruck einer nervösen Ungeduld ein und eines überdrehten beinahe hysterisch zu nennenden Versuches, Tamino mit aller Gewalt zu überzeugen. Hier wird Tamino musikalisch überwältigt. Die Königin der Nacht erscheint in vollem Glanz. Sie strahlt und verzaubert, aber sie verführt auch.

Die Kombination von Prinz, Ohnmacht und der leicht zweideutigen Anrede der Königin der Nacht („O zittre nicht, mein lieber Sohn") weckt gewisse Assoziationen, die aus dem *puer aeternus* einen „Sohngeliebten" zu machen vermögen. So singt die Königin der Nacht:

> O zittre nicht, mein lieber Sohn!
> Du bist unschuldig, weise, fromm;
> Ein Jüngling, so wie du, vermag am besten,
> Dies tief betrübte Mutterherz zu trösten.

Unabhängig davon, dass man nur zu staunen vermag, welcher Erkenntnisgewinn in einem einzigen Blick liegt – die Königin der Nacht hat Tamino zuvor noch nie gesehen, woher weiß sie also um seine Charaktereigenschaften? –, entpuppt sich die betrübte Mutter nicht nur als Auftraggeberin für Tamino, sondern auch als Autorität vor der *man* „zittert".

Tamino trifft auf die Königin der Nacht, die ihm als liebende Mutter erscheint und seine Aufmerksamkeit auf ihre Tochter Pamina – ihr Ebenbild! – lenkt. Auf den ersten Blick ist sie es, die Tamino ins Leben verwickelt. Wenn wir nämlich davon ausgehen, dass sie mit der Schlange verbunden ist und diese auch geschickt haben mag, so wäre eben die Königin der Nacht, die für das weitere Geschehen Zuständige. Inwieweit soll es sich also um einen Mutterkomplex handeln, der den Helden in eine regressive Libidobewegung verwickeln will? Und inwieweit erfüllt Tamino dann die Rolle des ewigen Jünglings, des *puer aeternus*, der in Konflikt mit dem Leben gerät?

In der Tat ist es die Königin der Nacht, die Tamino eine Aufgabe stellt, ihm seine Lebensgeister (!) und seine Lebensenergie zurückzugeben vermag, indem sie ihm Paminas Bild zeigen lässt. Das Bild ist aber etwas Nachgerichtetes und kein tatsächlich aus sich wirkliches bzw. lebendiges Etwas.

Tamino taucht also in eine neue Welt ein, wird durch die „Mutter" lebendig und bemerkt nicht, dass er ihre Sehnsucht erfüllt, ihr Leben träumt und ihre Taten ausführt.

Dessen ungeachtet bewahrt eine solche Verbindung die Lebenskraft und vermag ihr eine Ausrichtung zu geben, womit vermieden wird, dass die aus der Ohnmacht neu erweckte Begeisterung zerfließt. Die Beziehung der Mutterimago zur Schlange deutet eine Regression an, die zur Hemmung und Bewahrung der Libido führt. Nichts anderes ist symbolisch gesehen der Inzest im Sinne eines Zustandes des „beim-Vertrauten-Bleibens", statt sich in der Welt zu verwirklichen. Man hält seine Energie zusammen mit schädlichen Folgen für den Lebensfluss.

Der Auftrag der Königin der Nacht ist im besten Sinne richtungsweisend, indem er zielgerichtet und konzentriert Energie kanalisiert. Es ist eine Energie, die durch das Auftauchen der Schlange geweckt wird. Wieso soll das eine Regression zur Folge haben? Auf den ersten Blick spricht vieles dagegen, anderseits bleiben begründete Zweifel. Deshalb müssen wir uns tiefgehender mit der Bedeutung von Mutterimago und Schlange auseinandersetzen.

Die Heldentat

Carl Gustav Jung beschreibt, wie sich ein negatives Mutterimago im Unbewussten als verschlingende Schlange ausdrückt. Schlange und Abhängigkeit gilt es bewusst zu machen, um die animalische Seite zu integrieren. Regressive Tendenzen führen nicht nur zur Lebensunfähigkeit, sondern vielmehr zum Tode.

Bewusstsein bedeutet Unterscheidung aber auch Abtrennung. Dafür steht das Inzestverbot, das die Loslösung (in der Alchemie: *Calcinatio*[33]) des Sohnes von der Mutter fordert. C.G. Jung meint, dass der „Neurotiker, der die Mutter nicht lassen kann", gute Gründe hat: letztlich ist es Todesangst im Sinne des Verlustes seines Lebens *durch* die Mutter, die ihn bei sich festhält.[34]

Die durch das Inzestverbot implizierte Absicht ist es, die animalischen Triebkräfte zu organisieren, zu kanalisieren und zu sublimieren.[35] Der Jüngling, der den Mutterschoß, das Heim, die vertraute Umgebung nicht freiwillig verlassen will, wird zum Neurotiker und zu einer lebensunfähigen Gestalt. Das Sinnvolle der Absicht in die Welt zu ziehen liegt darin, sich dem Leben zu stellen und der drohenden Regression zu entgehen. Dazu bedarf es mitunter eines Anstoßes von Außen. Dies illustriert auch das indianische Epos *The Song of Hiawatha* von Henry Wadsworth Longfellow aus dem Jahre 1855, das einen entscheidenden Aspekt der *Zauberflöte* zu beleuchten vermag und das C.G. Jung in seinem Werk *Wandlungen und Symbole der Libido* interpretiert.

Hiawatha und Tamino

Hiawatha, ein Indianer-Häuptling der Onondaga, soll entweder im 11., 12. oder 15. Jahrhundert gelebt haben. In dem gleichnamigen Epos von Longfellow werden die Bemühungen des Helden geschildert, sich von seiner Mutter Nokomis zu befreien.

In einer Passage des oben genannten Gedichtes *The Song of Hiawatha* wird beschrieben, dass der Held den Tod des Vaters rächen muss. Gerade der Vater wird auch in der *Zauberflöte* schmerzlich vermisst. Zwar hatte der Vater seinem Sohn Tamino von der Köni-

33 Vgl. dazu das entsprechende Kapitel im Anhang.
34 C.G. Jung, *GW* 5, 348f.
35 Vgl. dazu C.G. Jung, *GW* 5, 349.

gin der Nacht erzählt, aber im entscheidenden Moment ist Tamino ohne väterlichen Rat.

Auch Pamina fehlt die Vaterfigur. Beide müssen den Vater zwar nicht rächen – Pamina indirekt schon, denn der letzte Wille ihres Vaters wurde nicht befolgt –, aber sie müssen *etwas* von ihm retten, wodurch die einseitige Mutterhaltung der Königin der Nacht kompensiert werden kann. Wie sonst wäre zu erklären, dass die Heldenfahrt auch die Reinstallierung der Machtverhältnisse aus der Zeit von Paminas Vater ergeben wird?

Hiawatha jedenfalls macht sich auf, um seinen Vater zu rächen und den Zauberer zu erschlagen. Die dem Zauberer beigegebenen Symbole – Schlange und Wasser – repräsentieren die Mutter. Alles deutet auf einen Schatz oder eine schwer erreichbare Kostbarkeit hin. „Die Schlange umringelt schützend und verteidigend den mütterlichen Fels, bewohnt die Höhle, windet sich am Mutterbaum empor und hütet den Hort, den geheimen ‚Schatz'."[36]

Hiawatha erschlägt die Schlange und gelangt in das Reich der „furchtbaren Mutter". Dort muss er den Zauberer zum Kampf fordern, der seinerseits aber unverwundbar ist. Ein Vogel (!) – ein Specht – verrät ihm die einzige Stelle, an der der Zauberer doch zu verletzen ist. C.G. Jung betont, dass der Specht von der Mutter, die als „furchtbare Mutter" identifiziert wird, gesandt wurde, dass also die Mutter selber zu Hilfe kommt. Hiawatha gelingt sein Vorhaben. Psychologisch gesehen befreit er sich durch die Tat von den negativen Bildern des Unbewussten.

Hiawatha wandelt sich vom Naturwesen zum Kulturmenschen, indem er den Dämon der negativen Mutter-Imago besiegt. Damit gelingt es ihm, „das Ichbewußtsein von der tödlichen Bedrohung durch das Unbewußte in Gestalt der negativen Eltern dauerhaft zu befreien", wodurch „die Möglichkeit einer freien Verwendung" des eigenen Willens gegeben ist.[37]

---

36 C.G. Jung, *GW* 5, 446.

37 „Auf diese größte Tat Hiawathas, wo er in der negativen Vatergestalt zugleich auch die furchtbare Mutter als den todbringenden Dämon überwunden hat, folgt die Hochzeit mit Minnehaha. Er kann sich seinem Menschsein erst zuwenden, nachdem er seine heroische Bestimmung erfüllt hat, nämlich einerseits die Wandlung des Dämons von einem unbeherrschten Naturwesen in eine dem Menschen zur Verfügung stehende Macht zu ermöglichen, und andererseits das Ichbewußtsein von der tödlichen Bedrohung durch das Unbe-

Trägheit und Tatenlosigkeit sind Ausdruck einer Regression. Ein solcher Zustand fordert die Entscheidung, entweder weiterzumachen mit der Aussicht darauf, ein „Held" zu werden, oder im Unbewussten zu versinken. Jung betont auch, dass „die Mutter der Dämon [ist], der den Helden zu Taten herausfordert und ihm auch die giftige Schlange auf den Weg legt, die ihn fällen wird"[38]. Die Mutter ist es, die den Helden auf die Quest schickt und ihn gleichzeitig mittels einer Schlange töten will.

Beinahe wörtlich analysiert C.G. Jung damit die Situation der Eingansszene unserer Oper. Dem Prinzen, der aus seiner Lethargie eines unbeschwerten Prinzendaseins erwacht, wird von der Nachtseite und dämonischen Seite der Mutter eine „giftige Schlange auf den Weg gelegt". Nur dass sie Tamino nicht umbringen wird, sondern dass dieser sogar siegreich aus der Heldenfahrt hervorgeht. Tamino folgt dem Lebensdrang. Unüberlegt zwar, aber nicht schutzlos. Jedoch ist nicht auszuschließen, dass die dämonische Seite der Königin der Nacht den Helden Tamino nach erfolgreicher Rückkehr mit Pamina nicht doch getötet hätte. Die empfundene Bedrohung Taminos, zum Opfer der Schlange zu werden, ist also durchaus ernst zu nehmen. Tamino ahnt, dass er von der Schlange nicht nur verfolgt, sondern auch von ihr verschlungen werden könnte.

Verschlingen ist das Gegenteil des Gebärens und entspricht einem regressiven Libidoverlauf. Impliziert wird: Zurück zur Natur, zurück zur Mutter, die Sehnsucht nach dem Paradies usw. Diese Ausdrucksformen der Regression sind getränkt mit der Urangst, sich dem Fremden und Ungewissen, dem Leben in seiner Blöße zu stellen.

Die Heldentat

Der Held ist eine positive Emanation des Unbewussten, der Drache respektive die Schlange ist negativ besetzt. Sie gebiert nicht, sondern verschluckt; sie baut nicht auf, sondern hält zurück und zerstört.[39] Der Held ist positiv und der Drache negativ bezogen auf

wußte in Gestalt der negativen Eltern dauerhaft zu befreien. Jenes bedeutet die Erzeugung des Willens, dieses die Möglichkeit einer freien Verwendung desselben." (C.G. Jung, *GW* 5, 451f).

38 C.G. Jung, *GW* 5, 446.

39 „Als reines Psychologem verstanden ist der Held ein positiver, günstiger Akt

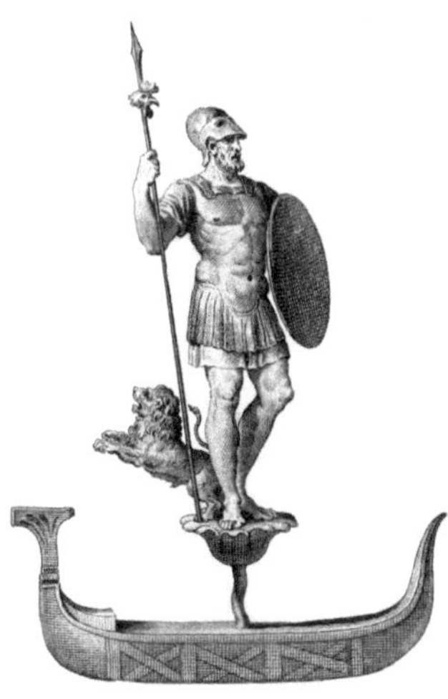

Mars, der klassische Heldenarchetypus

einen konstruktiven Gebrauch der Libido. Und dennoch ist es dieser destruktive Aspekt, aus dem aufbauendes und schöpferisches Leben hervorgeht.

In dem Moment, da der Held zum Helden ersteht, wird er seine Furcht überwinden müssen. Das Symbol der Schlange, das aus dem Unbewussten auftaucht, lässt ihm die Wahl: entweder sich zu fürchten und zu regredieren, also unbewusst zu werden, oder diesen Aspekt anzunehmen und Innenschau zu halten, darüber nachzusinnen, was die Bedeutung dieses Symbols ist.[40] Im Angesicht der Todesbedrohung Taminos ist das eine scheinbar naive Forderung, aber *nach* der glücklichen Rettung sollte eine Reflexion einsetzen. Doch diese bleibt aus.

Was ist der Grund einer solchen Tat? In letzter Konsequenz besteht die Heldentat darin, die Unbewusstheit zu überwinden, den Tod zu besiegen und ihm seinen Stachel zu nehmen. Ein Umstand, der durch das zu Besiegende – die Schlange – symbolisiert, aber durch die Bewusstwerdung dieser Erkenntnis noch verhindert wird. Denn die Schlange wird zerstückelt, die Gefahr ist gebannt und Tamino gerettet, dennoch: es bleibt „Stückwerk“. Wer schenkt jetzt noch der anderen, symbolischen Seite der Schlange Beachtung?

Die Schlange offenbart aber noch weitere Facetten, indem sie als Symbol für Erneuerung, Wiedergeburt und ewiges Leben steht.[41] Das deutet schon darauf hin, dass es um die Erneuerung des Helden

des Unbewußten, der Drache dagegen stellt umgekehrt einen negativen und ungünstigen Akt dar, kein Gebären, sondern ein Verschlucken, keine aufbauende Wohltat, sondern geizige Zurückhaltung und Zerstörung“ (C.G. Jung, *GW* 5, 477 f.).

40 „Das Unbewußte insinuiert sich in Schlangengestalt, wenn das Bewußtsein vor der kompensierenden Tendenz des Unbewußten Furcht empfindet, und dies ist bei Regression meistens der Fall. Wer aber die Kompensation prinzipiell bejaht, regrediert nicht, sondern wird dem Unbewußten durch Introversion entgegenkommen.“ (C.G. Jung, *GW* 5, 484).

41 C.G. Jung, *GW* 5, 486.

durch die Schlange geht, wodurch dann auch Opfer und Geopferter, Held und Schlange eins werden: „Der Held ist sich selber Schlange, sich selber Opfernder und Geopfertes, weshalb sich Christus mit Recht der Heilsschlange des Moses vergleicht und der Heiland der christlichen Ophiten eine Schlange war.“[42]

Musikalisch wurde die Schlange ja gekreuzigt (fis), so dass eine latente Beziehung zwischen Kreuz, Schlange und Helden vorhanden ist.[43] In der Tat wurde die Schlange in der *Zauberflöte* geteilt und damit ein Prozess in Gang gesetzt, der zur Gesundung im Sinne des versöhnenden Ganzwerdens führen wird.

Zu diesem Zeitpunkt des Geschehens ist eine solche Schlussfolgerung nicht einsichtig. Auf den gesamten Handlungsverlauf bezogen wird deutlich, dass die Symbolik der Schlange nicht nur den Stein des Anstoßes – bewegender Beweger – ausmacht, sondern Anfang und Ziel in sich einschließt im Sinne der Erneuerung und Regeneration, der Initiation und Wiedergeburt. Doch um das zu begreifen, müssen wir ein Verständnis der gesamten Oper haben.

Tamino darf sich also unter keinen Umständen verschlingen lassen. Andererseits darf er der Schlange auch nicht ausweichen, sondern muss die Möglichkeit erkennen, die in diesem „Opfer“ verborgen liegt. Denn das Opfer – die überwundene Sehnsucht nach dem Vergangenen – erneuert die Welt. Erst die Nutzung der Kundalinikraft der Schlange, angeregt durch die Schlange selber, führt zur Entwicklung.

Entwickeln meint eine Gegenbewegung. Die Vorsilbe „ent“ heißt „gegen“, also gegen die Wickelung und in einem solchen Sin-

---

42 „Der Held ist sich selber Schlange, sich selber Opferer und Geopfertes, weshalb sich Christus mit Recht der Heilsschlange des Moses vergleicht und der Heiland der christlichen Ophiten eine Schlange war. Sie ist der Agatho- und Kakodaimon. In der germanischen Sage heißt es, daß die Helden Schlangenaugen hätten. Im Mythos des Kekrops sind deutliche Spuren von der ursprünglichen Identität von Schlange und Heros vorhanden: Kekrops ist halb Schlange, halb Mann. Er wird wohl auf primitiver Stufe die atheniensische Burgschlange selber gewesen sein. Als begrabener Gott ist er wie Erechtheus ein chthonischer Schlangengott. Über seiner unterirdischen Wohnstätte erhebt sich das Parthenon, der Tempel der Jungfraugöttin. Die Abhäutung des Gottes, die wir bereits flüchtig erwähnten, steht mit der Schlangennatur des Helden in nächster Beziehung“ (C.G. Jung, *GW* 5, 487).

43 Auf die Parallele zum Kreuztod von Christus und zur Alchemie von Nikolas Flamel oder Abraham Eleazar, wo das Bild der gekreuzigten Schlange auftaucht, werden wir im Schlussteil eingehen.

ne: zurück zum Ursprung. Doch der Ursprung, der in der Entwicklung omnipräsent wird, wird nicht nur rückläufig erreicht, sondern bedingt eine *Rück*-Rückläufigkeit [sic!], denn etwas wird *ausgewickelt* und damit sichtbar und erfahrbar. Es kann betrachtet und als Bild angeschaut werden wie beispielsweise das Bild des Opfers.

Wird eine solche Entwicklung unterbunden und das Opfer nicht gebracht, regrediert alles zum Mutterarchetypus. Das Weiterschreiten wird vereitelt. Durch das Aufrechterhalten der Sehnsucht nach einem anderen Seinszustand und dem gleichzeitigen Verzicht auf dessen Einlösung, resultieren Erkenntnis und Kultur bzw. *Entwicklung*. Wie C.G. Jung meint, ist dies der Kern der Bedeutung des „kosmischen Opfers". Und: „Ein gutes Beispiel dafür ist die Tötung der babylonischen Urmutter Tiämat, des Drachens, dessen Leichnam dazu bestimmt ist, Himmel und Erde zu bilden."[44]

Fassen wir den Heldenweg psychologisch auf, so ergibt sich nach C.G. Jung folgender Verlauf, der ohne Weiteres auf die *Zauberflöte* übertragen werden kann: „Die Welt entsteht, wenn der Mensch sie entdeckt. Er entdeckt sie aber, wenn er sein Verhülltsein in der Urmutter, nämlich den anfänglichen, unbewußten Zustand, opfert. […] Die durch das Inzestverbot von der Mutter abgedrängte Libido sucht nach dem Sexualobjekt an Stelle der verbotenen Mutter."[45]

Den Wunsch oder den Trieb zur Regression hin zur „Mutter" interpretiert Jung nicht mehr nur als „Rückkehr in den Mutterleib", sondern als Bedrohung des „Gefressen- und Verschlucktwerden[s]".[46] Die Libido versinkt ins Unbewusste und löst, durch den Energieüberschuss, infantile Reaktionen aus, wobei archetypische Bilder aktiviert werden, deren Entsprechung wir in Mythen, Märchen usw. finden.[47]

---

44 C.G. Jung, *GW* 5, 526.

45 C.G. Jung, *GW* 5, 529.

46 „Überdies wird die neurotische Sexualtheorie auch dadurch überholt, daß der letzte Akt des Dramas in der Rückkehr in den Mutterleib besteht. Diese erfolgt meist nicht per vias naturales, sondern per os, das heißt durch das Gefressen- und Verschlucktwerden …" (C.G. Jung, *GW* 5, 530).

47 „Was in Wirklichkeit bei der Inzest- und Mutterleibsphantasie geschieht, ist ein Versinken der Libido ins Unbewußte, in welchem sie einerseits persönliche infantile Reaktionen, Affekte, Meinungen und Einstellungen provoziert, andererseits aber auch Kollektivbilder (Archetypen) belebt, welchen kompensierende und heilende Bedeutung, die der Mythus von jeher hatte, zukommt" (C.G. Jung, *GW* 5, 532).

Wer oder was löst aber die Bedrohung und dadurch das mögliche Opfer oder Geopfertwerden aus? Im Grunde ist es das Unbewusste, respektive das Selbst, das zum Heldensein zwingt.

Wird der potentielle Heldenweg nicht gegangen, wird die eigene Entwicklungsmöglichkeit bildhaft gesprochen „kastriert“ mit der Folge, dass die Lebensenergie, Libido, regrediert.[48] Das eigene Leben und dessen Fülle an Möglichkeiten wird geopfert.

Übertragen auf die *Zauberflöte* würde das bedeuten, dass Tamino mit Pamina zurückkehrt, er seinen Anspruch als „Prinz“ und damit als Regent aufgibt und sich der Herrschaft der Königin der Nacht unterstellt. Das kann aber nicht der Weg sein.

Zum Helden geboren

Die Faszination, die von Tamino ausgeht, spiegelt die Individuation des Zuhörers. Letztlich sind wir alle zu Helden geboren und wir alle müssen uns den Erfordernissen des Lebens stellen. Der Drache, der den Schatz bewacht oder der Leviathan, der die Rückkehr ins „Gelobte Land“, in ein Paradies oder in den „Mutterleib“ versperrt, all das sind andere Ausdrücke für die schwer zu erreichende Kostbarkeit, die aber im Lebenskampf erobert werden muss. Auffallend ist die Vielfalt der Individuationswege, die nahelegt anzunehmen, dass jeder mit einem eigenen Maßstab gemessen wird, was jeden Individuationsgang einmalig und unverwechselbar macht.

Dennoch gibt es archetypische Besonderheiten. Am „Heldenweg“ ist ablesbar, wie die Individuation verlaufen kann. Helden sind Projektionsflächen, denen eine breite Übereinstimmung zukommt und die Generationen als Vorbild dienen können. Die Frage dabei lautet: Mit welchem Helden kann man sich identifizieren? Mit Gilgamesch oder Herakles? Woran orientiert man sich? An Siegfried oder Parzival? An Faust oder Tamino?

In der *Zauberflöte* haben wir es mit einem sehr eigentümlichen Helden zu tun, dessen Vorbildfunktion in dieser Weise noch nicht zu erkennen ist. Tamino ist kein Siegfried, der den Drachen erschlägt; er ist auch kein Rätsellöser wie Odysseus und er ist kein Draufgän-

48 Jung führt als Beispiel die Selbstverstümmelung der Priester des Attis-Kybelekultes an (C. G. Jung, *GW* 5, 539ff, 544f). Weitere sich daraus ableitende Assoziationsketten sind der Phantasie des Lesers zu überlassen.

ger wie Gilgamesch. Er ist nicht so naiv wie Parzival oder unnachgiebig wie Faust. Tamino bringt eine eigene Heldenqualität ein, die bemerkenswert ist und dessen symbolischer Kern weiter offen gelegt werden soll.

Der andere Aspekt des Opfers

Der andere, zumeist unterschlagene Aspekt des Opfers ist der, dass durch das Opfer eine Machtfülle erreicht wird, die Menschen den Göttern gleich macht.[49]

Zwar droht durch den Verlust der Lebenskraft die Regression ins Unbewusste, ins Reich der Mutter und dorthin wird die Lebensenergie abgezogen, eben weil die eigenen Wurzeln, die Götter, die eigene Welt vergessen oder unterdrückt sind. Wird dies aber erkannt, muss „ein Ritus der Lebenserneuerung ausgeführt werden". Opfer bedeutet dabei der bewusste Verzicht auf Macht, Besitztum und Aberkennung zugunsten des Unbewussten. Jetzt wird eine „Gegensatzvereinigung ermöglicht, deren Folge eine Energieauslösung darstellt. Der Akt des Opfers hat zugleich den Sinn einer Befruchtung der Mutter [...]. Dadurch wird das Leben unsterblich erhalten, denn wie die Sonne, so erzeugt sich auch der Heros wieder durch seine Selbstopferung und sein Wiedereingehen in die Mutter"[50].

Ein solch bewusstes Opfer ist ein Verzicht auf die Erweiterung der Lebensenergie. Die Regression ist aber nur scheinbar und führt zu einem Akt der Gegensatzvereinigung mit der Folge, dass das Opfer des Helden zu Wiedergeburt und Lebenserneuerung führt. Der

---

49 C.G. Jung, *GW* 5, 533.

50 „Wann immer ein solches ‚abaissement' auftritt, dann muß der Ritus der Lebenserneuerung ausgeführt werden. Diese Riten sind von unendlicher Mannigfaltigkeit. Aber auch auf der höchsten Stufe lassen sie ihren Ursinn der Lebenserneuerung erkennen. So bedeutet die mithrische Stiertötung ein Opfer an die furchtbare Mutter, das heißt an das Unbewußte, welches die Energie des Bewußtseins spontan an sich gezogen hat, weil letzteres sich zu weit von seinen Wurzeln entfernte, der Götter Mächte vergaß, ohne welche alles Leben verdorrt oder sich in perverse Entwicklungen mit katastrophalen Ausgängen verliert. Im Opfer verzichtet das Bewußtsein auf Besitz und Macht zugunsten des Unbewußten. Dadurch wird eine Gegensatzvereinigung ermöglicht, deren Folge in einer Energieauslösung besteht. Der Akt des Opfers hat zugleich den Sinn einer Befruchtung der Mutter; der chthonische Schlangendämon trinkt das Blut, das heißt die Seele des Helden. Dadurch wird das Leben unsterblich erhalten, denn wie die Sonne, so erzeugt sich auch der Heros wieder durch seine Selbstopferung und sein Wiedereingehen in die Mutter" (C.G. Jung, *GW* 5, 546).

Held muss bewusst auf alles verzichten, einschließlich seines Lebens und sich sozusagen dem Unbewussten „opfern". Aus diesem heraus gebiert sich neues Leben, das eine andere Qualität hat, im Sinne des Unsterblich-Seins. Der Held regrediert in den Mutterschoß und steigt neugeboren daraus hervor. Er verbleibt nicht dort, sondern begibt sich absichtlich dahin.

Der neue Mensch

Um also den Weg zurück nicht unter Verlust aller Möglichkeiten zu gehen, ja nicht einmal in die Versuchung zu kommen, es zu wagen, muss der „alte Mensch", liebgewordene Gewohnheiten, angeeignete und eingeschliffene Verhaltensmuster, Trägheiten und andere gut gemeinte Schutzschilde zur Verhinderung des Lebendigen, aufgeben. Der „alte Mensch" wird zu Grabe getragen. Er wird geopfert.

Zuerst werden die instinkthaften, animalischen Seiten aufzugeben sein, ohne sie aber zu unterdrücken oder zu verdrängen. Sie müssen verwandelt werden. In der *Zauberflöte* zeigt sich dies dadurch, dass auch Papageno in die Mysterien eingeweiht wird, wenn auch in die „kleinen".

Der Vogelmensch wandelt sich zum Menschen, zum Ehemann und Familienvater. Er wird Verantwortung übernehmen müssen, wenn er eine Familie gründen und viele Kinder haben möchte. Das Vogeldasein ist nicht das geeignete Gefäß für ein neues Leben. Papagenos Initiation besteht in der Gemeinschaft mit Papagena und der Möglichkeit, seiner instinkthaften Seite bewusst zu werden. In dem Moment, da Papageno dies erreicht, wird es sich auch auf Tamino auswirken, denn der eine ist das *alter ego* des anderen.

Wenn der Individuationsweg als die wahrhaft „ungeheuerliche Reise" angetreten ist, kann nur die Erfahrung zeigen, ob es gelingt, symbolisch gesehen, die Höhe zu erklimmen, den Schatz zu bergen, das Selbst als schwer erreichbare Kostbarkeit zu erreichen. Einen Beweis dafür gibt es nicht. Und niemand wird die Garantie geben, dass Tamino trotz Pamina und trotz Initiation in die Mysterien und aller damit verbundenen Weihen, nicht doch am Ende an seiner Aufgabe scheitern wird.[51]

---

51 „Durch das Opfer des natürlichen Menschen wird versucht, dieses Ziel zu erreichen, denn erst dann ist die herrschende Idee des Bewußtseins in der Lage, sich völlig durchzusetzen und die menschliche Natur in diesem Sinne

Die Königin der Nacht und der Mond

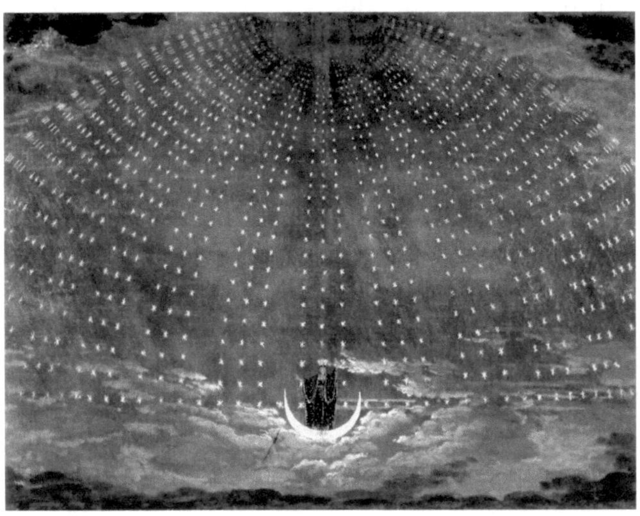

Im Gespräch mit Tamino belegt Papageno die Königin der Nacht mit folgenden Attributen: „nächtlich sternflammende Königin", „mächtige Herrscherin der Nacht" und „Göttin der Nacht". Die Verbindung der Königin der Nacht zur Dunkelheit und liegt ebenso nahe, wie sie als „Herrscherin" oder „Göttin der Nacht" in den Rang einer Mondgöttin zu erheben.

Wie können wir also die Königin der Nacht als Teil des seelischen Apparates, als Teil der Individuation und als Archetypus, bisher bewerten?

Die bisherige Handlung zeigt die Königin der Nacht als faszinierende Gestalt, die in der Lage ist, Einfluss auszuüben und Menschen für sich einzunehmen und zu gewinnen.

---

zu gestalten. Die Größe und Höhe dieses Ideals ist unbestreitbar und soll auch nicht bestritten werden. Doch eben auf dieser Höhe befällt einen der Zweifel, ob die Natur an sich fähig sei, diese Formung zu ertragen, und ob unsere herrschende Idee so beschaffen sei, daß sie den natürlichen Rohstoff, ohne Schaden für diesen, zu gestalten vermag. Nur die Erfahrung kann diese Frage beantworten. Der Versuch, diese Höhe zu erklimmen, muß daher gewagt werden, denn ohne eine derartige Unternehmung kann nie der Beweis erbracht werden, daß dieser ebenso kühne wie gewaltsame Wandlungsversuch tatsächlich möglich ist" (C.G. Jung, *GW* 5, 549).

Wir erleben sie aber auch als besorgte Mutter, die alles tun würde, um ihre entführte Tochter wieder in ihre Arme schließen zu können. Ihre Mutterrolle nimmt sie außerdem gegenüber Tamino wahr, den sie nicht einfach gegen seinen Willen zwingt, ihr zu Diensten zu sein. Sie tut dabei ihr Möglichstes, damit seine Mission, die ja auch die ihre ist, erfolgreich wird. Sie stellt aus dem Kreis ihrer Diener Papageno ab, gibt ihm ein silbernes Glockenspiel und Tamino eine Flöte. Beide Musikinstrumente haben eine magische – und damit im weitesten Sinne: beschützende Wirkungsmöglichkeit. Die Königin der Nacht lässt ihre Diener und ihre Verbündeten nicht schutzlos ziehen.

Auch gegenüber den Drei Damen scheint sie treusorgend zu verfahren, was sich in einer bedingungslosen Loyalität ihr gegenüber ausdrückt. Sie sprechen von großer Achtung, ja Ehrfurcht von ihrer „Herrin". Die Königin der Nacht ist durchaus das, was eine Mutter auszeichnet: einfühlsam, vorausahnend, warmherzig, besorgt, gütig und fürsorglich.

Eines fällt dennoch auf: die Vegetation in ihrem Reich ist nicht gerade üppig. In der Regieanweisung heißt es: *Das Theater ist eine felsige Gegend, hier und da mit Bäumen überwachsen; auf beiden Seiten sind gangbare Berge, nebst einem runden Tempel.* Felsen, ein paar Bäume und ein Tempel prägen das Bild. Wieso eine solch karge Landschaft, wenn es doch durchaus Assoziationen zur Muttergöttin oder einer Fruchtbarkeitsgöttin gäbe?

Wie wir noch sehen werden, kann die Königin der Nacht mit der Vegetationsgöttin Demeter assoziiert werden. Wäre es von daher nicht naheliegender, ein Reich zu bewohnen, welches einladender, freundlicher und blühender mehr einem Garten gliche, als einer Felsenhalle in der eine große Schlange haust?

Auch ihre Arie ist merkwürdig ambivalent. So überwältigend sie musikalisch ist, so sehr wirkt ihre Brillanz anziehend und verstörend zugleich. Anziehend, weil hier eine überragende Gestalt ihre ganze Fülle an faszinierenden Möglichkeiten darbietet. Verstörend, weil der Eindruck des Überwältigtwerdens sich ebenso einstellt. Hier zieht die Königin der Nacht „alle Register". Wofür? Um Pamino zu überzeugen, der ohnehin schon überzeugt ist?

Dessen ungeachtet erscheint die Königin der Nacht durchaus positiv besetzt. Und wenn später Teile ihrer Biographie sichtbar werden, wird ihre Leistung ungleich größer. Nach dem Tode ihres Mannes wählte sie nicht den Weg des geringsten Widerstandes, sondern erwies sich als stark und mutig, ihren eigenen Weg zu gehen. Obwohl ihr Gatte sie an seinem Sterbebett Sarastro untergeordnet hatte, fügt sie sich nicht und wählte den Weg der Selbstbestimmung. Warum sollte sie sich fügen? Immerhin könnte auch sie den Herrschaftsanspruch über das „Königreich" einfordern, als Frau des Regenten und als Mutter Paminas.

Warum sollte sie sich in ihrer eigenen Freiheit auch beschränken lassen? Mit welchem Recht kann ihr Mann vor seinem Tode anordnen, wie sie sich danach zu verhalten habe?

Im Verlauf der Oper wird deutlich, dass auch Pamina Eigenständigkeit und Selbstbestimmung zugestanden wird. Gleichzeitig aber, und hier greifen wir voraus, wurde und wird diese der Königin der Nacht abgesprochen. Zwar ist ihr ein eigenes Reich zugewiesen, das aber gleichzeitig von Sarastro bedroht und angefeindet wird, bis hin zur Entführung Paminas. Das sind allesamt Druckmittel, die Forderung des verstorbenen Herrschers und Ehemanns durchzusetzen.

Die Selbstbehauptung der Königin der Nacht hat etwas durchaus Faszinierendes. Ihre Symbolik – Nacht und Mond – zeichnet sie als Mutterimago aus. Dennoch hat diese Muter auch eine dunkle Seite, eine, die erst später durchbrechen wird, dann aber gewaltig und unerwartet. Vorerst können wir lediglich eine symbolisch motivierte Vermutung äußern, dass die Königin der Nacht noch ein dunkleres Geheimnis birgt, dem wir uns nähern, wenn wir der folgenden Frage nachgehen: Welche Verbindung besteht zwischen der Königin der Nacht als „Mondgöttin" und der Schlange?

Das Weibliche und die Schlange

Die Schlange ist seit der Paradiesesszene dem Weiblichen inhärent. Ihr Gehalt in Bezug auf die *Zauberflöte* ist uns zu diesem Zeitpunkt transzendent bzw. unbewusst.

Der potentielle Nachfolger und C.G. Jung-Schüler Erich Neumann beleuchtet in seinem umfassenden Werk *Die große Mutter* die Erscheinungsformen des Weiblichen in der Mythologie. Seine Beispiele und Ausführungen reichen vom Alten Ägypten über das antike Griechenland bis nach Südamerika. Die Verbindung des Weiblichen zur Schlange spielt dabei eine wesentliche Rolle und er belegt nicht nur, dass dem Weiblichen die Schlange vertraut war, sondern, dass Göttinnen oder Priesterinnen Schlangen mit sich trugen oder ihnen solche um den Arm oder Leib geschlungen waren, sie also auf vertrautem Fuß mit ihnen standen.[52] Erich Neumann schreibt: „Die Verbindung der weiblichen Gottheit mit der Schlange reicht von Kreta über Eleusis und Demeter-Ceres bis zur Athene, deren Abkunft von der vorgriechisch-kretischen Götterwelt auch durch ihre Begleitschlange bekräftigt wird."[53]

Die Schlange und griechische Göttinnen gehen ein eigenes symbiotisches Verhältnis ein. Erich Neumann leitet aus der Analyse der geflügelten Schreckensgestalten (*Gorgonen*), als da sind Hekate, Demeter und Hathor, deren Nähe zur Schlange ab.

Demeter, Ischtar, Hathor oder Hekate sind Namen von Göttinnen, die mögliche Vorbilder für die Königin der Nacht darstellen, wobei deren Fähigkeit als Mondgöttin den Lebensfluss zu hemmen oder anzuregen für unsere Analyse bedeutungsvoll ist. Erich Neumann zeigt, wie komplex eine solche Symbolik sein kann. Artemis-Hekate ist wie Gorgo die Herrin des Nachtweges, des Schicksals und der Totenwelt. Als Enodia – ein anderer Name für Hekate – hütet sie Dreiwege und Tore. Als Demeter oder Ischtar, Hathor oder Hekate kann sie, weil sie Herrin der Geburt und der Empfängnis ist, den Lebensfluss stillstehen lassen. Als Herrin des Westens steht sie für Tod, den Eingang in die Unterwelt, für Tor, Tür, Schlund, Kluft und Abgrund, also für alle numinosen Wege zur Unterwelt. Wichtig für die *Zauberflöte* ist, dass sie als Hekate „die schlangenumwundene Mond-Göttin der Gespenster und der Toten [ist], umgeben von einem Schwarm von weiblichen Dämonen, wie die wilde Jagdgöttin Artemis"[54].

Wenn eine Verbindung von Nacht, Mond und Unterwelt zusammen mit der Schlange als charakteristisch für eine „dunkle" Seite des Weiblichen aufgezeigt und für die *Zauberflöte* interpretatorisch geborgen werden kann, dann kommt als Trägerin nur die Königin der Nacht in Frage. Sie als Nachtgöttin und „sternflammende Königin" gehört der Dunkelheit und dem Mond, so dass von ihr als

52 Neumann, *Die Große Mutter*, 143.
53 Neumann, *Die Große Mutter*, 143f, Fußnote 76.
54 Neumann, *Die Große Mutter*, 166f.

von einer Mondgöttin im weitesten Sinne gesprochen werden kann. Als Mondgöttin läge es nahe, ihr dunkles Geheimnis transparent zu machen. Dafür muss ihr archetypischer Kern verdeutlicht und ihre Symbolik amplifiziert werden. Nehmen wir die Königin der Nacht als symbolische Gestalt wahr, so erschließt sich uns ihr Gehalt dann, wenn wir Parallelen ausfindig machen, die ihre verborgenen Aspekte transparent werden lassen. Gorgo als Artemis-Hekate beispielsweise wäre eine mögliche, in ihrer Doppeldeutigkeit geeignete Göttin, um als seelenverwandt mit der Königin der Nacht zu gelten. Naheliegender ist aber die griechische Göttin Hekate, die sich als „schlangenumwundene Mond-Göttin" als Parallele zur Königin der Nacht geradezu anbietet.

Hekate

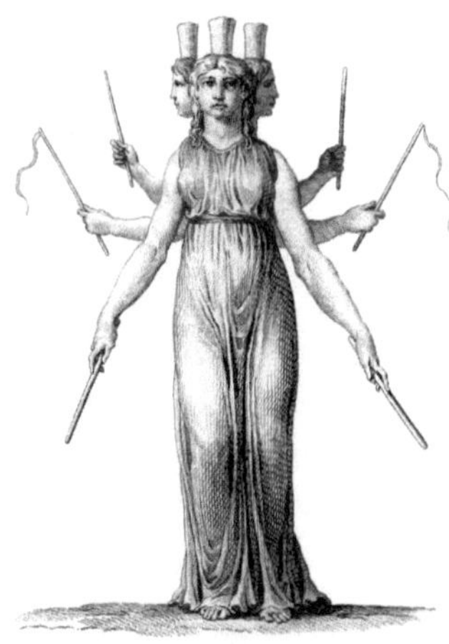
Hekate

In Benjamin Hederichs *Gründliches mythologisches Lexikon* aus dem Jahre 1770 und damit zeitnah zur *Zauberflöte*, wird die griechische Göttin Hekate mit Nacht und Mond assoziiert. Ihr Name deutet auf „fern" oder „hundert" hin, weil sie „mit hundert Opfern mußte versöhnet werden" oder weil sie die „unbegrabenen Seelen hundert Jahre abhielt, ehe sie über die höllischen Flüsse konnten geführet werden", was besagt, dass sie die Macht hat, jene Seelen zu beherrschen. Ihr sind die „Scheidewege" (Drei-Wegkreuzungen) und die Türen gewidmet. Sie gilt als „Mondgöttin", als Göttin des Zaubers und der Gespenster. Ihr Aussehen wird unterschiedlich beschrieben. Sie sei sehr groß und habe Schlangenfüße und am Kopf statt der Haare Schlangen und Ottern. Eine Überlieferung besagt, dass sie die Tochter des Perses, des Königs in Taurika gewesen sei, wobei sie ihren Vater ermordete und selbst die Herrschaft antrat. Sie wäre eine leidenschaftliche Jägerin, die auch Jagd auf Menschen mache. Sie „bauete der Diana einen Tempel auf, und opferte ihr alle Fremden, die sie ertappen konnte. […] Auch wird sie insgemein für den Mond gehalten […]":

> Am Himmel soll sie Luna, auf der Erde Diana, und in der Hölle Hekate, oder Proserpina heißen. […] Daher werden ihr drey Köpfe zugeleget, […] entweder weil der Mond insonderheit in dreyerley Gestalt erscheint, nämlich als zunehmend, voll und abnehmend, oder weil er insonderheit dreyerley Gewalt über den Menschen hat, nämlich als Luna bey dessen Geburt, als Diana bey dessen Leben, und als Hekate oder Proserpina bey dessen Tode. […] So bedeutete ihre weiße Kleidung den zunehmenden Mond, ihre schwarze aber den abnehmenden, und der Kranz von Eichenlaube sammt dem Spieße, daß sie die Beschützerin wider die Zauberey sey, als in welcher Betrachtung sie auch vor die Thüren der Häuser pflegte gestellet zu werden.[55]

An Hekate sind Attribute auszumachen, die auf die Königin der Nacht zutreffen. Mond, Nacht und die Abwesenheit des Männlichen sind unmittelbar einsichtig. Hinzu kommen Zauberei und Jagd. Hekate wird ein Speer oder „Spieß" zugeschrieben, der sich bei den Drei Damen der *Zauberflöte* findet. Zur Dreizahl gehört die Gewalt über die Drei-Weggabelungen und ihr werden drei Köpfe und eine Dreigestalt zugeschrieben. Im Verlauf der Handlung wird deutlich, dass die Königin der Nacht über Zauberkräfte verfügt.

Hekate als Königin der Nacht und Göttin des Mondes – wobei Artemis den zunehmenden und Selene den Vollmond darstellen – sowie als Erdgöttin, weil sie über die verstorbenen Seelen gebietet, wird um Schutz vor ihren eigenen (!) Heerscharen angefleht, damit sie ihr Geisterheer von den Lebenden fernhält, woraus wir auf ihre Doppelnatur schließen können. So konnte sie gegen ihre eigene Natur handeln, indem sie die Lebenden vor ihrem Geisterheer verschonte. Hekates' „dreyerley Gewalt über den Menschen" – bei der Geburt als Luna, im Leben als Diana und im Tod als Hekate oder Proserpina bzw. Persephone – steht als Synonym für die drei Stadien der Mondgöttin. (Die Drei Damen verkörpern ein solches Geister-Heer und können als Emanation der Mondgöttin gelten.)

Beachten wir noch folgendes: Hekate, Dulca und die Königin der Nacht sind Alleinherrscherinnen. Hekate, als Tochter des Perses beseitigt ihren Vater, um an die Macht zu kommen. Auch in der Sethos-Geschichte wird die Königin Nephte von der machtgierigen Dulca getötet und diese übernimmt die Regierung, wobei ihr Mann

55 „Hecate" aus: Hederich: *Gründliches mythologisches Lexikon*, 1203ff.

abwesend bleibt. In der *Zauberflöte* ist die Königin der Nacht Witwe und Mutter. Bei allen drei Varianten ist das Männliche nicht relevant, es ist entweder nicht vorhanden, spielt keine Rolle oder wird getötet. Bei Hekate liegen die magischen und zauberischen Werkzeuge offen zutage. Hekates Herrschaft über verstorbene Seelen ist ein nicht unwesentlicher Aspekt.

Die numinose Natur der Königin der Nacht wird zu Beginn der Oper nur angedeutet und erschließt sich erst im Laufe der Handlung. Durch die Beziehung der Schlange zu Hekate, gepaart mit den ihr zugeschriebenen Attributen wird die Parallele zur Königin der Nacht deutlich und ihr verborgener Aspekt offenbar. Demnach wäre es kein „Zufall", dass gerade eine Schlange Tamino verfolgt, sondern durchaus folgerichtig, denn die Schlange gehört dem Weiblichen an.[56]

Dementsprechend müssen wir festhalten, dass die Schlange in der Eingangsszene nicht zufällig da ist, sondern sie ist als Teil der Königin der Nacht zwingend notwendig *da*. Was bedeutet das?

Die sternflammende Königin

„Sternflammende Königin" ist ein weiterer Name für die Königin der Nacht. Er schließt Firmament, Nachthimmel oder Sternenhimmel mit ein. Dunkelheit als Nicht-Licht, Nacht und Schatten, Finsternis und Schwärze sind also ebenso ihre Attribute. Und doch leuchten in ihrer Dunkelheit die Sterne.

Dunkelheit und Chaos werden oft synonym gebraucht. Vergessen wird, dass die Dunkelheit das Licht zum Leuchten bringt und das Wissen um das Chaos zeigt den Kosmos, die Ordnung. Dass etwas dunkel ist, genügt symbolisch nicht, um negativ besetzt oder destruktiv zu sein. Deutet die Dunkelheit bereits auf eine Verbindung der

56 Der Einwand, dass es auch ein Löwe oder Drache hätte sein können ist deshalb unzulässig, weil wir uns eben auf das beschränken müssen, was wir vorfinden. Schikaneder/Mozart haben sich für die Schlange – besser eine Riesenschlange – entschieden. Damit ist diese Entscheidung für uns bindend. Wenn man von einer Schlange träumt, so muss sie als Symbol (so es als solches aufgefasst werden will) ernst genommen werden. Man kann sich nicht damit herausreden, dass man statt der Schlange ein Auto vorziehen würde mit der Begründung, dass sich beide bewegen. Es kommt hier wie da auf den Gesamtzusammenhang an. Erst dieser verbürgt einen hohen Grad an Deutungs-Evidenz.

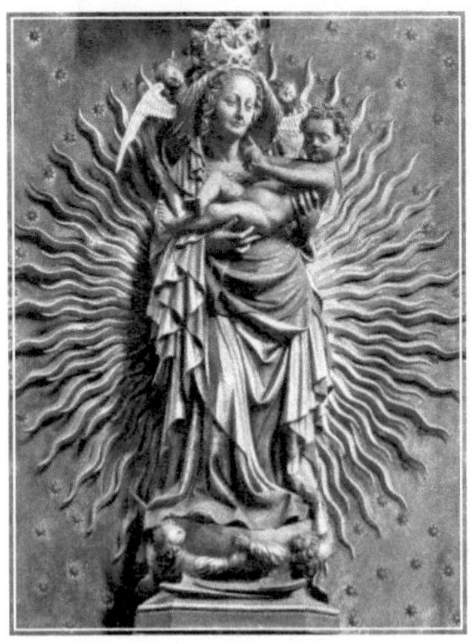

Maria als „sternenflammende Königin"

Königin der Nacht zum Mohren Monostatos hin und weist sie somit auf die kommende Allianz voraus, die beide später eingehen werden? Sind die Beiden Seelenverwandte? Stehen sie doch in der zweiten Reihe, würden zwar gerne die Herrschaft antreten, sind aber einen Hauch von absoluter Macht entfernt. Um das Bild abzurunden muss erwähnt werden, dass die Königin der Nacht Attribute der weiblichen Ausgabe eines „Fürsten der Finsternis" trägt. Die Verbindung vom „Verführer" (Luzifer oder Teufel) zur Schlange und weiter zur Königin der Nacht ist offensichtlich und verdeutlicht, dass auch dunkle Kräfte im Reich der „sternflammenden Königin" walten, von denen ihre Untertanen – welche sind das? – nichts zu ahnen scheinen.

Dennoch ist sie es, die Tamino herausfordert, Pamina zu suchen und das Unmögliche zu wagen wodurch sie mithilft, die verborgenen Seiten Taminos aufzudecken. Man ist an Mephisto erinnert – „Ich bin ein Teil von jener Kraft, / die stets das Böse will und stets das Gute schafft" (*Faust I*) – der Faust zur Bewusstwerdung treibt. Nicht vergessen werden darf, dass sowohl Mephisto seine Eigeninteressen verfolgt wie auch die Königin der Nacht und dass beide bereit sind, diese bedingungslos durchzusetzen.

Ihre Dunkelheit birgt also das Unsagbare, das Numinose, den Ungrund und das Unerkennbare. Der durch den Schleier der Unwissenheit Getrennte vermag selbst am helllichten Tag die Weisheit nicht zu erkennen. Mit anderen Worten: Die Königin der Nacht verbirgt mehr, als sie enthüllt.

Licht und Finsternis sind Antipoden genau wie Sonne und Mond. Die Königin der Nacht spielt nicht nur den Gegenpart zu Sarastro, sondern verkörpert auch ein archetypisches Prinzip des notwendigen und ergänzenden Gegensatzes, der zur Erkenntnis und Weisheit unbedingt notwendig ist. Wird Licht in den Mysteriendramen und

Weisheitsschulen gleichgesetzt mit Erleuchtung und dem Innewerden des göttlichen Funkens, so wird Dunkelheit als Nicht-Wissen identifiziert. Das Verweilen in einer „dunklen Kammer“ ehe man zum Licht geführt wird, ist Usus in Geheimgesellschaften der Neuzeit. Die Königin der Nacht und ihr Reich entpuppen sich als unerlässlicher Durchgang zum Licht bzw. zum Sonnenreich. Denn unzweifelhaft ist die *Zauberflöte* eine Initiations-Oper! Damit wird die Königin der Nacht auch ihrer normativen Gewalt entkleidet. Dunkelheit ist nicht gleich Dunkelheit. Ihre Dunkelheit muss daher als Synonym für „Unwissenheit“ interpretiert werden und ihr Reich ist der Ort des Unbewussten und/oder Nicht-Wissens.

Die Königin der Nacht spielt also einen Gegenpart zur Sonne, dem Licht, wobei ihr archetypische Gestalt zukommt. Der Archetypus des Lichtes bedarf des Archetypus' der Dunkelheit und umgekehrt. Zu kurz gedacht wäre es also, die dunklen Aspekte der Königin der Nacht bewertend zu sehen. Zweifelsohne birgt die sternenflammende Königin ambivalente Facetten.

Die Dunkelheit der Nacht und die Sterne

Die Nacht als bergender Mutterschoß wurde in der Antike als Göttin Nyx bezeichnet. Sie trug ein schwarzes mit Sternen besetztes Gewand. Der Mond ist dabei, wie Aischylos schrieb „das Auge der schwarzen Nacht“. Nyx steht als Euphrosyne oder Euphrone für Schlaf und Sorglosigkeit im wörtlichen Sinne sowie für Träume, Tod und Chaos. In ihrer dunklen Eigenschaft ist sie Mutter des Vergebens, der Rachegöttin Nemesis und jener Schicksalsspinnerinnen, die Moiren oder auch Parzen genannt werden.[57]

Nyx oder Nox ist eine ambivalente Göttin mit dunklen und lichten Seiten. Chaos, Tod, Schlaf, Traum und Liebesgenuss als ihre Beigaben machen sie zu einer mächtigen Gestalt. Solche Bilder ent-

57 „Als Spenderin des Schlafes und Sorgenlöserin trug sie [Nyx, w.f.] den Namen Euphrosyne oder Euphrone. Ihr Sohn ist Hypnos, der Traum. So ist Nyx die Mutter des Schlafes, der Träume und des Liebesgenusses, doch auch des Todes. Ihr unheimlicher Aspekt macht sie dazu noch zur Mutter verderblicher Brut wie Moros (Verderben), der Rachegöttin Nemesis und der Schicksalsspinnerinnen (der Moiren, lat. Parcae, Parzen). Die von den Römern Nox genannte Göttin wird im Mythos als Geschöpf des Chaos bezeichnet, zusammen mit Erebos (Dunkelheit), Ge (Erde), Eros und Tartaros geboren“ (*Knaurs Lexikon der Symbole*, Nacht, 741).

sprechen der Königin der Nacht, die selbst seltsam mehrdeutig erscheint. Als „Königin“ ist sie Herrscherin in ihrem Reich und erinnert an eine „Feenkönigin“ und an eine Gestalt aus der Märchen- und Sagenwelt. Die Nähe zur Hexe und zur „Großen Mutter“ darf zudem nicht unterschlagen werden. Andererseits gibt sie sich als gütige Mutter und Herrscherin.

Ihr Reich ist nicht nur das felsige Gelände mit ihren Damen und dem Tempel, sondern auch der Himmel, die Nacht und die Sterne. Der Himmel ist der Ort der Verstorbenen, der Ort der Engel und der Seligkeit. Die Himmelsmutter Maria in ihrem blauen Sternen-Mantel entspräche dem positiven Aspekt der Königin der Nacht.

Ehrfurchtseinflößend sind die Sterne und die Weite des Himmels. Der „Morgenstern“ in der Apokalypse oder der „Stern von Bethlehem“, zu dem die drei Weisen oder Könige zogen, deutet den symbolischen Gehalt an, den Sterne haben können. Sternbilder und Tierkreiszeichen sowie all die Sehnsucht, die an das Himmelzelt projiziert wird, die Verbindung der Schlange zur Himmelsschlange, das alles macht den Himmel und mit ihr die Königin der Nacht rätselhaft.

Sterne werden in der Regel erst in der Nacht sichtbar und symbolisieren die *astrale* Sphäre (*astra* = Stern), jene Sphäre, die sich zwar im Dunstkreis der Nacht und damit der Mondgöttin befindet, die sie aber nicht beherrschen kann, weil die Macht darüber in den Händen Sarastros liegt, der den „siebenfachen Sonnenkreis“ erhalten hat. Er ist für die astrale Sphäre und alle Einflussnahme auf sie wichtig. Diese Möglichkeit wurde der Königin der Nacht entzogen.

Mondsymbolik

Zur Nacht und zum Himmel gehört der Mond. Er wird als weiblich angesehen. Ihm wird das Metall Silber zugeordnet. Die Mondphasen beeinflussen Ebbe und Flut, Pflanzen- und Haarwuchs. Sonne und Mond sind Planeten (Sterne) wie auch eigenständige, sich ergänzende Symbole. *Sol* und *Luna* entsprechen König und Königin in der Symbolsprache der Alchemie.

Sonne und Mond gehören zur astralen Sphäre der Planeten und sind Antipoden oder Ergänzungen. Auf die astrale Sphäre bezogen stehen sie auch außerhalb von ihr. In der Symbolik sind Sonne und Mond also eigenständig und stehen damit außerhalb der sieben Planeten, sind aber zugleich Planten im „Sternenkreis“. Deshalb können Sarastro und die Königin der Nacht Sonne und Mond und damit übergeordnete Prinzipien wie Hell und Dunkel, Licht und Schatten, Tag und Nacht bezeichnen. Nicht vergessen werden darf, dass Symbolsprache selten eindeutig ist und ambivalent in ihrer Bedeutung.

Sonne und Gold, Mond und Silber entsprechen einander. Es ist nicht „zufällig“, dass die Drei Damen mit silbernen Wurfspießen die Schlange töten. Auch dass sie verschleiert sind, harmoniert mit der Mondsymbolik.

Der Schleier entspricht dem Himmelszelt als „kosmisches Gewebe“. Ein Schleier verhüllt und enthüllt. Römische Vestalinnen trugen einen Schleier und christliche Nonnen tragen ihn als äußeres Zeichen der Abkehr von der Welt. Auch der Brautschleier, der dann gelüftet wird, wenn die Hochzeit vollzogen ist oder der Schleier, der sich auf etwas legt und verhüllt, deutet in Richtung des Uneigenständigen und Nachgerichteten, respektive des Mondhaften.

Papageno macht sich über den Schleier der Drei Damen lustig und wird streng ermahnt. Jedoch trifft er hier den Kern: denn wenn sie nichts zu verbergen hätten, müssten sie nicht verschleiert auftreten. Gerade das Verbergende ist ein typisches Attribut des Mondes, dessen „dunkle“ Seite man am Himmel nie zu Gesicht bekommt.

Grundsätzlich ist der *Mond* passiv. Er wird von der Sonne angestrahlt und scheint nicht aus eigener Kraft. Symbolisch bedeutet dies, dass er keine Aktivitäten aus sich heraus entwickelt, sondern einem äußeren Antrieb oder Anstoß folgt.

Nicht verwunderlich ist es, dass der Mond als Ort der abgeschiedenen Seelen gilt, der abgelegten Gedanken wie der Hoffnungen und Wünsche. Er ist Symbol der Wiedergeburt – in Anlehnung an seine zyklischen Phasen –, jedoch nicht der Geburt! Nach mythologischer Auffassung füllt er sich mit Seelen an (Vollmond) und entleert sich dann wieder (Neumond). Die Seelen wandern danach wieder weiter zur Sonne, wo sie neues Leben erhalten.[58]

58 „Jedenfalls wurde der Mond immer als Behälter für die Seelen der Verstorbenen verstanden. Sie wandern nach dem Tod zum Mond, und er gebiert die Seelen in der Sonne. Der Mond füllt sich mit toten Seelen – das ist sozusagen der schwangere Vollmond –, und dann leert er sie in die Sonne aus, wo die Seelen nach dem manichäischen Mythos neues Leben erhalten. Der Mond ist also ein Symbol der Wiedergeburt“ (C. G. Jung: *Die Psychologie des Kundalini-Yoga*, 81f).

Der Mond-Aspekt der Königin der Nacht wird in seiner Symbolik meist unterschätzt. Zu selbstverständlich sieht man sie als Herrscherin und aktive Gestalterin des Geschehens. Übersehen wird dabei, dass sie immer Mittler benötigt, um etwas bewirken zu können: Tamino, um ihre Tochter zu retten; Pamina, die Sarastro töten soll und auch Monostatos wird von ihr als Mittler gesucht, um den letzten Kampf zu wagen. Warum vermag sie dennoch nicht zu obsiegen?

Mondmetaphysik

Die Mondphasen sind Sinnbilder von „Geburt, Werden, Tod, Auferstehung; oder Wasser, Pflanzen, Frau, Fruchtbarkeit, Unsterblichkeit; kosmischer Finsternis, pränatalem Leben, Existenz jenseits des Grabes und Wiedergeburt lunaren Typs (‚Licht aus der Finsternis‘); Weberei, Symbol des ‚Lebensfadens‘, Schicksal, Zeitlichkeit, Tod usw. Ganz allgemein wurden die Vorstellungen des Zyklus, des Dualismus, der Polarität, des Gegensatzes, des Streits, aber auch der Versöhnung der Gegensätze, der coincidentia oppositorum durch den Mondsymbolismus entdeckt oder präzisiert“[59].

Der Religionswissenschaftler Mircea Eliade führt weiter aus, dass man von einer „Mondmetaphysik“ sprechen könne: „Denn die Botschaft des Mondes an den religiösen Menschen besagt nicht nur, daß der Tod unlösbar mit dem Leben verbunden ist, sondern auch und vor allem, daß der Tod nicht endgültig ist, daß ihm immer eine neue Geburt folgt. Der Mond verleiht dem kosmischen Werden religiösen Wert und versöhnt den Menschen mit dem Tod.“[60]

Die Verbindung des Mondes zu den Seelen ist offensichtlich. Gedanken, Geister, Seelen sind mit Vögeln assoziierbar. Warum benötigt die Königin der Nacht aber einen Vogelhändler und „Vögel“?

Papageno der Vogelhändler

Hildegard von Bingen (1098–1179) schrieb in ihrer Naturkunde (*Liber de subtilitatum*) über den Vogel „Die Vögel symbolisieren die Kraft, die dem Menschen zu bedachter Rede verhilft und ihn vieles

59 Eliade, *Heilige*, 138.
60 Eliade, *Heilige*, 138.

bei sich vorausbedenken läßt, ehe es zu strahlender Tat wird. So wie die Vögel durch ihre Federn in die Luft erhoben werden und sich überall in der Luft aufhalten, wird die Seele im Körper durch das Denken erhoben und breitet sich überall aus." Hildegard von Bingen bringt die Vögel mit der Seele und der vorausphantasierenden Imagination in Verbindung.

Vögel symbolisieren Gedanken und Ideen sowie die Seele. Sie stehen in der Überlieferung für Geist, Nous, Hauch oder Lufthauch und entsprechen sogar der Schlange. Beide schlüpfen aus dem Ei und sind pneumatische Naturen und die „Himmelschlange" entspricht dem fliegenden Vogel.[61] Im antiken Rom waren es die Auguren, die im Vogelflug den Götterwillen verkörpert sahen. Jene wundersamen Erkenntnisse, die in den Märchen derjenige gewinnt, der die Vogelsprache spricht, gehören ebenso zum Symbol Vogel wie der „Vogel-Mensch", der aus prähistorischer Zeit auf Felsenzeichnungen zu sehen ist. Halb Vogel halb Mensch entspricht er einer bestimmten seelischen Komponente, die den Bezug zum animalisch-tierhaften einerseits und zum himmlisch-göttlichen andererseits impliziert.

Die ägyptische Ba-Seele ist eine von drei seelischen Komponenten (Ba, Ach und Ka) Ba gilt als freier Seelenanteil, der sich vom Körper lösen kann, aber dennoch in enger Verbindung zu ihm steht. Ba wird als Vogel mit Menschenkopf dargestellt.

Möglicherweise würde es nicht fern liegen, Ba – und damit den „Seelen"-Vogel – in seiner Symbolik mit Bewusstsein im weitesten Sinne zu assoziieren. Vögel wären ähnlich abgeschiedene Seelen, zwar mit Bewusstsein begabt, aber ohne Eigendynamik und eigenen Antrieb. In dem Sinne ist ein Papagei – ist Papageno etwas anderes? – auch nichts weiter als ein Vogel, der nachspricht, was man ihm vorsagt. Vögel sind Mittler. Die sexuelle Konnotation der „Vö-

61 Vgl. dazu: „Im aztekischen Kalender stellt die Schlange das fünfte Tageszeichen des Kalenders dar. Dabei ist sie vorwiegend negativ besetzt. Die mit den grünen Federn des Quetzalvogels bekleidete Göttergestalt Quetzalcóatl hingegen hat hohe religiöse Bedeutung, wobei sie offenbar in sich die Symbolqualitäten von Vogel und Schlange als Dualsystem vereinigt, Himmel und Erde verbindend. Der Maya-Name dieser Gestalt lautet Kukulcan. Die Polarität Vogel/Schlange ist u. a. auch im Wappen von México City (aztekisch Tenochtitlan) repräsentiert, das einen auf einem Kaktus sitzenden Adler mit einer Schlange in den Fängen zeigt. Diese Kombination ist weltweit als Symbol der Gegensätze und ihrer Verbindung von großer Bedeutung" (Vgl. dazu M. Lurker, *Adler und Schlange*, 1983).

gel“ kann zwar ebenfalls zur Kenntnis genommen werden, scheint aber für die Oper keine entscheidende Rolle zu spielen. Die Verbindung von Schlange und Vogel ist die des ergänzenden Gegensatzes. Hans Egli beschreibt dieses Verhältnis sehr anschaulich:

> Das umfassendste Bild der Einheit wie des Kampfes von Kosmos und Chaos, von Licht und Dunkel, von Oben und Unten, ist die Gegenüberstellung von Vogel und Schlange. Der Vogel, der schwere- und mühelos durch die Lüfte fliegt, und die Schlange, die unbeholfen über den Erdboden kriecht, sind schon durch ihre Lebensweise Antipoden. Der Vogel ist der Sonne und dem Licht zugesellt, die Schlange gehört der Erde und dem Dunkel an. Der Phönix – als Exponent der Vogelwelt – verbrennt im Feuer und ersteht zu neuem Leben, die Schlange häutet sich und erlangt Unsterblichkeit. Nach den Paiwan auf Taiwan sind Vögel und Schlange Tsemas – geistige Wesen – und erscheinen als Boten höherer Geister.
>
> In der germanischen Mythologie sitzt der Adler, der Vielwisser, auf der Weltenesche Yggdrasil, und an den Wurzeln des Baumes nagt der Drache Nidhögg, bis dereinst der Baum stürzen wird. Ein Eichhörnchen rennt am Stamm auf und ab und meldet die Beschimpfungen, die sich Adler und Drache gegenseitig antun.[62]

Vögel symbolisieren Ideen. Wer Vögel *bringt*, liefert Einfälle und seelische Qualitäten – und damit neues Leben.

Wenn die Königin der Nacht sich einen Vogelhändler hält, der ihr täglich neue Vögel fangen muss, so kann damit nicht die Nahrungsbeschaffung gemeint sein und auch nicht, dass die Vögel der Zierde und Unterhaltung dienen, sondern, dass Papageno als Vogelhändler ein *Seelenfänger* ist.

Papageno der Seelenfänger

Papageno als Seelenfänger wird damit zum Psychopompos (*Mercurius*), zum Mittler und Lieferanten neuer Ideen und Vorstellungen an die Königin der Nacht, eben weil sie, durch ihre mondene Natur, nicht aus sich heraus in der Lage ist, eigene Ideen und Einfälle zu haben bzw. zu produzieren. Sie braucht Hilfe und Anregung von außerhalb. Weil Seelen eng mit Bewusstsein verbunden sind, führt sich die Königin der Nacht damit Bewusstheit zu.

62 Hans Egli: *Das Schlangensymbol*, 253.

Dazu passt die Tatsache, dass Papageno die Königin der Nacht nach eigener Aussage nie gesehen hat: „Die sternflammende Königin sehen? – Welcher Sterbliche kann sich rühmen, sie je gesehen zu haben? – Welches Menschen Auge würde durch ihren schwarz durchwebten Schleier blicken können?“ Damit entfällt der Verdacht, dass er zusätzlich als „Sohngeliebter“ fungieren könnte.

Im Grunde ist der Mond als Ort abgelegter Ideen und verschiedener Seelen ein großes Sammelbecken überholter Vorstellungen und Ansichten. Die felsige Landschaft deutet es an: es gibt wenig Lebendiges und das ist, wie die verschiedenen Bäume beispielsweise, nur rudimentärer Rückstand aus einer besseren Zeit.

Papagenos Vögel werden also dringend benötigt, um die öde Mondlandschaft lebendig zu machen. Der Seelenfänger Papageno ist damit Bote zwischen der irdischen Welt und der abgeschiedenen Mondwelt.

Versetzen wir uns für einen Augenblick in die Gedankenwelt der Königin der Nacht, so ist es nur folgerichtig, dass sie Tamino ihren Boten Papageno zur Seite stellt. Nicht nur weil er von psychologischer Seite dessen *alter ego* ist, sondern auch, weil er, egal was passiert, zu seiner Herrin zurückkommen wird.

Falls er aber fehl gehen oder in seiner Absicht schwanken sollte, würde ihm seine Beigabe, das silberne Glöckchen an seine Bestimmung und an seinen Ursprungsort erinnern. Silbern ist das Metall der Königin der Nacht und silbern ist das Glockenspiel, das Menschen zum Marschieren veranlasst. Was die Königin der Nacht übersehen hat, ist, dass das Glockenspiel aber auch Papageno seine Papagena finden lässt.[63] Wie alles in der *Zauberflöte* so ist auch dieses Geschenk doppeldeutig und verwendet sich entgegen der angestrebten Absicht.

Der Auftrag, die geraubte Tochter zurückzuholen, ist nicht nur aus dem Blickwinkel der einsamen und untröstlichen Mutter zu sehen, sondern auch mit der Absicht, eine weitere – oder besser „die“ – seelische Qualität auf die Mondseite zu ziehen. Pamina, halb Königin der Nacht, halb Tochter ihres Vaters, wird dringend gebraucht,

63 Papageno singt am Ende der Oper: „Ich Narr vergaß der Zauberdinge. / Erklinge Glockenspiel, erklinge! / Ich muss mein liebes Mädchen sehn. / Klinget, Glöckchen, klinget! / Schafft mein Mädchen her! / Klinget, Glöckchen, klinget! / Bringt mein Weibchen her!“

um den defizitären Zustand der lunaren Sphäre der Königin der Nacht auszugleichen.

Dadurch, dass die *mondhafte Seite* passiv ist, nachgerichtet und nicht fähig, eigene Ideen zu entwickeln, ist es folgerichtig, dass die Königin der Nacht erst reagiert, wenn ihr die Tochter und das Symbol der Macht geraubt wurden. Erst dann erhält sie Bewusstsein darüber. Die Differenz der Abwesenheit ermöglicht ihr die Einsicht in Funktion und Bedeutung von Pamina für sich selbst.

Wer schickte die Schlange?

Die gestellte Frage nach dem verborgenen Sinn der Schlange und danach, wer sie „aktiviert" oder „gesandt" hat, kann nun wie folgt beantwortet werden: Zweck der Schlange war es, Tamino in die Einflusssphäre der Königin der Nacht zu locken. Alles Weitere ergab sich folgerichtig: die Schlange wurde mit silbernen – dem Symbol des Mondes zugehörigen – Speeren getötet; Tamino verliebt sich zuerst in das Bildnis (!) Paminas und dann erst in die wirkliche Frau und vertraut der Aussage der Königin der Nacht, dass Sarastro ein Schurke sei, was er ohne nachzudenken und ohne eigene Nachprüfung glaubt. Das entspricht der mondhaften, lunaren Welt, in der er angekommen und von der er befangen ist.

Wir werden erleben, wie Tamino seinen Vorsatz Sarastro zu töten oder zumindest zu hassen dann aufgibt, wenn er eigenständig, logisch-argumentativ und vernünftig zu denken beginnt. In der lunaren Einflusssphäre der Königin der Nacht ist selbständiges Denken nicht möglich. In der solaren Welt Sarastros werden eigenständige Weltsicht und Einsicht gefördert.

Wäre die Königin der Nacht zu *eigenen* schöpferischen und produktiven Gedankengängen fähig? Aufgrund ihrer Disposition als Mond-Göttin und in Hinblick auf ihr Umfeld (Papageno, Vögel) sowie unter Berücksichtigung der angestellten Überlegungen kann die Antwort nur Nein lauten. Der Raub der Tochter veranlasst sie zwar, eine Lösungsmöglichkeit zu suchen, doch stellt das noch kein eigenständiges Denken und Handeln dar, sondern ein nachgerichtetes, das auf Ereignisse *reagiert*. Sie setzt eine Kausalkette in Gang, deren Grund aber nicht bei ihr liegt. Psychologisch-symbolisch gesehen aktiviert sie zuerst ihre „Schlangenseite".

Die Bedrohung der Schlange lockt mit dem Aktivieren bzw. Erwachen der Libido (Sexualkraft), sowie der Schlangenkraft (Kundalini). Darin sind die Versprechen auf Wiedergeburt und Erneuerung, auf ewiges Leben und dem Verbleib in einem regressiven Zustand der Geborgenheit im Mutterschoß impliziert. Die Schlange birgt solche Versprechen und die Königin der Nacht kann sie einlösen.

Das Erscheinen der Schlange bildet den Auftakt zur Individuation Taminos und zwar als Helden im Sinne der Königin der Nacht. Er ist kein Held, der Drachen tötet (Siegfried) – und damit der Mutter gefährlich werden kann –, keiner der Rätsel löst (Ödipus) – und ihr damit zu nahe kommt – und auch keiner, der fortzieht und nie wieder zur Mutter zurückkehrt (Parzival), sondern einer, der zur rechten Zeit in Ohnmacht fällt, einer der sich manipulieren und führen lässt, einer, der der Mutter bedingungslos vertraut. Tamino ist damit der geborene *Antiheld*-Held!

Tamino wird in den Augen der Königin der Nacht zum geeigneten Mittel für ihren Zweck. Was sie nicht ahnt ist, dass die Schlange auch Auslöser und Initiator des Erwachens und des Energiezuwachses sein kann. Tamino wird die Schlange nutzen, um ein Mehr an Energie in seine Individuation einzubringen. All das bleibt unbewusst. Was die Königin der Nacht übersehen hat ist, dass es auf lange Sicht kein Zurück mehr gibt, keine Regression in den Mutterschoß, kein Paradies und keine heile Welt, die nach dem erfolgten Abenteuer auf den Helden wartet. Denn aus dem bestandenen Abenteuer geht auch ein Held wie Tamino gewandelt hervor.

Einzig die Wandlung ist das Beständige. Das symbolisiert die Schlange eben *auch*, womit die Königin der Nacht der Einseitigkeit ihrer eigenen Symbolkraft erlegen ist. Die andere Seite der Schlange bringt nicht nur Bedrohung, sondern überführt auch in die Welt, initiiert in die Lebendigkeit des Lebens. Sie befindet sich zwar in einer felsigen, unwirklichen Gegend, aber sie ist identisch mit dieser.

Die Mutter, die den Fremden bittet, ihre Tochter zurückzubringen, ist ein, wenn nicht gar *der* Ansporn zu glauben, dass die Königin der Nacht allein und ausschließlich als treusorgende Mutter handelt. Ihr Glaube, dass ein solches Unternehmen ohne größere Veränderung für Held und Tochter abgehen sollte, belegt hingegen auch ihre Naivität mit der sie, in ihrer mondenen Welt eingeschlossen, den Realitätssinn für das lebendige Leben verloren hat.

Ihre lunare Veränderung ist zwar Wiedergeburt im Sinne einer Wiederkehr des Gleichen – alle 28 Tage erneuert sich der Mond –, doch das ist nicht die Veränderung der wirklichen Welt und nicht Plan des Lebens, der trotz Rhythmik und Wiederkehr Raum lässt für Neues, Unverhofftes, Unvermutetes und Unerwartetes.

Die Königin der Nacht ist zwar fähig, den Gedanken der Nutzung und Aktivierung der Schlange zu fassen, doch deutet alles darauf hin, dass sie nicht in der Lage wäre, diesen Gedanken aus sich selbst heraus zu schöpfen. Sie ist passiv, reagierend, abwartend und andere handeln für sie. Die noch weiter auszuführende Vermutung lautet daher, dass ihr dieser Gedanke eingegeben wurde. So wie der Mond das Licht der Sonne reflektiert, so reflektierte die Königin der Nacht den Gedanken eines anderen.

Schlange und Anima

Die enge Verbildung zwischen Mutter und Schlange, zwischen Held und Opfer birgt noch eine andere Seite, die der Anima. Die Anima wird zuerst auf die Mutter projiziert und allmählich löst sich daraus die Tochter als Trägerin der Anima. Die unbewusste weibliche Seite verleiht dem Mann Leben und beflügelt ihn zu großen Taten.

Die Aufgabe Taminos ist es, Pamina zurückzubringen. Dabei lernt er seine Schattenseiten kennen: Schlange (triebhafte Natur, Kundalini), Königin der Nacht (Mutterimago und Mondseite), Papageno (animalisches *alter ego*) und das Bild der Pamina (Anima). Jedoch wird er an der konsequenten Umsetzung seiner Aufgabe scheitern, weil er weder Pamina zurückbringt, noch Sarastro tötet.

Tamino lernt eine andere Pamina kennen, die nicht „nur“ Tochter der Königin der Nacht ist sondern eine, die ihn ermuntern und führen wird. Sein Scheitern ent-*birgt* anderes, die Gestalt des Alten Weisen. In der Tat schält sich aus dem Bewusstwerden des Lebendigen, der Anima, die Weisheit in Gestalt eines Symbols des Selbst – des Alten Weisen – heraus, wofür Sarastro einstehen wird.

Interessanterweise verbindet C.G. Jung eben jenen Prozess in seinem Buch über den Heldenmythos – *Wandlungen und Symbole der Libido* – mit der Schlange: „So gehört zum Manne auch das Weibliche, und zwar seine eigene unbewußte Weiblichkeit, die ich als Anima bezeichnet habe. Sie tritt bei Patienten häufig in der Gestalt der Schlange auf."[64] Und die Anima wird im Tierreich auch durch den Vogel symbolisiert.[65]

Tiere stellen eine „undifferenzierte, noch nicht domestizierte Libido dar"[66]. Die Schlange, als chthonisches Tier schlechthin aber auch in ihrer Eigenschaft als „Himmelsschlange", ist geradezu prädestiniert, in der *Zauberflöte* die Wandlung des Helden und seine Reise zu sich selbst auszulösen.

Gleichsam wie sich zum Bild der Schlange der Drache und der Schatz gesellen, so gehört zur Mutterimago die Animaprojektion. Konsequent weitergedacht, unter der Berücksichtigung, dass die Anima projiziert auftritt und sich über die Mutter zur Frau emaniert, wird durch und in der Schlange auch Pamina offenbar. Die Schlange will das Lebendige und es ist der Angriff der Schlange, der Tamino in das Leben verwickelt. Es ist die Mutter, die Tamino eine neue Aufgabe stellt – „ihre Pamina zu retten" – und seiner Libido ein Ziel gibt, ohne zu ahnen, dass ihr Ziel nicht sein Ziel sein kann. Es ist aber dennoch Pamina, die Ziel und Erfüllung gleichermaßen sein wird.

Tamino wird – wir greifen hier voraus –, kurzzeitig auf Pamina und sie auf ihn „verzichten" müssen, damit beide am Ende zusammenkommen können. Dieser Verzicht impliziert die Ablösung der Anima-Projektion, die in der Selbstwerdung gipfelt. Die Anima – und mit ihr Schlange, Königin der Nacht, Pamina – ist also nicht Endziel, sondern Auslöser, Mittler, Wegweiser, aber nicht Weg und Schlusspunkt.

Anima(P) – Pamina

Pamina – rückwärts gelesen *Anima(P)* – steht für *Seele* und zwar sowohl in Bezug auf Tamino als dessen *Anima* wie auch für die Königin der Nacht, als Symbol für Leben und Lebendigkeit. Denn, wie Marie Louise von Franz bemerkt: „Mutter und Animafigur sind in einem unentwickelten Status im Unbewussten des Mannes mehr oder weniger eins."[67] Dieser Zustand trifft auf Tamino zu. Deshalb

64 C.G. Jung, *GW* 5, 552 f.
65 Jung/Kerenyi, *Einführung Mythologie* ..., 163 und 177.
66 C.G. Jung, *GW* 5, 420.
67 Franz, *Die Erlösung* ..., 102.

schält sich erst allmählich aus der „Großen Mutter“ die Tochter heraus, die Tamino zuerst nur als Bildnis betrachten kann.

Pamina wird von ihrer Mutter als Synthese zwischen dem lunaren und dem solaren Reich angesehen, denn sie ist nicht nur die Tochter ihrer Mutter sondern auch ihres Vaters, dem unumschränkten Herrscher, der bereits vor Sarastro wirkte.

Die Assoziationskette: Schlange – Königin der Nacht – Pamina wird dann vollständig einsichtig, wenn sich mit Pamina Sarastro und durch ihn die Initiation in die Mysterien und deren Bedeutung herausschält.

Taminos blindes und ungestümes Vorwärtsstreben wird durch den Weg, den er zurücklegen muss und die Prüfungen, die Sarastro ihm auferlegt, kanalisiert und gebändigt. Die Schlange wird durch den Löwen, die Nacht durch den Tag, der Mond durch die Sonne ersetzt.

Die enge Beziehung von Schlange und Löwe ist nicht zufällig und offenbart die geheime Bedeutung der Schlange als „Sonnentier“. Schlange und Löwe sind eigentlich zwei Seiten einer Medaille. Beide gehören symbolisch zu Sarastro wie das Mithrasmysterium zeigt, in dem Schlange und Löwe sich entsprechen: „Die Schlange ist im Mithrasmysterium öfters als antagonistisch zum Löwen dargestellt, entsprechend jenem allgemeinem Mythos vom Kampf der Sonne mit dem Drachen“[68]. Die Schlange emaniert über den Löwen zur Sonne und ihre Bedeutung als Verderber und Bedroher wandelt sich zum Symbol von Erneuerung und Wiedergeburt im Sinne einer geistigen Wiedergeburt, die nicht regressiv, sondern progressiv sein wird. Die abschließende Wasser- und Feuerprobe stellt eine solche Erneuerung und symbolisch-sublimierte Wiedergeburt dar.

Wenn wir annehmen, dass Mozart und Schikaneder ursprünglich den Löwen anstatt der Schlange vorsahen, so wird offensichtlich, wer als der eigentliche Initiator der Geschichte gilt: Sarastro in seiner solaren Macht. Warum soll dies so sein?

Vorerst wissen wir Folgendes: Der Löwe ist das Wappentier Sarastros und es besteht eine Verbindung vom Löwen zur Schlange. Gemessen am Ausgang der Oper muss es Sarastro gewesen sein, der die Schlange schickte. Dazu kommt, dass er durch den Besitz des siebenfachen Sonnenkreises in der Lage ist, „magisch“ zu wir-

68 C.G. Jung, *GW* 5, 361.

ken, Menschen zu beeinflussen, Gedanken zu schicken, Geschicke zu manipulieren. Gleichzeitig war es Sarastro, der Pamina entführen ließ. Es ist anzunehmen, dass er voraussah, dass die Königin der Nacht nicht selber agieren, sondern jemanden zu ihrer Rettung suchen wird. Dass sie nicht in der Lage ist, Pamina zu befreien, muss er ebenso eingeplant haben wie die Möglichkeit, dass der Retter Paminas derjenige sein würde, der auch seine Nachfolge antreten könnte.

Das andere Ziel der Schlange ist keine lunare Wiedergeburt, sondern eine solare Erneuerung, eine Initiation in die höchsten Mysterien, verbunden mit dem Ursprung allen Seins. Die *Zauberflöte* ist der Ausdruck dieses Ursprungs. Doch wir greifen voraus. Solche Gedankengänge als Ergebnis einsichtiger zu machen, bedarf einer weiteren psychologischen und symbolischen Vorbereitung und Begründung, die nun erfolgen soll.

Demeter-Persephone-Mythos

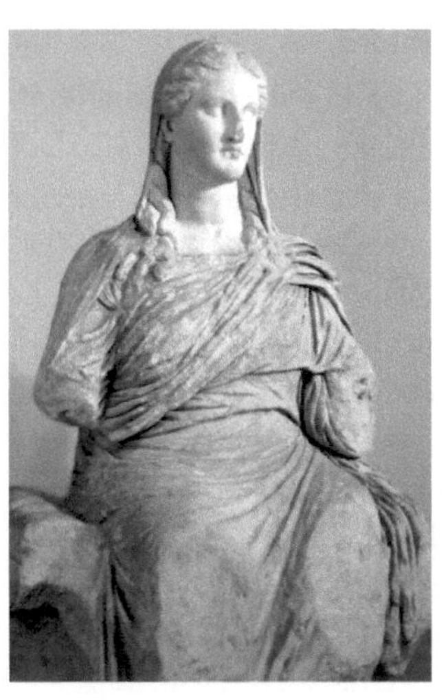

Demeter als Vorlage für die Königin der Nacht?

Ohne Weiteres kann eine Parallele der Ausgangshandlung der *Zauberflöte* zum *Demeter-Persephone-Mythos* gezogen werden, der Gegenstand der Eleusinischen Mysterien war. Hier wie dort ist es die Mutter, die um ihre entführte Tochter trauert und alles daransetzt, sie wieder zu bekommen.

Persephone, die Tochter der Demeter, wird vom Gott der Unterwelt, Pluto, entführt und in seinem Reich gefangen gehalten. Demeter, die vergeblich nach ihrer Tochter sucht, erfährt, dass es Zeus war, der die Ehe von Persephone mit Pluto beschloss. Demeter, mit einem Schleier verhüllt (!), begibt sich als alte Frau nach Eleusis und erklärt sich dort bereit, Demophon, den Sohn der Königin als Amme zu säugen. Stattdessen reibt sie ihn mit Ambrosia ein und legt ihn in der Nacht ins Feuer, um ihn zu einem Gott zu machen. Doch seine Mutter Metaneira entdeckt ihren Sohn in der Glut liegen und klagt darüber. Demophon stirbt. Die Göttin Demeter fordert dann die Menschen auf, ihr einen Tempel zu bauen, worin sie ihnen ihren Ritus übermitteln will. Sie zieht sich aus Kummer um ihre verlorene Tochter in den Tempel zurück und eine Dürre setzt ein, die die Erde zerstört. Zeus interveniert, kann aber Demeter von ihrem Entschluss nicht abbringen. So bittet er Pluto, Persephone herauszugeben. Dieser tut wie ihm geheißen. Es gelingt ihm jedoch, Persephone ein Stück Granatapfel verschlucken (oder essen) zu lassen, so dass sie jedes Jahr für vier Monate zu ihrem Gatten zurückkehren muss, denn wer Speisen aus dem Jenseits gekostet hat, kann nicht mehr (endgültig) ins Diesseits zurückkehren. Demeter kehrt in den Olymp zurück, die Erde beginnt zu grünen und sie lehrt den Menschen ihren Ritus der Erneuerung und zyklischen Wiederkehr (Jahreslauf).

Demeters Tat, den Demophon unsterblich machen zu wollen, kann als logische Fortführung dafür angesehen werden, ein anderes Kind an ihrer Tochter statt anzunehmen: Der Sohn ist Ersatz für die Tochter.

Die eleusinischen Mysterien gewähren keine Unsterblichkeit, sondern „betonen die Seligkeit der Initiierten nach dem Tode. Der Ausdruck: ‚Selig ist der Mensch …‘ aus der Hymne an Demeter kehrt leitmotivisch immer wieder“[69]. Der in die eleusinischen Mysterien Initiierte kennt im Diesseits bereits das Mysterium um Ende und Anfang des Lebens. Er kommt nach seinem Tode zu einem „glückseligen Leben“ im Jenseits, weil er bereits darum weiß. Die Verbindung „zwischen Götterhochzeit, gewaltsamem Tod, Ackerbau und der Hoffnung auf ein seliges Leben im Jenseits“ wird durch die eleusinischen Mysterien ausgedrückt.[70]

Der Raub der Persephone brachte es mit sich, dass eine Göttin im Reich der Toten (Hades) verweilte und damit die Kluft zwischen Olymp und Hades aufgehoben wurde. Sie wurde Mittlerin zwischen den Welten und konnte somit den Menschen helfen.[71]

Die Eleusinischen Mysterien wahren bis heute ihre Geheimnisse. Zwar kann man annehmen, dass einer oder der zentrale Punkt die Wiederauffindung und Wiedervereinigung von Mutter (Deme-

69 Eliade, *Geschichte der religiösen Ideen* I, 270.
70 Eliade, *Geschichte der religiösen Ideen* I, 270 f.
71 „Als Mittlerin zwischen den beiden göttlichen Welten konnte sie fortan in das Geschick der Sterblichen eingreifen“ (Eliade, *ebd.*, 271).

ter) und Tochter (Persephone) war, doch wissen wir nicht, was dies im Initianden auslöste und wie eine solche Vereinigung zu denken ist. Man kann davon ausgehen, dass dort, wo im Namen der Göttin ihr Mysterium gefeiert wurde, diese auch *anwesend* war und sich die Initianden mit ihr *verbanden* und in ihre Geheimnisse eingeweiht wurden. Was aber genau geschah und wie man sich dies vorzustellen hat, weiß man nicht.

Wahrscheinlich handelte es sich um die Vermittlung des Wissens und die Erfahrung der Kontinuität von Leben und Tod, sowie um die Versöhnung mit dem eigenen Tod.[72] Das liegt nahe, weil sich die Nähe zum Ackerbau und zur Erntezeit sowie zur Fruchtbarkeit darin ausdrücken.[73]

In der Erzählung des Mythos werden zwei Geschehnisse miteinander verbunden. Zum einen ist es die Suche der Mutter nach ihrer Tochter und zum anderen die misslungene Unsterblichkeit Demophons. Übertragen auf die *Zauberflöte* stellt sich die Rollenverteilung wie folgt dar: Demeter und die Königin der Nacht sind durch ihre Mutterrolle verbunden, Persephone und Pamina in ihrer Rolle als Töchter. Der Königin der Nacht gelingt es ebenso wenig wie Demeter, ihre Tochter für immer zu sich zurückzuholen. Sie wird sie am Ende sogar verstoßen.

Pluto raubte Persephone und Sarastro Pamina, doch haben wir hier einen Bruch in der Gleichsetzung: denn Sarastro ist nicht Paminas Ehemann geworden. Einen Nachklang der mythischen Geschichte finden wir in der Szene als Sarastro zu Pamina Folgendes sagt: „Du liebest einen andern sehr. / Zur Liebe will ich dich nicht zwingen, / Doch geb ich dir die Freiheit nicht.“ Hier tönt die Möglichkeit der ehelichen Verbindung an, doch wandelt sich Sarastro eben nicht zu Pluto!

Es ist angezweifelt worden, ob Sarastro sich nicht doch Hoffnungen bezüglich Pamina gemacht habe, was aus den Zeilen he-

---

72 „Sokrates versichert Axiochos, er brauche den Tod nicht zu fürchten; ganz im Gegenteil sei er durch seine Initiation in die eleusinischen Mysterien zum Verwandten der Götter geworden“ (Eliade, *Gesch. d. religiösen Ideen* I, 276).

73 „Wenn die eleusinische Initiation solche ‚Ur-Erfahrungen‘ ermöglichte, die das Geheimnis und die Sakralität der Nahrung, des Geschlechtsakts, der Zeugung, des rituellen Todes offenbarten, so verdiente Eleusis mit Recht seinen Ruf als ‚heiliger Ort‘ und als Quelle der ‚Wunder‘.“ (Eliade, *Geschichte der religiösen Ideen* I, 277).

rauszulesen ist, doch sein ganzer Habitus, seine ganze Seinsweise widersprechen dem. Möglicherweise wird Sarastro hierbei von Pluto „überschattet“ und nimmt dessen Stelle ein, obwohl er weiß, dass Pamina zu Tamino gehört. Damit manifestiert sich in Sarastro *Pluto* als Gott der Unterwelt, ohne dass Sarastro aber dieser Überschattung erliegt.

Welche Rolle spielt Demophon, der mit Tamino identifiziert werden könnte? Demophon stirbt und erlangt die Unsterblichkeit der Götter nicht, ebenso wenig wird diese Art der Unsterblichkeit Tamino zuteil.

Unsterblichkeit im Sinne der ewigen Wiederkehr, symbolisiert durch den chtonischen Aspekt der Schlange und die Regression als Sohngeliebter, wird von Tamino ausgeschlagen. Das Angebot der Königin der Nacht ist zwar nicht direkt erkennbar, aber symbolisch identifizierbar: Hätte Tamino Pamina zurückgebracht, wäre er in die *lunare* Sphäre aufgenommen worden und gehörte damit der zyklischen Erneuerung (Mondsphäre) an.

Aber ebenso wie das bei Demophon misslingt, scheitert es auch bei Tamino. Im Gegensatz zu Demophon gelingt es Tamino aber, in eine *solare* Welt aufgenommen zu werden und eine andere Art der Unsterblichkeit zu erlangen. Was genau darunter zu verstehen ist, wird sich noch zeigen.

Werden in Eleusis die Geheimnisse „der Sakralität der Nahrung, des Geschlechtsakts, der Zeugung, des rituellen Todes“ (Eliade) bewahrt und überliefert, so sind diese auch in der Eingangsszene der *Zauberflöte* präsent. Der rituelle Tod entspricht der Ohnmacht Taminos, der Geschlechtsakt korrespondiert mit der Schlange und der damit einhergehenden Gewinnung von Libido, Kundalini oder Lebensenergie und die Zeugung sowie der sakrale Akt der Ernährung sublimiert sich zur Mission des Tamino.

Dadurch, dass wir die Königin der Nacht als Mondgöttin (Hekate) und Mutter (Demeter) identifizieren, kann ihr Tempel mit dem Tempel in Eleusis assoziiert werden, womit deutlich werden würde, dass in der *Zauberflöte* dieses Mysterium ebenfalls angesprochen ist, sich als Lösungsmöglichkeit aber augenscheinlich nicht eignet.

Die *Zauberflöte* sucht nicht Jenseitigkeit und Wiedergeburt im Sinne des ewigen Wandels, sondern sie sucht die Aufhebung der Machtsphäre der Königin der Nacht und mit ihr die Durchdringung der Dunkelheit mittels Initiation und Aufklärung, Bewusstwerdung und Ritual. Sie sucht die Vereinigung der Gegensätze, Ausgleich und Verständnis und propagiert eine Haltung, die sich dem Leben stellt, dem öffentlichen, gesellschaftlichen und politischen Leben gleichermaßen, wie der Liebe und der Versöhnung.

Tamino, der sich, geführt durch die Drei Knaben und mit Papageno als Gefährten, auf den Weg macht, tut dies mit dem festen Vorsatz, in die lunare Sphäre der Königin der Nacht zurückzukehren. Doch es kommt anders.

Eine Einweihung ist immer mit einer bildhaften Geschichte oder der Erzählung eines Mythos verbunden. In dem Moment, wenn sich der Initiand mit diesem Mythos identifiziert – also das Bild anerkannt und sich selber darin gefunden hat bzw. zum anderen in Verbindung tritt, und nichts anderes ist die Kraft der Liebe, die Getrenntes zusammenführt –, löst er sich von alten Vorstellungen.

Gerade das Aufgeben alter und überkommener Vorstellungen und Vorurteile ist wesentlich, um eine Initiation erfolgreich sein zu lassen. Der Individuationsprozess lebt von der Loslösung der Vorstellung, man könne mittels des Verstandes oder des Intellekts *alles* bestimmen. Im Gegenteil. Folgt man dem geheimnisvollen Ruf der Selbstwerdung, ist man gezwungen auf Träume zu hören, die Sprache des Unbewussten (*Wasser, Mond*) anzuerkennen und zu erlernen und trotzdem die Erkenntnis (Sonne) nicht aus den Augen zu lassen.

Die Faszination Taminos durch die Königin der Nacht deutet also auf einen Mutterkomplex hin, der eine Unterscheidung zwischen sich und den Absichten der Mutter fordert. Die Gebanntheit Taminos ist das untrügliche Anzeichen einer Nicht-Unterscheidung, eines Verhaftetseins im Unbewussten.

Taminos Aufbruch in ein neues, umfassenderes Bewusstseinserlebnis bedarf aber der Unterscheidung im Sinne der Bewusstwerdung des Unbewussten. Die Loslösung vom Mutterarchetypus beginnt mit der Unterscheidung zwischen den eigenen Absichten und denen der Mutter, hier: den Suggestionen der Königin der Nacht. Durch die Bewusstwerdung der Einflüsse der Bilder der Mutter, des Mondes und der Königin der Nacht lösen sich jene der Demeter und Hekate ab. Doch das ist noch nicht alles.

Isis- und Osiris-Mysterium

Die Gleichsetzung von Demeter mit Isis bei den Griechen sowie die Herleitung der Eleusinischen Mysterien aus dem Antiken Ägypten kulminiert in der Königin der Nacht, die nicht nur zu Demeter sondern auch zu Isis eine deutliche Nähe aufweist.[74] Bedeutet dies, dass die Einweihung in die Mysterien der Isis eine latente Einweihung und Initiation in die Gefilde der Königin der Nacht darstellen könnten? Und dass umgekehrt proportional zur christlichen Vorstellung – Maria und Sohn – hier die Königin der Nacht und ihre Tochter zu sehen ist?

Berücksichtigt man, dass Mysterien-Einweihungen nicht nur numinose Einrichtungen waren, sondern auch Belehrungen spendeten und ein Bildungsspeicher (kollektives Gedächtnis) waren, so wird deutlich, dass Tamino nicht auf der Mondseite bleiben kann. Deren numinoser Charakter passt nicht zu ihm. Es liegt auch nicht in der Absicht der *Zauberflöte*, den Zauber zu vermehren, sondern ihn dort wirken zu lassen, wo er hingehört. Gleichsam gehört es zum Konzept der Oper, *aufklärend* und *belehrend* zu sein. Beides wäre im Einflussbereich der Königin der Nacht nicht möglich gewesen.

Die dunkle Seite des Bewusstseins ist nicht Ort von Initiation oder Weisheit. Dennoch sind sie dort latent vorhanden, allerdings ergibt sich die Frage zu welchem Preis?

Offensichtlich wird das Ergebnis quantitativ gesehen ähnlich aussehen, wenn nicht sogar gleich; qualitativ aber scheint es grundverschieden, denn im Dunstbereich der Königin der Nacht ist nicht dieselbe Entwicklung möglich, wie im Reich Sarastros. Der Grund liegt wie bereits angesprochen darin, dass die Mondsphäre den *Bewusstseins*-Bewusstseinsaspekt nivelliert. Die Königin der Nacht hat ihren Bewusstheitsgrad erreicht und ist, was man gerne vergisst, Sarastro durchaus ebenbürtig. Aber sie *teilt* ihren Entwicklungsgrad nicht. Papageno wird instrumentalisiert und manipuliert, statt über-

74 Vgl. dazu: „Unverkennbar trägt die Königin der Nacht in diesen ersten Bildern isishafte Züge. Das eindeutigste ikonographische Merkmal der Isis, die Mondsichel der Himmelskönigin, Regina Coeli, als die Isis bei Apuleius erscheint und als die sie in der christlichen Maria weiterlebt, wird zwar im Textbuch nicht eigens erwähnt, doch taucht sie bereits in den frühesten Bühnenentwürfen auf" (Assmann, *Zauberflöte*, 63).

zeugt. Auch die Drei Damen stehen unter dem Einfluss ihrer Herrscherin und sind von eigenständigem Denken weit entfernt. Ganz im Gegenteil wirken die Priester (Pendant zu den Drei Damen) in Sarastros Reich. Sarastro dagegen will Erkenntniszuwachs und die Weitergabe von Weisheit. Seine Initiation ist eine, die trotz ihrer Numinosität Bewusstheitserweiterung fordert und fördert.

Isis als *Königin der Nacht* ist demnach durchaus zeittypisch, doch hat die *Zauberflöte* mehr im Sinn. Mag die Königin der Nacht ein Aspekt der Isis sein, so ist es eben nur *einer*. Isis verkörpert, wie der Ägyptologe Jan Assmann schreibt, „die Einheit alles Seienden". Isis sagt von sich: „Ich bin alles, was da ist, war und sein wird. Kein Sterblicher hat meinen Schleier gelüftet."

Isis ist eine Allgottheit, sie umgreift in sich alle anderen Gottheiten. Isidorus von Narmuthis preist sie in einem seiner Hymnen im 2. Jahrhundert v. Chr. als „die Eine, die Alle (Göttinnen) ist", und „die Eine, die alles ist", una quae es omnia, wird sie auf einer von Athanasius Kircher publizierten und im 18. Jahrhundert vielzitierten Inschrift in Capua genannt. Isis verkörperte die Einheit alles Seienden. Auf ihrem Bild zu Sais soll, nach Plutarch und Proklos, die Inschrift gestanden haben: „Ich bin alles, was da ist, war und sein wird. Kein Sterblicher hat meinen Schleier gelüftet." Dieser Ausspruch wird im 18. Jahrhundert zum Credo einer natürlichen Theologie, das die Aufklärung der biblischen Offenbarungstheologie entgegenstellt.[75]

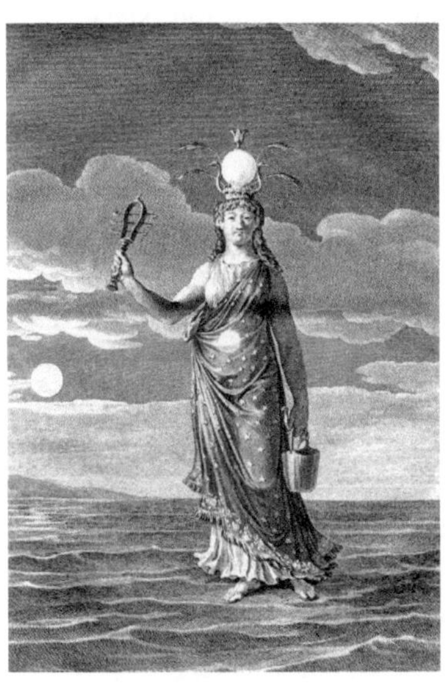

Isis, eine ägyptische Königin der Nacht

Assmann betont, dass die antike Welt von einem Wahrheitsbegriff ausgeht, der nicht offensichtlich ist, weil „die Wahrheit an sich ein Geheimnis darstellt und in dieser Welt nur verschleiert in Bildern,

75 Assmann, *Zauberflöte*, 118.

Mythen, Allegorien und Rätseln zu fassen ist“[76]. Das entspricht genau der Sphäre der Königin der Nacht. Aber diese Wahrheit offenbart sich auch und zwar im Wissen um die Verhüllung, wenn auch nicht unmittelbar, sondern „verhüllt“. Es liegt ein Schleier über der Erkenntnis und dies ist sowohl wörtlich als auch symbolisch zu nehmen, wobei der Schleier beide Aspekte beinhaltet, das „Verbergen“ und das „Zur-Erscheinung-Kommen der Gottheit“[77].

Bei der Königin der Nacht begegnet uns lediglich einer dieser Aspekte. Ein weiteres Indiz dafür, dass diese Bewusstseinssphäre überwunden werden muss.

Im 18. Jahrhundert „gilt Isis als Name jener verschleierten, immer nur in Sinnbildern und Abbildern zu habenden Wahrheit, die in der *Zauberflöte* den Gegensatz zum ‚Aberglauben‘ bildet und mit dem ‚Gott der Philosophen‘ ebenso wie mit dem ‚höchsten Wesen‘ und ‚Schöpfer des unermeßlichen Weltalls‘ identisch ist“[78]. Ignaz von Born (im Anhang wird seine Bedeutung für Mozart und Schikaneder ausführlich gewürdigt), Ideengeber und Anreger der *Zauberflöte*, schreibt in seiner Abhandlung über die ägyptischen Mysterien, dass der Sinn und Endzweck die Kenntnis der Natur sei. Und weiter heißt es bei ihm: „Diese [die Natur, w.f.] Zeugerinn [sic!], Nährerinn [sic!] und Erhalterinn [sic!] aller Geschöpfe verehren wir unter dem Bilde der Isis. – Nur jener deckt ihren Schleyer ungestraft auf, der ihre ganze Macht und Kraft kennet.“

So läge es nahe, dass die Königin der Nacht ihren Schleier für Tamino heben würde, was sie auch tut, jedenfalls einen Aspekt davon: den ihrer Numinosität als Mutter. Hierbei fungiert sie als Erhalterin und Ernährerin. Sie gewährt Tamino nicht nur ein Geschenk, die Flöte, sondern auch die Hand ihrer Tochter. Symbolisch gesehen lüftet sie ihren Schleier und zeigt sich als gute Mutter und Beschützerin. Ihre weiteren, dunklen Aspekte bleiben verborgen. Im Gegensatz zu Sarastro, der seine dunkle Seite symbolisch und bildhaft in Monostatos abgespalten hat, womit eine mögliche Bewusstwerdung verbunden ist, ist die Königin der Nacht ihrer Schattenseite hilflos ausgeliefert. Um ihren Willen durchzusetzen, greift sie nicht nur das Reich Sarastros an, sondern verstößt auch die eigene Tochter.

76 Assmann, *Zauberflöte*, 118.
77 Assmann, *Zauberflöte*, 119.
78 Assmann, *Zauberflöte*, 119.

Die Königin der Nacht als Sophia?

Was könnte es psychologisch bedeuten, würde sich die Königin der Nacht als Identifikations- oder Projektionsfigur aufdrängen? Anders gesagt und bezogen auf die Subjektstufe: Ich identifiziere mich mit der Königin der Nacht. Was bedeutet das für mich selbst?

Die Königin der Nacht ist eine überaus faszinierende Gestalt und verfügt über ein eindrucksvolles Potential. Die außerordentliche Qualität der Königin der Nacht liegt darin, dass in ihr Sophia, die Göttin der Weisheit, enthalten ist. Dass sie diese Fähigkeit in der Oper nicht nutzt oder nicht nutzen kann – und warum sie es nicht zu nutzen vermag –, darüber lässt sich spekulieren.

Wenn wir die Königin der Nacht als alleinerziehende Mutter betrachten und als Gattin, über deren Leben ihr Mann einfach bestimmt hat, sowie als fürsorgliche Herrscherin in ihrem Reich, dann fällt es schwer einzusehen, dass auch ihre Nachtseite durchaus real ist, ja sein muss. Von ihr wird verlangt, sich in einer patriarchalen Machtstruktur zu behaupten, indem sie sich unterordnet. Über ihr Leben wird bestimmt. Man gibt ihr keine Möglichkeit sich einzugliedern. Sie wird nicht einmal gefragt. Und mit welchem Recht kann man einer Mutter die Tochter entziehen bzw. entführen? Wo bleibt hier die menschliche Seite?

Die Königin der Nacht macht im Laufe der Oper aber eine nur bedingt nachvollziehbare Wandlung durch. Die treusorgende Mutter wird zu einer Mutter, die ihre Tochter zum Mord anstiftet und sie dann gar verstößt. Die Königin der Nacht erscheint uns zwiespältig und mäandert zwischen dunklen und lichten Aspekten. Sie selbst hat kein Bewusstsein über ihre dunkle Seite, sondern wechselt unvermittelt von einem Extrem ins andere.

Auch verkörpert sie den Eros, eine Seite mit der „man“ nicht diskutiert, sondern deren Zauber „man“ erliegt. Allerdings steht, wie bereits ausgeführt, die Umgebung in der sie wirken will, in einem denkwürdigen Kontrast zu Verzauberung, Hoffnung und Sehnsucht, die sie auch vermittelt. Ihr Reich ist kühl, beinahe steril ausgestattet. Und sie sucht nach Neubelebung. Der Seelenbringer und Vogelhändler Papageno soll dies bewerkstelligen. Im Gegensatz zu ihrem Widersacher Sarastro ist ihr Unbewusstes nicht abgespalten, wie bei ihm in der Person des Monostatos, und es tritt ihr Schatten nur bedingt projiziert auf. Dadurch aber, dass sie sich mit Monostatos, dem abgespaltenen Schattenanteil des Sarastro, verbündet, fällt sie hinter ihre eigene Entwicklungsmöglichkeit zurück.

Auf der Subjektstufe würde die Königin der Nacht den Zwiespalt zwischen liebender und dominanter Mutter verkörpern, also zwischen Herrschaft und Fürsorge. Die Aufgabe wäre es, beide Seiten so zu integrieren, dass die eine nicht auf Kosten der anderen abgespalten oder verdrängt werden muss. Die Entwicklungsmöglichkeiten sind groß, sie müssen aber so genutzt werden, dass die eigene Individuation keinen Schaden nimmt.

Am Ende der Oper bleibt die Königin der Nacht als tragische Figur zurück, die ihre Möglichkeiten nicht nutzen kann oder will, die alles verliert und verbannt wird und sich zur negativen Mutterimago wandelt, und die somit die Hekate der Demeter vorzieht, die verschlingt, statt zu gebären und verstößt, statt zu lieben.

Das Noch-Nicht

Mozart und Schikaneder verlegen folgerichtig die initiatische Kraft zur Wahrheit vom Reich der Königin der Nacht in das Sonnenreich des Sarastro. Damit ignorieren sie gleichzeitig die verschleierte Wahrheitsphilosophie, die Isis zugesprochen wird. Jan Assmann kommt dabei zum Schluss, dass die „Isis-Theologie" keine Rolle spiele und es in der Oper um das Ritual der Einweihung in ihre Mysterien gehe in der Absicht, dies „als einen Weg von der Täuschung zur Erkenntnis, von der Illusion zur Klarsicht, vom Aberglauben zur Wahrheit" darzustellen.[79] Doch das ist nur ein Aspekt der Einweihung. Gleichwohl ist die Kraft der Initiation in die Mysterien am Ende der Oper alles andere als einsichtig

79 „Diese ganze Isis-Theologie spielt in der *Zauberflöte* keine Rolle. Was Mozart und Schikaneder auf die Bühne bringen, ist das Ritual der Einweihung in ihre Mysterien. Dies stellen sie dar als einen Weg von der Täuschung zur Erkenntnis, von der Illusion zur Klarsicht, vom Aberglauben zur Wahrheit. Die verwandelnde Handlung interessiert sie, nicht die wenig bühnenwirksame Philosophie und Theologie, die dahintersteht. Für zeitgenössische Ohren klingt das alles aber mit bei der Rede von den ‚Mysterien der Isis'." (Assmann, *Zauberflöte*, 119f)

und bleibt trotz allem merkwürdig verschleiert. Und obwohl verbal offen gelegt wird, wie die Feuer- und Wasserprobe abläuft und was sie bedeuten soll, bleibt ihr Zweck, wenn man davon ausgeht, dass er nicht allein in der Stärkung der Beteiligten besteht, verborgen und entzieht sich dem Betrachter.

Nach einer sehr kurzen Einweihungsszene bleibt ein unbefriedigenden Beigeschmack zurück. Immerhin sollte dies doch den oder zumindest einen Höhepunkt der Oper darstellen. Immerhin strebt alles auf diesen Höhepunkt zu, so dass ein dramaturgischer – und vor allem ausführlich dargelegter – Höhepunkt zu erwarten wäre.

Fazit: Alles kann wohl nicht offenbart werden und ein wenig Isis-Philosophie – und damit Königin der Nacht Einstellung – ist in der Schlussszene präsent. Dazu schreibt Jan Assmann: „Einweihung bedeutet nämlich nicht nur Erkenntnis der Wahrheit, sondern auch Demaskierung der bisherigen Täuschung."[80] Der Schleier der Königin der Nacht – und damit Unwissenheit und Verführung, Täuschung und Manipulation – verwandelt sich durch das Mysterium der Isis zur Offenbarung von Weisheit und *Ent*-Täuschung im Sinne einer Aufhebung von Täuschung, also hin zur Wahrheit.

Worin besteht diese Wahrheit? Jan Assmann sieht den Kerngedanken der Oper in der „inneren Wandlung", der Vorurteile und Fremdbestimmung offen legt. Dabei wird den handelnden Personen und dem Zuschauer zuerst eine Illusion geboten, die wieder zurückgenommen wird.[81]

Der erste Akt ist geprägt von einem *Noch-Nicht*. Alle Möglichkeiten scheinen offen. Wenn Assmann von einer „Irreführung des Helden" und des Zuschauers spricht, so ist dies folgerichtig, doch sprechen die symbolischen Implikationen auch dafür, dass anderes latent vorhanden ist. Weitere Möglichkeiten und Chancen sind da.

So gesehen kann man zwar von einer „Illusionierung" sprechen, würde dabei aber die latente initiatorische Kraft des ersten Aktes

---

80 Assmann, *Zauberflöte*, 134.

81 „Als semantische und ästhetische Kernidee der *Zauberflöte* möchte ich den Gedanken der inneren Wandlung oder Konversion ansehen, der radikalen Trennung von Vorurteilen, fremdbestimmten Wertbegriffen und Zielsetzungen, des durchgreifenden Sinneswandels, den Schikaneder und Mozart in Form einer ‚Illusionierung' und anschließenden ‚Desillusionierung' sowohl der Protagonisten (Tamino und Pamina) als auch der Zuschauer inszenieren" (Assmann, *Zauberflöte*, 280).

unterschlagen, der all das symbolisch verschlüsselt bietet, was der zweite Akt offenlegt. Der Schleier der Isis ist hier wirksam.

Der lange kolportierte Bruch der *Zauberflöte* ist dann obsolet, wenn die symbolische Sprache der Oper berücksichtigt wird, eben weil der erste Akt das „Dunkle", Noch-nicht-Ebenbild des zweiten darstellt. Würden beide Akte von ihrer initiatorischen Ausrichtung her wie zwei Folien übereinander geschoben, wäre kein essentieller Unterschied in ihrer symbolischen Aussage auszumachen. Hier wie dort walten die gleichen Strukturen und Gesetze, trotz der aufgezeigten Unterschiede: Vorrang der Sonne vor dem Mond, des Lichtes vor der Dunkelheit, der Erkenntnis und der Bewusstwerdung vor Unwissenheit und Unbewusstsein. Der große und wesentliche Unterschied ist jedoch der, dass in der Mondsphäre der Königin der Nacht diese Strukturen unerkannt – verschleiert – bleiben, im Reich der Sonne aber offenbart werden.

Statt von Illusionen und Täuschungen auszugehen, wäre es angebrachter, aufgrund der Symbolik, von einem Moment des „Noch-Nicht" zu sprechen. Man wird in der Oper nicht getäuscht, sondern es legt sich ein Schleier des Noch-nicht-Wissens über die Protagonisten und Zuschauer. Die lunare Sphäre ist das Noch-Nicht der solaren Erkenntnis. Der Prinz Tamino ist der Noch-nicht-Mensch Tamino.

Einen Wechsel im Grade der Illusion gibt es demnach nicht. Es gibt nur einen Ort der Erkenntnis. Und dieser muss nur bedingt am Ende der Oper liegen. Er kann auch am Anfang sein oder bei jeder anderen Szene. Das Einweihungs-Ritual ist nur bedingt die Antwort auf das Rätsel der *Zauberflöte*. Anders gesagt: Jede Szene ist gleich weit von der Möglichkeit einer Erkenntnis und Einsicht entfernt.

Das Ende ist im Anfang

Die Frage nach dem Sinn der *Zauberflöte* erschöpft sich nicht im Blick auf das Ende. Das Ende ist bereits im Anfang enthalten. Wenn dies folgerichtig weitergedacht wird, dann wird ein völlig neuer Aspekt dieser märchenhaften Oper deutlich, der, dass Einweihung und Auflösung am Ende nur den offenbaren Aspekt der Bewusstwerdungsmöglichkeit darstellen. Diese wäre von Anfang an möglich gewesen.

Beispielsweise ruft Tamino um Hilfe statt zu schweigen. Hätte er geschwiegen, so hätte er seine Kräfte sammeln und der Schlange entrinnen können. Er hätte Tapferkeit, Mut und Besonnenheit gezeigt, also die erste Schweigeprüfung bestehen und den Tod – im Sinne des Verschlungenwerdens – überwinden können.

Selbstverständlich ist es müßig darüber zu spekulieren was „hätte" geschehen können oder eben „was wäre wenn ...". Es geht aber auch darum, aufzuzeigen, dass aufgrund einer symbolischen Betrachtungsweise etwas schon im ersten Akt symbolisch möglich angelegt ist, aber nicht genutzt wurde und durch die Instrumente der Psychologie C.G. Jungs offenbart werden kann.

Wenn der zweite Akt durch das Ritual der Einweihung in die Priesterschaft und das Herrscheramt geprägt ist, so sollte dies als bewusste Absicht des im ersten Akt angelegten Möglichen erkannt werden.

Damit beantwortet sich die Frage nach Pamina. Eben weil sie als Bild im ersten Akt für Tamino anwesend ist, kann sie als von ihm erlebte Gestalt mit an der Initiation teilnehmen. Das Bild wird zum Gegenüber, das wiederum mittels Initiation internalisiert wird.

Anders gesagt: die Wandlung, die das Bild Paminas bei Tamino auslöst, wird durch die „echte" Pamina manifestiert und integriert und zwar in einem parallaktischen Dazwischen. Das Symbol des Dazwischen ist das Selbst. Und sein Medium ist die Individuation. Warum dies so ist, wird nun zu zeigen sein.

Unsterblichkeit ist nicht gleich Unsterblichkeit

Fassen wir kurz zusammen: Mit Blick auf die Idee der Mysterien, bei denen nicht nur Gottgleichheit oder besser: Eingang in die Gefilde der Götter zu erlangen, sondern Unsterblichkeit zu erreichen das Ziel ist, kann, untermauert durch die ausführliche Darstellung der Bedeutung der Schlange angenommen werden, dass schon zu Beginn der *Zauberflöte* die Begegnung Taminos mit der Schlange initiatorischen Charakter hat. Dabei unterstreicht die Schlange in ihrer Symbolik den Aspekt der Unsterblichkeit, der sich bei der Königin der Nacht und ihrem Reich ergibt, wenn ihre mythologischen Vorbilder mit einbezogen werden.

Mit anderen Worten: Das Umfeld der Königin der Nacht steht für die Verheißung der Unsterblichkeit und des ewigen Lebens. Jener Gedanke trifft sich mit der solaren Wirklichkeit Sarastros, wobei dieser sich in der Einweihung in die Mysterien des Priesterbundes als Überwindung des Todes – und damit als ewiges Leben – manifestiert.

Obwohl aber beide Ziele den gleichen Namen tragen, unterscheiden sie sich graduell. Es handelt sich um eine *lunare* und *solare* Unsterblichkeit. Die eine durchpulst der Gedanke einer passiven ewigen Wiederkehr und zyklischen Erneuerung (*lunar*). Die andere ist geprägt von einer bewussten Überwindung des Todes im Sinne einer tätigen Verbindung zwischen Diesseits – die Sphäre der Herrschaft von Tamino und Pamina – und Jenseits – die Aufnahme bzw. Segnung durch die Götter (*solar*). Dieser Gedanke wird uns dann noch bei der Initiation und der Elementenprobe beschäftigen.

Die Anwesenheit der Abwesenheit

Eines der Merkmale der Königin der Nacht im ersten Teil der Oper ist ihre Abwesenheit, paradoxerweise verbunden mit einer beinahe ständigen Präsenz, denn trotz ihrer Bedecktheit ist sie immerwährend anwesend. Sie erscheint nur einmal leibhaftig, ist selbst da räumlich „entrückt", taucht also plötzlich auf und entschwindet plötzlich, ohne Nähe hergestellt zu haben.

Die Königin der Nacht ist keine Königin zum Anfassen. Dennoch „überschattet" sie das Geschehen, wenn nicht gar große Teile der Oper. Von ihr wird gesprochen, in ihrem Auftrag wird gehandelt, ihre Wünsche werden vorgebracht und erfüllt. Sie ist anwesend wie ein Geist, ein Bild, ein *Gespenst*. Dessen ungeachtet obliegt ihr die alleinige Verantwortung für ihr Reich und sie trägt große Verantwortung als Herrscherin und Mutter.

Zu einfach wäre es, sie nur als Mutter und starke Frauengestalt zu sehen. Ebenso zu kurz gegriffen wäre es, sie als eine berechenbare, auf ihren eigenen Vorteil bedachte, manipulative Gestalt zu sehen. Sie verkörpert beide Seiten. Mehr können wir vorerst an dieser Stelle der Handlung nicht über sie sagen.

Der weitere Gang der Handlung

Betrachten wir den weiteren Handlungsfluss: Tamino entschließt sich, Pamina zu befreien und macht damit den ersten bewussten Schritt auf dem Weg zur Selbstwerdung. Papageno wird das Schloss abgenommen unter der Auflage, nicht mehr zu lügen. Es wird der Name des Entführers genannt: Sarastro. Tamino erhält die Zauberflöte, die die wundersame Eigenschaft hat, die Leidenschaften der Menschen zu verwandeln. Papageno wird ihm als Gefährte zugeteilt und verfügt über ein silbernes Glockenspiel.

Drei Knaben schweben einher, um Tamino und Papageno zu Sarastros Burg zu führen. Auf dem Weg dorthin werden Tamino und Papageno getrennt. Papageno meint später zu Pamina, dass er keine Knaben gesehen hätte und der Prinz ihn vorausgeschickt habe.

Papageno trifft bei Paminas Fluchtversuch ein, genau in dem Moment, als sie von Monostatos, dem „alles belauschenden Mohr", wieder eingefangen wird. Monostatos hatte sie anscheinend vergewaltigen wollen, aber Paminas Hilferuft nach Sarastro ließ ihn „stumm und unbeweglich stehen" und sie nutzte die Gelegenheit zur Flucht.

Nun bringt Monostatos die Ausreißerin wieder zurück. Er und Papageno begegnen sich, erschrecken voreinander und fliehen. Monostatos hält Papageno für den Teufel.

Monostatos, der sich allein schon durch seine Hautfarbe von anderen unterscheidet, verkörpert all das, was man sich naiverweise unter einem „schwarzen Mann" vorstellt.[82] Seine Aufgabe ist es, den Gegenpart zu Sarastro einzunehmen und seine lichte Seite auszugleichen. Er ist die „schwarze" Sonne neben der hellen, strahlenden des Sarastro. Gegenseitig bezeichnen er und Papageno sich als „Teufel". Papageno erfängt sich als erster wieder und schließt logisch: „Es gibt schwarze Vögel, warum nicht auch schwarze Menschen?" – Beginnt damit nicht, eben erst in Sarastros Reich angekommen, eine erste Loslösung von fern- oder fremdgesteuertem hin zum eigenständigem Denken?

---

82 Sobald über oder durch Monostatos eine Verknüpfung zur Realität hergestellt wird, muss diese aufgelöst werden. Sobald sich die Überlegungen in einem allegorisch-symbolisch vorurteilsbeladenen und daher entlarvenden Rahmen halten, haben sie ihre Berechtigung.

Das Gewirr der Verbindungen

Tamino steht vor drei Tempeln: jenem der Weisheit in der Mitte und zwischen den Tempeln der Vernunft und der Natur. Er mutmaßt hier den Sitz der Götter, denn die Säulen der Tempel zeigen an, dass Klugheit, Arbeit und Künste hier zu Hause sind. Tamino muss sich aber in den sarastrischen Bund aufnehmen lassen, um durchschauen zu können, was dort geschieht und warum.

Später verweilt Tamino allein im Wald und spielt auf der Flöte. Wie einst bei Orpheus gesellen sich ihm friedlich die wilden Tiere zu. Da hört er Papagenos Flöte und sie finden sich. Monostatos entdeckt beide und will sie gefangen nehmen, doch bringt ihn Papageno mit dem Glockenspiel zum Singen und Tanzen.

Sarastros Erscheinen wird angekündigt. Er kommt mit seinem Gefolge auf einem Triumphwagen sitzend, der von sechs Löwen gezogen wird. Sarastro hört sich Paminas Klage an und verspricht, ihr keinen Zwang anzutun, will ihr aber die Freiheit nicht zurückgeben. Durch Monostatos Vermittlung sehen sich Pamina und Tamino zum ersten Male. Sie fallen sich in die Arme, werden aber von Monostatos getrennt. Sarastro ordnet an, dass Tamino und Papageno verschleiert in den Prüfungstempel zu führen sind. Zuerst müssen sie „gereinigt“, also geprüft und von ihren Vorurteilen befreit werden. Papageno und Tamino sollen in die Bruderschaft des Sarastro und in den Tempel der Weisheit initiiert werden. Sarastro geht mit Pamina ab, Papageno und Tamino folgen den Priestern. Damit endet der erste Aufzug.

Die Entschleunigung der Oper

Das feine Netz der Oper, ihr initiatischer Gang, wird durch Zwischenschritte *entschleunigt*. Es gibt Szenen, die die Handlung aufhalten, einen Nebenstrang aufnehmen, ihn weiterführen und plötzlich wieder fallenlassen. Nicht immer ist die Handlung gradlinig und einsehbar. Wir wissen nicht, warum sich Tamino und Papageno getrennt haben. Wir wissen nicht, warum Monostatos Pamina anvertraut bekam und inwieweit Sarastro die „dunkle“ Seite seines Vertrauten kennt. Es zeichnet sich ab, dass Monostatos eine kleine Privatarmee zusammengestellt hat und ohne weiteres bereit wäre, zum Lager der Königin der Nacht überzulaufen. Aber auch dies geschieht im Hintergrund.

Sarastro – Die Sonne – Er lebe

Endlich erscheint Sarastro, der von *sechs Löwen oder Sklaven gezogen* in das Geschehen eingreift. Sarastro, seine Symbole sind Sonne und Löwe, ist der legitime Herrscher über beide Reiche, kann aber nur über eines seine Herrschaft ausdehnen.

Sarastro wird offensichtlich als symbolischer Vertreter der Sonne eingeführt. Symbolisch und psychologisch gesehen bleibt die Sonne in ihrer Strahlkraft unveränderlich. Es gibt bei ihr kein Werden und kein Vergehen. Das Dunkle berührt sie nicht und dennoch geht ihre Strahlkraft gegen die Dunkelheit an.

Der initiierte und zyklisch wiederkehrende Kampf zwischen Hell und Dunkel – Licht und Schatten – wurde aber im Laufe der Zeiten zu einer einseitigen Angelegenheit: Licht soll ständig dominieren und das Dunkel eliminiert werden. Auch in der Wahrnehmung des neuzeitlichen Menschen gehört das Dunkle nicht mehr zum Sein, sondern nimmt eine Antistellung dazu ein. Es bedroht das Licht, respektive Leben und Erkenntnis. In einer einseitigen symbolisch-anthropologischen Sichtweise von Sonne, Erleuchtung und Illumination wird nun davon ausgegangen, dass Dunkelheit überwunden werden müsse und das Licht allein strahlen solle.

Wie aber kann Licht ohne Dunkelheit wahrgenommen werden? Die Auslöschung des Dunklen wird notwendigerweise zur Schattenseite des „Lichtes“. Vergessen wir nicht, dass beides zusammengehört. Gerade die jungsche Psychologie lehrt und bewahrt die Erkenntnis, die auch in der *Zauberflöte* ihren Niederschlag findet (und beinahe zeitgleich noch mehr in Goethes *Faust*), dass der Schatten zum Menschsein dazugehört. Er kann nicht integriert, wohl aber können seine Inhalte nach und nach erkannt, bewusst gemacht und umgewandelt werden. Das Dunkle und das Helle, Mond und Sonne, Schatten und Licht bilden eine, wenn auch ambivalent zu sehende, Einheit.[83]

Möglicherweise ist sich Sarastro dessen bewusst, dass Licht und Dunkel (Sonne und Mond) zusammen gehören und möglicherweise erinnert er sich daran, dass er und die Königin der Nacht eine gemeinsame Vergangenheit haben. Beiden gehörte die Gunst von Pa-

83 Vgl. dazu: Eliade, *Heilige*, 138f.

minas Vater. Die Königin der Nacht war seine Frau und er der zukünftige Nachfolger. Vielleicht zögert er deshalb, die Königin der Nacht zu zerstören und schickt sie und seinen „Schatten" Monostatos „nur" in den Abgrund.

Sarastro ist der italienische Name für *Zarathustra*. Der persische Religionsgründer Zarathustra stiftete eine monotheistische Religion, die sich vom Kampf zwischen Gut und Böse geprägt zeigt. Das Gute soll am Tag des jüngsten Gerichtes siegen, doch bis dahin hätten die Menschen die freie Wahl, sich zu entscheiden. Gute Gedanken, Worte und Taten zeichnen den Weg der Wahrhaftigkeit aus.

Sarastro scheint die Philosophie des freien Willens ernst zu nehmen. Wie sich im Laufe der Handlung zeigt, greift er immer erst im letzten Moment ein, um Unheil abzuwenden.

Der siebenfache Sonnenkreis

Sarastro ist im Besitz des *siebenfachen Sonnenkreises*, den er auf seiner Brust trägt, und der ihm von Paminas Vater als Symbol der Macht verliehen wurde. Er solle ihn „männlich", was bedeutet mit Umsicht, Klugheit und Vernunft verwalten. Das kann ein Grund sein, warum er die Königin der Nacht nicht gewaltsam zwang, ihm ihr Reich zu überantworten, sondern zu einer folgenreichen List ausholte.

Der siebenfache Sonnenkreis ist als eine Ganzheit anzusehen, als ein Symbol des Selbst. Weil man gewohnt ist, in geraden Zahlen und Verhältnissen zu denken, mag dies erst auf den zweiten Blick einsichtig sein. Ausgehend von der Vierheit, der Quaternio und deren Vielfachen, wird angenommen, dass *der Drei* ein Teil zur Vier fehle, um „ganz" zu sein. Deshalb könnte man auch annehmen, dass der Sieben eines zur Acht fehlt. Dabei wird vergessen, dass der *siebenfache Sonnenkreis* in sich eine Ganzheit darstellt und die sieben Planeten und damit die astrale Sphäre symbolisiert. Er versinnbildlicht die transzendentale Sphäre des Makrokosmos im klassischen Sinne.

Zu den sieben klassischen Planeten gehören auch Sonne und Mond. Sie nehmen aber in Bezug auf Symbolik eine Sonderstellung ein. Sonne und Mond sind Planeten und, je nach Kontext in dem sie auftauchen, Sinnbilder von Hell und Dunkel, Licht und Finsternis, Tag und Nacht, Mann und Frau usw. In dem Sinne sind beide, Sarastro und die Königin der Nacht, Hell und Dunkel, Tag und Nacht, Licht und Schatten, Mann und Frau usw. ewige, archetypische Symbole des Prinzips der Dualität. Sie sind auf dem ersten Blick Gegensätze, implizieren bzw. fordern aber ihre Ergänzung.

Deshalb kann die Königin der Nacht nur bedingt dem „Planeten" Mond zugeschrieben werden, eben weil der Mond dem siebenfachen Sonnenkreis angehört. So ist es konsequenter, die Königin der Nacht auch als *Mondgöttin*, als *Göttin der Nacht und des Sternenhimmels* anzusehen.

In der Regieanweisung zum ersten Auftreten der Königin der Nacht heißt es: „Die Königin sitzt auf einem Thron, welcher mit transparenten Sternen geziert ist." Ihr Beiname lautet „sternflammende Königin der Nacht". Sie ist Symbol der Dunkelheit, der Nacht und des Sternenlichtes – genau genommen der Flammen der Sterne und nicht der Sterne selber. Und ihre Muttergestalt ist *das* Symbol der Mondgöttin.

Wäre es für Sarastro nicht möglich gewesen, die Königin der Nacht als Mondgöttin mittels des siebenfachen Sonnenkreises zu bezwingen? Könnte er nicht den Sternenkreis magisch manipulieren und auf den „Mond" respektive die Königin der Nacht, einwirken? Offensichtlich war oder ist dies nicht vorgesehen.

Weil aber der Mond eben auch Teil des Sonnenkreises und dieser ein Attribut der Königin der Nacht ist, kann Sarastro indirekt Einfluss ausüben, indem er Gedanken und Ideen manipuliert. Der Sonnenkreis ist offensichtlich ein Medium, um Macht über andere auszuüben, Gedanken zu steuern und zu beeinflussen. Sarastro wäre also in der Lage, der Königin der Nacht Gedanken zu schicken!

Sieben und Sieben

Sieben ist nicht nur eine symbolische Zahl für die Planeten, sondern auch eine Ordnungszahl, in der sich eine universale und ewige Ordnung ausdrückt. Damit symbolisiert der siebenfache Sonnenkreis eine Ganzheit, was bedeutet, dass der Bewahrer des Sonnenkreises auch der Lenker des Makrokosmos ist bzw. sein kann.

Die Siebenzahl ist auch in der Freimaurerei fest verankert. In einer Wiener Freimaurerhandschrift aus dem 18. Jahrhundert von Joseph Baurnjöpel heißt es zur Zahl Sieben, dass der Freimaurer-Geselle durch sieben Stufen zum Vorhaus oder der Halle des Tempels aufsteige, wobei die sieben Stufen die sieben freimaurerischen Wissenschaften bedeuten sowie die sieben Laster, die sie „fliehen" und die sieben Gaben des „heiligen Geistes, welche er sich von Gott erbitten müsse". Weiterhin wird auf die mittelalterliche Tradition der *Septem artes liberales* – der Sieben freien Künste – Bezug genommen: Grammatik, Rhetorik und Dialektik, sowie Arithmetik, Geometrie, Musik und Astronomie.[84]

In einer zeitgenössischen Abhandlung der Freimaurer *Aus der Unterrichtung eines Freimaurers über die Bedeutung der Zahlen 3, 5 und 7* aus dem 18. Jahrhundert heißt es: „3 macht das Wesen einer Loge aus, aus 5 besteht sie und 7 macht sie vollkommen."[85] Es müssen sieben Personen anwesend sein, um die Logenarbeit beginnen zu können.

Sieben wird auch als Ruhezahl bezeichnet.[86] Als „Lehrling" erhält man sieben Belehrungen über die erste Bewegung des „ewigen Lichtfeuers" und darüber, wie die Natur zu verstehen sei, warum die Naturwissenschaft die erste sei, vom Anfang aller Wesen, von der Erschaffung Lucifers, der sieben Thronengel und aller „Licht-Geschöpfe", vom Fall Lucifers und von der Ursache des Chaos.[87] Zur Sieben heißt es noch: „Weil darinnen der Urstoff aller Wesen, die zwei Bestandtheile und die vier Eigenschaften der würkenden Kraft bestehet."[88] Und die 7 wird in den Planeten als „Kreisbahn des Lichts" gesehen.[89] Der 7. Grad der Freimaurerei lautet: „Von der wahren arbeitenden Maurerei oder Grad der Magus, Magous, der Ritter der Klarheit und des Lichtes."[90]

Damit wird nicht nur eine deutliche Beziehung zu einer „Geheimgesellschaft" in der Sieben offensichtlich, sondern die Verbindung der Sieben zur Ober- und Unterwelt, zum Fall Luzifers und damit – indirekt – zu seiner Überwindung bzw. zur Wiederherstel-

84 Vgl. dazu: *Eine Wiener Freimaurerhandschrift aus dem 18. Jahrhundert von Bruder (Joseph) Baurnjöpel.* Herausgegeben und transkribiert von Friedrich Gottschalk (Graz 1986), 235.
85 *Signatstern* (Berlin, 1803), 61.
86 *Signatstern* (Berlin, 1803), 70.
87 *Signatstern* (Berlin, 1803), 83.
88 *Signatstern* (Berlin, 1803), 112.
89 *Signatstern* (Berlin, 1803), 140.
90 *Signatstern* (Berlin, 1803), 211.

lung der Ordnung. In dem Sinne bedarf der siebenfache Sonnenkreis des Bewusstseins und einer ihm übergeordneten Instanz, die ihm als *Sonne* (= Sarastro) angehört und ihn als *Sol* lenkt. Man kann nur das lenken, wovon man kein Teil, womit man aber dennoch verbunden ist. Sarastro unterscheidet sich also vom siebenfachen Sonnenkreis und ist dennoch Symbol der Sonne. Eine solche Sonne ist daher ein Symbol der Helligkeit, des Lichtes und der Weisheit. Es ist *Gold*, während Mond *Silber* ist und damit Reflexion des Goldes und ihm nachgeordnet.[91]

Wie geht es in der Handlung weiter? – Pamina bittet Sarastro um ihre Freilassung, also um Lösung dieser Bindung. Sarastro gewährt es nicht. Das heißt, er löst die Bindung nicht auf, sondern verfestigt sie noch. Aber er verfügt auch eine Strafe: 77 Sohlenstreiche für Monostatos aufgrund seiner Übergriffe auf Pamina. Er maßregelt das Verhalten von Monostatos, der eigene Bindungen gewaltsam knüpfen will, statt die Bindung Sarastros – seinen „Entführungs-Plan“ – zu unterstützen.

Die doppelte Sieben deutet auf Bewusstwerdung hin: Sarastro wird sich seiner eigenen dunklen Seite bewusst, personifiziert nicht nur durch das Aussehen, sondern vor allem das Verhalten Monostatos'. Die Sieben ist verdoppelt, psychologisch übersetzt meint dies, dass eine Einsicht ins Bewusstsein drängt. Es handelt sich aber nur bedingt um eine Strafe. Dass sie nicht ausgeführt wird, deutet auf eine Bewusstseinsschwäche des Sarastro hin. Monostatos kann weiterhin seinen Plänen nachgehen, die im Dunkeln liegen – also im Unbewussten schlummern und damit Sarastro verborgen sind.

Was geschieht mit Tamino? Dieser will sich an die Priesterschaft und deren Ziele und Absichten binden, indem er um Initiation und Einweihung bittet. Es werden deshalb Vorbereitungen zu seiner Prüfung getroffen. Tamino ist nun dabei, sich aktiv vom Einfluss der Königin der Nacht zu lösen und eine neue, vernünftige bzw. bewusst gewählte Verbindung einzugehen.

---

91 Nach einer symbolisch-alchemischen Lesart bietet es sich an, aus Sonne und Mond das Männliche und das Weibliche herauszudestillieren. Es ist in diesem Zusammenhang müßig darauf hinzuweisen, dass es „das“ Männliche und „das“ Weibliche nicht gibt und dass eine solche Unterscheidung im Zuge einer allgemeinen Emanzipation und Bewusstwerdung patriarchalischer und matriarchalischer Strukturen überflüssig sei und angemahnt werden müsse, weil dadurch lediglich überholte Bewusstseinsstrukturen ausgedrückt würden.

Die geprüfte Erhöhung

Der zweite Akt der Oper ist durch die Vorbereitung Taminos auf seine Einweihung und die damit verbundene Aufnahme in den Kreis der Getreuen um Sarastro geprägt. Es wird dabei offensichtlich, dass Tamino als Eingeweihter *und* als Nachfolger Sarastros erwählt wurde.

Die sich um die Einweihung gruppierenden Handlungselemente sind Nebenstränge, die mehr oder weniger parallel laufen oder den Fortgang der Handlung stützen. Die unreflektierte Leidenschaft Taminos für Pamina, verschiebt sich zugunsten einer anderen Begeisterung: Eingeweihter zu werden. Beides kann aber nebeneinander bestehen bzw. ist miteinander verwoben. Für Pamina *und* sein „Seelenheil“ ist Tamino bereit, sich jeder Prüfung zu unterwerfen.

Obwohl nach der Beratung Sarastro und der Priesterchor über das „neue Paar“ singen:

O Isis und Osiris schenket
Der Weisheit Geist dem neuen Paar!
Die ihr der Wandrer Schritte lenket,
Stärkt mit Geduld sie in Gefahr –
Lasst sie der Prüfung Früchte sehen.
Doch sollten sie zu Grabe gehen,
So lohnt der Tugend kühnen Lauf,
Nehmt sie in euern Wohnsitz auf.

ist es zu diesem Zeitpunkt allein Tamino, der geprüft wird. Pamina unterzieht sich keiner vorbereitenden Prüfung und wird eher *zufällig* zur Einweihung in die Mysterien von Isis und Osiris zugelassen.

Geographisch und rituell gesehen sind wir auf das alte Ägypten festgelegt. Die Architektur, die Bezugnahme auf die Götternamen, die Symbolik … all das verbreitet eine ägyptische Atmosphäre. Ägypten bildet aber lediglich den Rahmen für die Einweihungszeremonie, die sich inhaltlich eher am antiken Griechenland orientiert, genauer: an der Mysterienwelt von Eleusis oder Orpheus. (Siehe dazu im Anhang die Beziehung Taminos zum mythologischen Orpheus.)

Osiris

Es war der römische Historiker Plutarch, der eine bis heute bekannte Version des Osirismythos in seiner Abhandlung *De Iside et Osiride* aus dem 2. Jahrhundert n. Chr. überliefert. Erzählt wird die Geschichte von Osiris, der ein legendärer ägyptischer Herrscher gewesen sein soll. Er war berühmt wegen seiner Strenge und Gerechtigkeit und wurde aus Neid von seinem Bruder Seth getötet.

Isis, der Ehefrau des Osiris gelingt es, von ihrem toten Gatten schwanger zu werden. Sie gebiert Horus, der Seth herausfordert. Dieser reißt Horus ein Auge aus, unterliegt ihm aber im Zweikampf. Von dort hat das „Horusauge" seinen Ursprung, das als ägyptische Hieroglyphe und als „allsehendes Auge" bis heute auf Darstellungen zu finden ist.

Horus bietet seinem Vater das Auge an und verkündigt in der Unterwelt, dass er der legitime Nachfolger seines Vaters sei. Osiris wird wieder lebendig. Mircea Eliade schreibt, Horus habe seinen Vater in einem Zustand der Bewusstlosigkeit und der körperlichen Erstarrung antgetroffen. Ihm gelingt es, Osiris wieder zu beleben. („Osiris! Schaue! Osiris! Höre! Erhebe dich! Stehe auf!"). Osiris wurde von Horus als „Geistperson" – als Seele und Lebenskraft – auferweckt. Damit ist er für die Kräfte der Vegetation, Fruchtbarkeit und Fortpflanzung zuständig. Osiris selbst wird passiv dargestellt, d.h. er ist nie in Bewegung.[1]

Einer anderen Überlieferung zufolge zerstückelte Seth Osiris in 14 Teile und zerstreute sie über ganz Ägypten. Isis sammelte alle ein, bis aufs Geschlecht, das von einem Fisch verschluckt worden war, und bestattete die Körperteile. Der Konflikt zwischen Re, dem

1 Osiris wird nie in Bewegung dargestellt; wir kennen ihn nur ohnmächtig und passiv. Nach seiner Krönung, d. h., nachdem er die Krisenzeit („das Chaos") beendet hat, erweckt Horus den Osiris: „Osiris! Du warst fortgegangen, nun aber bist du zurückgekehrt; du schliefst, aber du wurdest geweckt: du starbst, aber du lebst von neuem" (Pyr., 1004ff). Doch wurde Osiris als „Geistperson" (= Seele) und Lebenskraft auferweckt. Er ist es, der fortan die Fruchtbarkeit der Vegetation und alle Kräfte der Fortpflanzung gewährleisten wird. Er wird als Personifikation der ganzen Erde beschrieben oder mit dem weltumspannenden Meer verglichen. Schon um 2750 symbolisiert Osiris die Quellen der Fruchtbarkeit und des Wachstums. Anders ausgedrückt, Osiris, der gemordete König (= der verstorbene Pharao) gewährleistet das Wohlergehen des Reiches, das von seinem Sohne Horus (repräsentiert von dem soeben eingesetzten neuen Pharao) regiert wird" (Eliade, *Gesch. d. religiösen Ideen* I, 98).

Sonnengott, und Osiris wird nach und nach zugunsten von Osiris-Horus als Vater-Sohn-Verhältnis entschärft. Der Pharao als Repräsentant von Horus *und* Osiris wird zum Symbol von Kontinuität und Fruchtbarkeit „denn das Vater-Sohn-Verhältnis Osiris-Horus garantierte die Kontinuität der Dynastie und gewährleistete darüber hinaus das Gedeihen des Landes. Als Quelle allgemeiner Fruchtbarkeit sicherte Osiris der Herrschaft seines Sohnes und Nachfolgers Wohlergehen und Gedeihen“[2].

Osiris mutiert zur Grundlage der Schöpfung: „Ob ich lebe oder sterbe, ich bin Osiris. Ich durchdringe dich, und durch dich erscheine ich wieder; ich vergehe in dir, und ich wachse in dir… Die Götter leben in mir, weil ich in dem Getreide, das sie ernährt, lebe und wachse. Ich bedecke die Erde; ob ich lebe oder sterbe, ich bin die Gerste, mich zerstört man nicht. Ich habe die Ordnung durchdrungen… Ich bin zum Herrn der Ordnung geworden, ich tauche aus der Ordnung auf…“[3]

Als Symbol für Lebenskraft, Geist, Seele, Erneuerung und das Weiterleben nach dem Tode steht Osiris ein. „Osiris wird zum Vorbild aller, die hoffen, den Tod zu besiegen.“[4] Der ermordete und zerstückelte Osiris wird wieder lebendig und zu einer initiierten Person, die Leben und Tod, Welt und Unterwelt kennt. Er verkörpert den von den Toten auferstandenen Menschen, der ewig lebt und den Tod überwunden hat. Jeder Ägypter soll durch den vollzogenen Toten-Ritus zu Osiris werden und dadurch ebenfalls den Tod überwinden. Der regierende Pharao wird nun zu Horus und der Verstorbene zu Osiris. Osiris verkörpert folglich zwei Eigenschaften: die Überwindung des Todes sowie Fruchtbarkeit bzw. Wachstum. Herrschaft und Macht auf der einen und Leben und Tod auf der anderen Seite werden im Osirismythos miteinander versöhnt und ausgeglichen.

Die Rolle der Isis ist ebenfalls komplex. Sie ist nicht nur Gattin des Osiris, sondern auch seine Schwester. Damit ist sie Teil des Osiris und immer wenn er genannt wird, ist sie latent vorhanden – und umgekehrt. Isis ist eine weise Frau und Zauberin, die durch ihre Künste machtvoll wirkt. Sie ist eine „Muttergottheit“ und wird als Mutter des „Min“, des Amun, des Re, des Upuaut u. a. verehrt.

2 Eliade, *Geschichte der religiösen Ideen* I, 99.
3 Zitiert nach Eliade, *Geschichte der religiösen Ideen* I, 99.
4 Eliade, *Geschichte der religiösen Ideen* I, 99.

In der griechisch-römischen Zeit wird Isis weit über Ägypten hinaus berühmt als kosmische Gottheit, Lenkerin der Gestirne, Gebieterin der Heimarmee, Königin der Meere und Retterin der Schiffbrüchigen. Sie wird zu einer Heils- und Erlösergottheit und zur Mondgöttin. Ihre Nähe zu Maria – verkörpert durch die säugende Isis mit dem Horuskind – und zu Hathor ist auffallend.

Die Isis-Osiris-Mysterien der Oper

Was besagt es, dass Isis und Osiris in der *Zauberflöte* auftauchen, dass sie angerufen und die Protagonisten sogar in die Mysterien der Isis eingeweiht werden?

Wie bereits gezeigt, werden Isis und Osiris zu Beginn des zweiten Aktes im ersten Auftritt durch Sarastro erwähnt, der bei der Versammlung der Priester – „Ihr, in dem Weisheitstempel eingeweihten Diener der großen Götter Osiris und Isis!" – für Tamino bürgt. Die Priester stoßen drei Mal in ihre Hörner und geben damit ihre Zustimmung zur Einweihung des Tamino in die Mysterien dieses Priesterbundes, der sich offensichtlich am Isis- und Osiris-Mythos als Kommunion von Macht und Unsterblichkeit orientiert. Haben wir es aber tatsächlich mit einer Einweihung in die Mysterien der Isis zu tun?

Es ist offensichtlich, dass der Zauberflöten-Ort „Ägypten" nicht das Alte Ägypten ist, sondern ein imaginäres, in dem Vorstellungen über Antike Mysterien als Garant für Weisheit und Wissen, für Offenbarung und einem weiteren Zugang zu Erkenntnis dienen. Dabei geht es nicht nur um ein aufklärerisches, vernünftiges Wissen, sondern auch um traditionelles, überliefertes Wissen.

Der Vernunft alleine wird eine umfassende Erkenntnis nicht zugetraut. Die Einwände und Überlegungen aller beteiligten Protagonisten zeigen zwar, dass es ihnen an Verstand und Vernunft nicht mangelt und auch nicht daran, diese gezielt und zielgerichtet einzusetzen; aber das zusätzliche Einbeziehen von Ritualen demonstriert den Glauben an eine Initiierung in die Alten Mysterien verbunden mit der Vorstellung der Teilhabe an einem Alten Wissen. Das geschieht nicht in einem verklärten Rückgriff auf die „gute, alte Zeit", sondern in der Absicht, Vergangenheit und Gegenwart dialektisch miteinander zu verschmelzen.

Offensichtlich wurden die Mysterien der Isis, die ja eigentlich Osiris zum Gegenstand haben, ein geeignetes Vorbild, um die Zerrissenheit der eigenen Epoche ausgleichen, heilen und harmonisieren zu können. Die Suche der Isis nach ihrem Bruder, Gatten und Ebenbild und die damit verbundene Zusammensetzung des zerstückelten Osiris, bildet in der Oper die Matrix, auf der Tamino und Pamina agieren.

Die Initiation in die Mysterien ist einerseits Reminiszenz an eine untergegangene und verschollene Kultur, wird aber als zukunftsweisend aufgefasst. Auch wird der künftige Herrscher nicht mehr allein in seinem Amt bestätigt, mithilfe der Priester, Initiation und Anrufung der Götter sowie deren Zustimmung – anders wäre die Initiation auch nicht zu bestehen. Man kann von einer hierarchischen Demokratisierung sprechen, einer Versöhnung von Immanenz und Transzendenz, von Volkes Wille und göttlichem Ratschluss. In Tamino und Pamina kulminiert die horizontale Bewegung der quantitativ verlaufenden Zeit (Fortschritt, Moderne, Neuzeit) und die vertikale Bewegung der unabänderlichen Ewigkeit, zu der die Mysterien, Götter und das Antike Ägypten gehören.

Demnach birgt die Initiation zwei unterschiedliche Zeitbewegungen in sich und bringt zwei unterschiedliche Welten zusammen. Sie setzt den neuen Herrscher ein und legitimiert ihn durch den Willen der Götter *und* durch die Wahl der Priester. Damit wird die Initiation *transzendiert*, weil ihre Bewegung eine ständige Angleichung an die Götterwelt impliziert und *profanisiert*, denn es geht um keinen neuen Gott, Heilsbringer oder Messias, sondern um die Installierung eines Königs im Sinne eines „ganzheitlichen" Herrschers, der das Vertrauen der Anwesenden und die metaphysischen Vorgaben an sich bindet. Das Ziel ist es nicht, irgendeinen Herrscher irgendwie zu bestallen, sondern *den* Herrscher, der Himmel und Erde vereint, weil er von den Göttern dafür ausersehen wurde. Ein solcher Herrscher ist zweifelsohne ein Symbol des Selbst.

Augenscheinlich ist auch der Zeitbezug. Die Oper entstand knapp zwei Jahre nach der Französischen Revolution, einem europäischen Großereignis, dem sich niemand entziehen konnte. Immer noch in der Luft liegende Revolten sowie Verschwörungen, Herrscherwillkür und Diktatur zeigen eine Destabilisierung des Politischen an (falls von Stabilität überhaupt gesprochen werden kann).

Was könnte all dem als neue Ordnung entgegensetzt werden? Wer könnte eine neue Ordnung bringen?

Die *Zauberflöte* bestreitet einen Mittelweg, indem sie am Ideal der Gottes- oder Götter-Herrschaft festhält, gleichzeitig wird eine Priester-Elite preferiert, die den zukünftigen Herrscher weihen. Die Priester werden zu „Königsmachern" und stehen damit der alten ägyptischen Tradition der Verklammerung des Pharao mit der und durch die Priesterkaste nahe. Der Einfluss der Priester – und somit der Religion – auf weltliche Macht darf nicht unterschätzt werden. In der *Zauberflöte* ist dies nicht nur Ausdruck einer naiven Hoffnung auf „göttliche" Herrschaft.

Die Intervention der Priester geschieht nicht aus Willkür. Auch sie sind an feste Vorgaben gebunden und führen aus, was als Ratschluss der Götter erforscht und angesehen wird. Den Einwänden der Priester gegenüber Sarastro kann entnommen werden, dass sie zögern, einem Prinzen die Initiation zu gewähren. Ihre Frage nach Tugend, Verschwiegenheit und Wohltätigkeit zeigt, dass sie Zweifel am Adel haben. Die historische Situation um 1790 unterstreicht genau das. Statt Tugend herrschen Ausschweifung, statt Verschwiegenheit leere Versprechungen und statt Wohltätigkeit Anmaßung und Verschwendung vor.

Andererseits scheint die Demokratisierung in der *Zauberflöte* aber auch nicht so weit gehen zu wollen, einen Bürgerlichen – oder gar einen „Mohren" – als Nachfolger einzusetzen. Sarastro ist sich durchaus bewusst, dass seine Aufgabe die des Platzhalters für einen Kommenden ist. Und er versteht *Adel* noch als Prädikat, das für Tradition und Qualität steht. Durch die Einweihung sollen die adeligen Tugenden abgerufen, verstärkt und übertroffen werden. Die Botschaft der *Zauberflöte* lautet also auch, dass nur ein adeliger Herrscher in Verbindung mit einem weiblichen Element und unter Berufung der Priester, als Eingeweihter in die Mysterien der Isis eine neue (Heils-)Ordnung wird schaffen können.

Ignaz von Born

Nicht zufällig weben die Macher der *Zauberflöte* den Geist Ignaz von Borns in ihre Oper ein, der in seinem Aufsatz „Über die Mysterien der Aegyptier" einen Vergleich zwischen den Mysterien der Alten Ägypter und der Freimaurerei anstellt.

Jener Ignaz von Born gilt sowohl für Mozart als auch Schikaneder als Inspirator und Anreger. Er war ehemaliger „Meister vom Stuhl“ – eine rituelle Bezeichnung für den Leiter einer Freimaurerloge – und zwar in derselben Freimaurerloge, der auch Mozart und Schikaneder sich angeschlossen hatten. Ignaz von Born galt als *spiritus rector* der damaligen Freimaurerbewegung.

Mehr als wahrscheinlich ist es, Ignaz von Born als latenten Ideengeber der *Zauberflöte* anzusehen. Deshalb ist sein Aufsatz, in dem er auf den Mythos des Osiris Bezug nimmt, wesentlich für das Verständnis der Oper. (Vergleiche dazu auch im Anhang: „Die Mysterienvorstellung vor 1800 und die *Zauberflöte*“.) Ignaz von Born beschreibt in seiner Abhandlung, wie Osiris mit Sanftmut und Weisheit die Länder eroberte. Es wurden Priester eingesetzt und Einweihungen gegeben und infolge der Weisheit und Fürsorge der Priester, die Kenntnisse in den Wissenschaften und Künsten hatten, zielte ihre Arbeit auf Wahrheit, Weisheit und das „Wohl der Menschen“ ab.[5]

Die Sonne und ihr die Natur belebendes Moment wird als Osiris verehrt. Sie galt auch als Sinnbild der ewigen unwandelbaren Gottheit. Ignaz von Born folgt dem römischen Historiker Diodor und erklärt die Beziehung von Sonne und Mond oder Feuer und Wasser, wobei der entscheidende Punkt der ist, dass die Sonne als oberstes Prinzip über dem Mond steht und damit Osiris (Sonne) über Isis (Mond).

Die Einzuweihenden wurden streng ausgewählt und mussten sich Prüfungen der Standhaftigkeit, Reinlichkeit, Mäßigkeit, Sittlichkeit und Beharrlichkeit sowie der Beschneidung unterziehen. Sie mussten freie Menschen („Eingeborene“) und durften keine Frauen sein. Der Grund dafür, dass Frauen ausgeschlossen waren, lag darin, dass man an ihrer „Verschwiegenheit“ zweifelte. Ignaz von Born bezieht sich auch auf Jamblichus und Apuleius. Letzterer schildert die Isis-Mysterien in seinem Roman *Der goldene Esel*, der bis heute Beachtung findet, wobei er die Überwindung des Todes und die Unsterblichkeit der Seele thematisiert. Solches Wissen hat seinen Ursprung in den Mysterien Ägyptens.

Die Belehrungen in den Tempeln kreisten um Gott, die Unsterblichkeit der Seele, Ägyptens Geschichte, den Nil, Hieroglyphen,

5 Im Folgenden geben wir die Gedanken Ignaz von Borns aus seinem Aufsatz „Über die Mysterien der Aegyptier“ wieder.

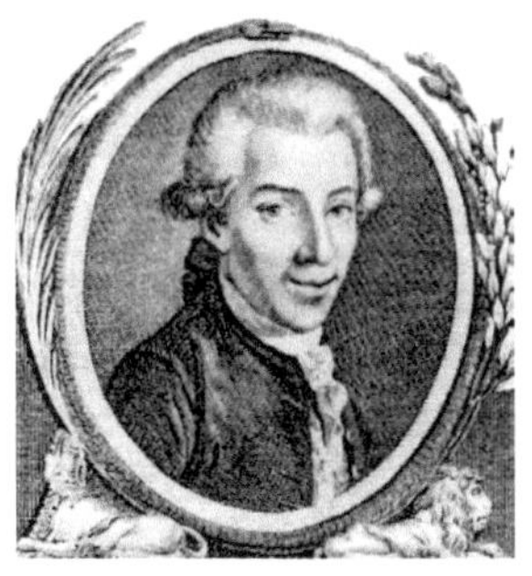

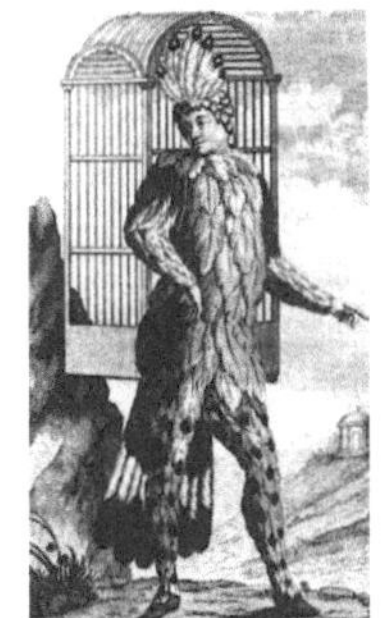

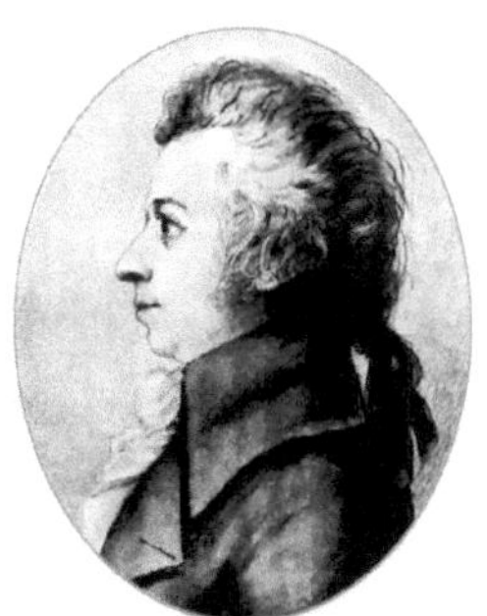

Ignaz von Born   Schikaneder als Papageno   Wolfgang A. Mozart

Naturkunde und die hermetische Philosophie. Die Priester waren vom Alltag getrennt und der alltäglichen Beschäftigung enthoben. Sanftmut, Duldsamkeit, Unterwürfigkeit und Gelehrsamkeit zeichneten sie aus. Und auch künftige Herrscher waren Initiierte. Wörtlich schreibt von Born: „Alle Könige ... mussten in die Mysterien eingeweiht werden, und sich darin unterrichten lassen." (77)

Alles in den Mysterien Gesagte, hatte einen dreifachen Sinn, einen moralischen, einen historischen und einen mystischen, was damit zusammenhängen kann, dass die Zahl Drei auch bei den Ägyptern als vollkommene Zahl verehrt wurde.

Ignaz von Born erwähnt auch jene Überlieferung, in der Horus von einer Schlange bedroht wurde: „unter den merkwürdigen Taten des Horus ... wird auch ausgeführt, dass des Typho Beischläferin Thucis den Horus aufgesucht und in der bösen Absicht ihn zu töten, eine große Schlange mitgebracht habe; die Diener des Horus erschlugen aber das Ungeheuer, und um sich an die Gefahr, in welcher der Sohn der Isis schwebte zu erinnern, wurde, nach Plutarchs Zeugnis, während der Mysterien ein Strick mitten in den Tempel geworfen, und dann in Stücke zerhauen." (106)

Möglicherweise hatte dies Vorbildfunktion für unsere Oper, wodurch dann Tamino als „Sohn" (*Horus*) identifiziert werden könnte. Die Parallelen zur *Zauberflöte* sind auffällig. Nicht nur geht Born davon aus, dass die Mysterienschulen Ägyptens Einweihungsstätten waren, in denen besondere Tugenden von den Priestern vorausgesetzt und gelehrt wurden, sondern auch, dass sich Herrscher dort einweihen lassen musste. Eine Krönung erfolgte im Mysterientempel, was sich als Typus in der *Zauberflöte* gestaltet.

Ägypten in der Zauberflöte

Eine wesentliche Quelle für das Verhältnis zwischen Ägypten und *Zauberflöte* war – ehe Jan Assmanns umfassende Untersuchung erschien –, das aus dem Jahre 1952 stammende Buch des Ägyptologen Siegfried Morenz, das den Zusammenhang von *Zauberflöte*, Ägypten und Antike untersuchte. Wenn Morenz lapidar feststellt: „Natürlich öffnet sich dem großen Freimaurer nicht das alte Ägypten, sondern die hellenistische Mysterienreligion…", so ist dies inzwischen gesicherte Erkenntnis geworden. Im Zeitgeist des 18. Jahrhunderts – und vor allem für Ignaz von Born und die *Zauberflöte* – ist das Alte Ägypten die Folie für Mysterien und Einweihungen.

Der Ägyptologe Erik Hornung gibt in seinem Buch *Das Esoterische Ägypten* einen Überblick über die Auswüchse des „geheimen Wissens" der Ägypter und dessen Einfluss bis heute. Hornung meint, dass man bereits in der Antike Ägypten als Quelle aller Weisheit angesehen habe. Seine Untersuchung folgt einem „anderen" Ägyptenbild, das als geeignete esoterische Projektionsfläche angesehen wurde und immer noch wird. Erik Hornung betreibt „Ägyptosophie", also „Auseinandersetzung mit einem imaginären Ägypten, das als tiefste Quelle allen Geheimwissens gilt. Es geht um Ägypten als zeitlose *Idee*, die mit der geschichtlichen Wirklichkeit nur in einem losen Zusammenhang steht."[6] Die Protagonisten des 18. Jahrhunderts entdeckten das initiatische Ägypten für sich.

Die Mutation von Pamino und Tamina

Morenz erwähnt, dass die Namen *Pamina* und *Tamino* eine merkwürdige Mutation erlebten:

> Es hat eine Vertauschung der Anfangsbuchstaben stattgefunden, und die Namen müßten richtig Pamino und Tamina lauten. So vertreten sie einen häufigen ägyptischen Namenstyp, der die Zugehörigkeit des Namensträgers zu einer bestimmten Gottheit aussagt. Pa-min ist ‚der dem Min gehörige Mann', d. h. der Diener des Min, Ta-min entsprechend ‚die dem Min gehörige Frau'. Die Gottheit ist hier Min, der alte Ortsgott von Koptos und Achmim, der Schutzherr der östlichen Wüste Ägyptens. Min wurde,

6 Hornung, 10 f.

seit dem Mittleren Reich bezeugt, mit den großen Landesgöttern Horus und Amun gleichgesetzt, später auch mit dem Sonnengott Re und Osiris. Dadurch erlangte er im heidnischen Ägypten eine universale Bedeutung.[7]

Auch die Namensgebung zeigt, wie inkonsequent die *Zauberflöte* ist und eher auf lautmalerische Assoziationen setzt, denn auf historisch Stimmiges. Sicherlich hätten Mozart und Schikaneder jemanden finden können, der ihnen die korrekten Namen zu liefern vermochte. Sie wollten es offensichtlich nicht.

Der Fürst als Mensch

Mit dem zweiten Akt der Oper entfernen wir uns nun endgültig aus dem Bereich der Königin der Nacht und sind in Sarastros Welt angekommen. Der Ort der Befragung ist ein Weisheitstempel, in dem sich die Priester beraten und von Sarastro überzeugen lassen, dass Tamino über *Tugend*, *Verschwiegenheit* und *Wohltätigkeit* verfüge. Rätselhaft bleibt, woher er das weiß, denn weder hat er Tamino je befragt, noch ihn näher kennengelernt.

Jene Eigenschaft Taminos, nicht nur von adeligem Geblüt, sondern auch *ein Mensch* zu sein, kennen wir bereits aus seinem Gespräch mit Papageno. Letzterer antwortete auf die Frage, wer er denn sei: „Ein Mensch, wie du". Tamino erklärt in der Szene noch, dass er aus *fürstlichem Geblüte* stamme, wodurch deutlich wird, dass er merkwürdig starr an seiner *Persona* hängt. Später wird Papageno gegenüber Pamina verlauten lassen, dass er einen Menschen vor sich sah, der sich *Prinz* nennen lässt. Tamino wird übrigens nie von sich selber sagen, er sei ein Mensch. Es ist Sarastro, der dies tut und damit die Botschaft sendet: auch Fürsten sind Menschen. Eine für die damalige Zeit unerhörte *Message*.

Sarastros Arie bringt zum Ausdruck, dass eine Einweihung nicht einfach von Menschen durchgeführt werden kann, sondern auch des Beistands der Götter bedarf, sozusagen des Segens von Oben. Selbst wenn sie bei der Prüfung ihr Leben lassen sollten, werden sie dann

7 Morenz, 44.

bei den Göttern wohnen. Für Diesseits und Jenseits ist also gesorgt.

Sarastro übrigens spricht – um dies noch einmal zu vergegenwärtigen – von *dem* Paar und *der* Prüfung. Rechnet er jetzt schon damit, dass Pamina mit eingeweiht werden wird?

Die Weibertücke

Trotz der angekündigten Wanderung zum Licht, muss erst die Dunkelheit bezwungen werden. Die Nacht entspricht folgerichtig der inneren Unwissenheit und so ist es naheliegend, dass Tamino und Papageno verschleiert werden. Die Prüfung beginnt mit dem Ziel, die Furcht zu überwinden und die Gesetze des Priesterbundes unter Androhung des Todes einzuhalten. Beide müssen schweigen. Tamino wird nun Pamina wiedersehen, darf sie aber nicht ansprechen. Von den Priestern werden sie eindringlich ermahnt, sich vor der *Weibertücken* zu bewahren. Dies sei *die erste Pflicht* des Bundes.

Solche Worte haben nicht eben für Sympathie geworben und *frau* bringt wenig Verständnis für solche Diskriminierung auf. Zu Recht, würde diese Aussage wörtlich genommen werden. Zu Unrecht, sieht man ihre symbolische Botschaft und das Umfeld in dem sie getätigt wurde, wodurch „Weibertücke" zu einer Chiffre wird, die ebenso Männer wie Frauen betrifft.

Der Priesterbund ist ein reiner Männerbund. *Männlich* steht hier für vernünftig, umsichtig, geradlinig und für Freundschaft. *Weiblich* meint Geschwätzigkeit, Intrige und Täuschung. Geht es also um eine „weibliche" Eigenschaft? Mitnichten. Es geht darum, zwei verschiedene Eigenschaften zu personifizieren, wobei hinzugefügt werden sollte: unabhängig vom tatsächlichen Geschlecht.

Vergleicht man Sarastro mit seinem Gegenpart, der Königin der Nacht, so erhält dies durchaus Sinn, denn die Königin der Nacht ist auf Täuschung angelegt. Ihre Mondsphäre taucht die Welt in ein zwiespältiges Licht, in dem klare Strukturen verwischen, Schatten dominieren und Unschärfe die Klarheit verschleiert. Der Mond leuchtet nicht selbst, sondern reflektiert das Licht und steht für das Unbewusste, für eine Sphäre, zu der wir nur mittelbar Zugang haben und die uns täuschen und verführen kann. Absicht des Priesterbundes hingegen ist es, vernünftigen und unmittelbaren Erkenntnisgewinn zu bewirken. Das steht im Widerspruch. Folglich muss das eine gemieden („Weibertücke") und das andere gesucht werden.

Es wäre zu einfach, Mozart und Schikaneder Chauvinismus zu unterstellen. Sicherlich kann er nicht komplett abgesprochen werden, darf aber ebensowenig alles überlasten. Die skizzierte andere Konnotation gehört ebenfalls dazu. Sie drückt sich auch in der jungschen Psychologie aus, wenn von Anima und Animus die Rede ist.

Die Anima[8]

C.G. Jung weist nach, dass im Unbewussten eine gegengeschlechtliche Tendenz wahrnehmbar wird, dass im Mann ein *weiblicher Seelenanteil* zu finden ist und bei der Frau ein *männlicher*. So spricht Jung beim Mann von der Anima und vom Animus bei der Frau. C.G. Jung geht davon aus, dass unbewusste Inhalte auf den anderen projiziert werden, dadurch aber auch erkannt werden können. Der Mann projiziert also seine Anima auf die Frau und sie ist auch dafür verantwortlich, dass solche Projektionen überhaupt stattfinden.[9]

Anima (Animus) ist wie Schatten und Selbst ein Archetypus. Deshalb können nur dessen Inhalte, die sich wiederum aus dem eigenen Unbewussten und dem kollektiven Unbewussten speisen, bewusst gemacht werden. So wird nicht *die Frau an sich* erkannt, sondern nur *die* vom Mann auf sie projizierten Inhalte. Dementsprechend kann letztlich nie etwas über *die* Frau ausgesagt werden, sondern immer nur über Bilder, Projektionen, die von ihr gemacht werden. Der Archetypus der Anima ist verantwortlich dafür, dass Inhalte im Unbewussten aktiviert werden, ist aber selbst Form ohne Inhalte.

Der wesentliche Aspekt der Anima ist der, Mittlerin zum Unbewussten zu sein. Sie steht zwischen dem kollektiven und dem persönlichen Unbewussten. Nach C.G. Jung überträgt sich die Anima über die Mutter, die die erste Trägerin von ihr ist, und die Schwester, zur „geliebten Frau“. Sie ist ein *lebenspendender Faktor* und personifiziert das gesamte Unbewusste, bis sie als Projektionsmotor, von ihren Inhalten abgelöst wird, wodurch der Blick auf einen weiteren Archetypus, den des Selbst, frei wird.

---

8 Vgl. ausführlich zur Anima/Animus-Problematik den entsprechenden Anhang.

9 In diesem Zusammenhang soll noch darauf hingewiesen werden, dass neuere Forschungen davon ausgehen, dass es sowohl im Mann auch einen Animus, wie auch in der Frau auch eine Anima gebe. Vgl. zur Anima/Animus Problematik ausführlich den entsprechenden Anhang.

Dadurch dass die Anima das „Reich der Phantasie" verkörpert, wie Marie Louise von Franz sagt, ist sie auch Mittlerin zum Geisterreich, womit sie letztlich die „Bewegung" und „Wandlung" des Mannes bewirkt.[10] Die Anima hat die Aufgabe, den Erkenntnisprozess voranzutreiben, ist aber lediglich Gegenstand dieses Prozesses, nicht das Ziel.

Übertragen auf die *Zauberflöte* bedeutet dies, dass die Aufgabe der Königin der Nacht in ihrer Eigenschaft als projektionsbildender Faktor liegt. Zu Recht gleicht sie dem Mond, der das Licht der Sonne reflektiert. Der Irrtum besteht darin, Mondlicht (passiv) mit Sonnenlicht (aktiv) zu verwechseln. Es wäre fatal, ohne Mond zu leben, dennoch scheint der Mond nicht aus sich heraus.

Der Konflikt liegt vielmehr darin, dass die Königin der Nacht uneingeschränkt herrschen will, anstatt sich einzuordnen. Ihre Macht beruht aber nur auf indirekten Maßnahmen. Bereits das Ambiente in dem sie herrscht, deutet dies an, denn es ist geprägt durch Felsen und Nüchternheit. Sie benötigt die Anregung von außerhalb (*Vögel*) und vermag, außer ihrer Tochter, wenig Lebendiges zu vermitteln und auch dieses ist nur zur Hälfte ihr Werk… Im Lauf der Handlung eskaliert die Situation und ihre dunkle Seite wird offenbar, als herrschsüchtige, die Tochter verstoßende, intrigante Mutter und Diktatorin.

Wird dies alles mit berücksichtigt, werden die harschen Worte *Bewahret euch vor Weibertücke* verständlicher. Nicht vergessen werden darf, dass damit nicht eine Frau oder ein Mann gemeint sind. Solche Eigenschaften sind zwar personifiziert, meinen aber den projizierten Inhalt. Die Rücknahme der Projektion ist dabei *das* Ziel der Individuation!

Solange Tamino und Papageno noch nicht in sich gefestigt sind, dürfen sie nicht mit „Weibern" sprechen, übersetzt bedeutet dies: sie sollen sich nicht der Täuschung hingeben. Deshalb auch das Schweigegebot.

Taminos Entgegnung für die Drei Damen, die dafür werben, in das Lager der Königin der Nacht zu wechseln, lautet: „Ein Weiser prüft und achtet nicht, / Was der verworfne Pöbel spricht." Hier wird

---

10 „Sie ist das Bewegende und zur Wandlung Treibende, dessen Faszination das Männliche zu allen Abenteuern der Seele und des Geistes, des Tuns und des Schaffens in der Innen- und Außenwelt drängt, verführt und ermutigt" (Neumann, *Die große Mutter*, 46).

die Wandlung des Prinzen deutlich sichtbar. Er hat sich entschieden. Er lässt sich nicht täuschen, selbst wenn er vorerst mit Floskeln arbeitet, so hat er seine frühere blinde Begeisterung durch Vorbehalte gezähmt. Erste Erfolge im Kampf gegen die eigene Unzulänglichkeit werden sichtbar: die Bewusstwerdung von Projektionen und damit beginnt das Abenteuer der Individuation.

Die Versuchung der Drei Damen misslingt. Sie werden verjagt. Die Priester erscheinen mit Fackeln und die Wanderung geht weiter.

Schweigen und Trennung

Tamino und Papageno werden in Säcke gekleidet von zwei Priestern in eine Halle geführt. Ihnen wird eingeschärft unter allen Umständen zu schweigen. Die Drei Knaben kommen im Auftrag Sarastros mit der Zauberflöte und dem silbernem Glockenspiel und ermuntern beide zum Essen und Trinken. Sie stellen in Aussicht, dass sich bei ihrer dritten Begegnung alles zum Guten wandeln wird.

Tamino spielt auf der Flöte und wenig später erscheint Pamina. Sie spricht Tamino an, erhält aber keine Antwort. Sie ist verzweifelt. Tamino muss Papageno beinahe mit Gewalt von ihr weg und in einen halbdunklen Raum zerren, in dem achtzehn Priester in Form eines Dreiecks zu je sechs Personen aufgestellt sind. Die Priester stellen das Ende aller Prüfungen in Aussicht: „O Isis und Osiris, welche Wonne! / Die düstre Nacht verscheucht der Glanz der Sonne. / Bald fühlt der edle Jüngling neues Leben; / Bald ist er unserm Dienste ganz gegeben. / Sein Geist ist kühn, sein Herz ist rein, / Bald wird er unser würdig sein."

Auch Sarastro ist mit dem Verhalten Taminos, der *männlich* gehandelt habe und gelassen geblieben sei, zufrieden. Er stellt ihm in Aussicht, Pamina zu gewinnen und als weiser Fürst zu regieren. Pamina wird hereingeführt und Sarastro täuscht sie mit den Worten, Tamino sei gekommen, um ihr ein letztes Lebewohl zu sagen. Obwohl Sarastro ein Wiedersehen verspricht, ist Pamina beunruhigt.

Tamino wird weggeführt. Papageno will ihm folgen, weicht aber vor einem Donnerschlag und dem Feuer, das aus der von ihm geöffneten Tür herausschlägt, zurück. Papageno bricht hier die Einweihung ab und wünscht sich nur ein Glas Wein.

Pamina will sich das Leben nehmen. Die Drei Knaben greifen rettend ein und versprechen, sie zu Tamino zu führen. Ihre Liebe zu Tamino ist so stark, dass es ihr gelingt, ihn bei seiner abschließenden Einweihung zu begleiten: „Zwei Herzen, die von Liebe brennen, / Kann Menschenohnmacht niemals trennen. / Verloren ist der Feinde Müh; / Die Götter selbst beschützen sie."

Trennung ist Bewusstwerdung

Trennung und Abschied sowie mögliche Neubegegnung überwiegen in diesen Szenen. Trennung ist aber nur möglich, wenn zuvor eine Verbindung bestanden hat. Der psychologische Sinn einer Trennung ist Bewusstwerdung seiner Selbst und des Anderen.

Bewusstsein kann nur über Differenzierung erreicht werden und sich von etwas zu differenzieren bedeutet, sich zu unterscheiden. Das legt bereits das Verb „scheiden" bzw. transitiv „sich scheiden" nahe. Wenn ich mich von etwas unterscheide, dann werde ich mir meiner eigenen Persönlichkeit im Sinne meines Selbst im Individuationsprozess bewusst.

Individuation ist wiederum von Individualität zu unterscheiden. Letzteres ist als Unteilbares (In-di-viduum = *Un*-teilbares) eine *Nicht*-Zweiheit, somit aber auch der Wortbedeutung nach unbezogen. Eine neue Beziehung herzustellen und sich von alten Strukturen und Mustern zu lösen, ist aber gerade Sinn der Unterscheidung im Sinne einer Individuation.

Die Zerlegung in einzelne Bestandteile ermöglicht gleichzeitig eine Neu-Zusammensetzung. Trennung kann also nur aufgrund einer *Vereinigung* verstanden werden. Eine isolierte *Trennung* – das wäre Individualität – ist ein Widerspruch in sich.

Die Trennung erlaubt die Erkenntnis und damit die Bewusstwerdung der Gegensätze. Gegensätze stellen aber kein unabänderliches Hindernis dar, zwischen denen eine imaginäre unüberwindliche Grenze verläuft. Gegensätze sind im Sinne der Bewusstwerdung notwendige Ergänzungen. *Altus* im Lateinischen bezeichnet bekanntlich beides: hoch *und* tief. Beide gehören zusammen, ebenso wie Gerade und Ungerade, Oben und Unten, Einheit und Vielheit,

Licht und Schatten oder Gut und Böse. Nicht vergessen werden darf, dass in der Trennung auch das Gericht, mitunter das Jüngste Gericht, als Instanz symbolisiert wird. In der Tat ist es so, dass über Tamino zu Gericht gesessen wird. In dem Moment entscheidet sich, ob er als würdig empfunden wird die Einweihung zu vollenden – oder nicht.

Papageno wird jedenfalls nicht zu den großen Mysterien zugelassen. Er muss sich von Tamino trennen. Tamino wird aufgenommen, muss sich aber vorerst von Pamina trennen. (Das „letzte Lebewohl" ist die negative Formulierung einer endgültigen Vereinigung.) Tamino selber trennt sich von seinem alten Ich. All diese Trennungen bedeuten im psychologischen Sinne die Ablösung der Projektionen und damit die Möglichkeit ihrer Integration in das eigene Bewusstsein. Der Alchemist Avicenna spricht davon, dass man Gattin und Gatten gesondert reinigen solle, „auf dass sie sich um so inniger vereinen; denn so ihr sie nicht reiniget, können sie einander nicht lieben". Das geschieht: Tamino und Pamina trennen sich, um für immer zusammen zu kommen.

Der Rest ist Schweigen

Zuvor ist Schweigen angesagt. Tamino und Papageno unterliegen dem Schweigegebot. Schweigen ist eine Eigenschaft, die die Bündelung der eigenen Kräfte fördert. Man ist auf sich selbst konzentriert und ignoriert bewusst den Impuls zur Kommunikation mit der Außenwelt, ist also auf die Innenwelt fokussiert. Das hindert Papageno aber nicht daran, mit seiner zukünftigen Papagena zusammenzutreffen. Beide begegnen sich, müssen sich aber gleich wieder trennen.

Tamino spielt auf der Flöte und jetzt gelingt es ihm, Pamina zum Erscheinen zu bringen. Das zeigt uns, dass er seine instinkthafte Seite überwunden bzw. integriert hat und sich *bewusst* seiner weiblichen Seite, seiner Anima, zuwenden kann.

In der mythologisch-archetypischen Entsprechung erhält *Orpheus* (Tamino) seine *Eurydike* (Pamina) zurück! Dem ungeachtet wird *Eurydike* in Gestalt der Pamina fortgeschickt. Die Trennung ist aber vorübergehend und nicht endgültig wie im Mythos, wo Eurydike in der Unterwelt verbleiben muss. (Vgl. hierzu im Anhang: *Tamino, Orpheus und die Mysterien der Unsterblichkeit der Seele*.)

Die Zahl 18 und die Drei

Ein dreimaliger Posaunenton kündigt die Ankunft der Priester an. Das Libretto spricht von achtzehn Priestern, die in Form eines Dreiecks zu je sechs aufgestellt werden. Die Zahl 18 ist dabei symbolisch aufschlussreich und zwar nicht so sehr in ihrer Bedeutung als 18 sondern als 3 mal 6 oder besser: 6 mal 3. Mit 2 mal 9 zu operieren wäre zwar auch möglich, aber aufgrund der Anordnung der Priester in einem Dreieck liegt es nahe, der erwähnten Variante der 18 als 3 mal 6 nachzugeben. Dies unterstreicht nachhaltig die Bedeutung der Zahl Drei für die Oper.

Der Triumph der Drei

Drei Eröffnungsakkorde in Es-Dur in drei Takten lassen die Oper beginnen. Die Dreizahl ist nicht nur für die Ouvertüre in ihrer musikalischen Bedeutung bestimmend, sondern auch in ihrer Symbolik bezeichnend. Denn Es-Dur als „Zauberflöten-Tonart" verweist durch die drei ♭ als Vorzeichen bereits auf die Drei. Das gilt auch für die Oper selbst.

Georg Horcicka schreibt dazu: „Die Ouvertüre (Es-Dur, alla breve) beginnt (Adagio) mit Akkorden des vollen Orchesters aus 23 Stimmen. Diese Eingangsakkorde gründen zweifach auf der Zahl Drei: in der Dreimaligkeit ihres Auftretens und in der harmonischen Funktion des Dreiklanges."[11] Horcicka kommt zum Ergebnis, dass die „Symbolik der … fast allgegenwärtigen Dreizahl … schon eingangs [lehrt], in den drei Akkorden einen Inhalt zu vermuten, der ein in sich geschlossenes Ganzes bilden und daher, einem Motto gleich, das Werk eröffnen und begleiten könnte"[12]. Wir folgen hier seinen Aufzählungen auch um den erschlagenden Eindruck wiederzugeben, der durch die Präsenz der Drei in der Oper hervorgerufen wird. Es gibt

> … drei Damen, drei Knaben, drei „Prüflinge" (Tamino, Papageno, Pamina), drei Sklaven, drei Priester, 3 x 6 (= 18 [= 3 x 3 x 3]) Priester in deren Versammlung und 2 x 3 (= 6) Löwen vor Sarastros Triumphwagen. Je drei Auftritte haben Die Königin der Nacht, Sarastro, die Drei Knaben,

---

11 Georg Horcicka: Dreimal drei Akkorde in der „Zauberflöte". In: *Mozart Jahrbuch* (1997), 69–107, 70.

12 Georg Horcicka, *ebd.*, 70.

die Drei Damen, ein altes Weib = Papagena, Monostatos, Sprecher und Zweiter Priester, der Priesterchor und das Paar Tamino/Pamina. Tamino will drei Tempel betreten und drei Donnerschläge eröffnen für ihn die drei Prüfungen.

Der Text enthält Verbindungen von drei einander ergänzenden Begriffen, wie: „ich bleibe, ich wache, ich schütze" (Drei Damen in I/1), „Wein, Zuckerbrot und süße Feigen" (Papageno in I/3), „Glück, Ehr' und Ruhm" (dritte Dame in I/3), „unschuldig, weise, fromm" (Königin der Nacht in I/6), „standhaft, duldsam, und verschwiegen!" (Drei Knaben in I/15), „Klugheit, und Arbeit, und Künste", „edel, und lauter, und rein", „Vielleicht sah er Paminen schon! – vielleicht eilt sie mit ihm zu mir! – vielleicht – führt mich der Ton zu ihr!" (Tamino in I/15), „Tugend – Verschwiegenheit – wohltätig" (Sarastro und Priester in II/1), „Schlaf, Speise und Trank" (Papageno in II/3), „schnäbeln, küssen, zärtlich sein!" (Monostatos in II/7), „ihre Güte – ihren Verstand – ihre Tugend" (Pamina in II/8), „dich umarmen, dich liebkosen, dich an mein Herz drücken!" (Ein altes Weib in II/24), „Stärke – Schönheit – Weisheit" (Chor in II/30). Aber auch eine Vielzahl dreifacher Ausrufe ist vorhanden: „Sie kommt! – Sie kommt! – Sie kommt!" (Drei Damen in I/5), „Ha, ha, ha!" (dritter Sklave je 3 mal in I/9), „Nur geschwinde, nur geschwinde, nur geschwinde!" (Pamina, Papageno in I/16, Monostatos in I/17), „Wie? wie? wie?" und „Nie! nie! nie!" (Drei Damen in II/5), „Nein, nein, nein" (Papageno in II/5), „O weh! o weh! o weh!" (Drei Damen, Papageno in II/5), „Mutter – Mutter – Mutter!" und „Mutter! Mutter! meine Mutter!" (Pamina in I/13 und II/8), „Verstoßen sei auf ewig, verlassen sei auf ewig, zertrümmert sei'n auf ewig" und „Hört, hört, hört" (Königin der Nacht in II/8), „Herrlich! – Himmlisch! – Göttlich!", „Papagena! Papagena! Papagena!", „Weibchen! Täubchen! meine Schöne!" und „eins! zwei! drei!" (Papageno in II/23 und II/29).[13]

Was bedeutet das alles für den Individuationsgang der Oper? Zuerst einmal, dass die Drei für die *Zauberflöte* als ein geschlossenes und wesentliches Ganzes gedeutet werden muss. Die Variationen der Drei zeigen, dass sie omnipräsent ist und einen zusätzlichen Bedeutungszusammenhang stiftet. Auch die verunglückte Zählung der Zerstückelung der Schlange in drei Teile (statt in vier) mit drei Speeren durch die Drei Damen macht deutlich, dass eine Präsenz der Drei erwünscht ist, selbst wenn sie durch mathematische und reale Inkonsequenz erkauft werden muss.

13 Georg Horcicka, *ebd.*, 70 f.

Die Zahl 3 hat tiefe symbolische Bedeutung und immer wieder kommt die dreimalige Wiederholung eines Akkordes oder Tones vor. Die Verbindung zur Freimaurerei – es müssen drei Hammerschläge bei einer Zusammenkunft gegeben werden usw. – liegt nahe, aber auch das Faust'sche „Du musst es drei Mal sagen ..." tönt hier an.

Warum drei Mal? Damit *es* sich manifestieren kann. Einmal ist nicht genug. Zweimal ist lediglich die Wiederholung der Eins und damit – symbolisch gesehen – ohne nachhaltige Wirkung. Erst die Drei ist die Manifestation einer Eins, einer Absicht, eines Gedankens oder einer Idee. (Beispielsweise habe ich Hunger. Die Idee ist, etwas zu Essen. Das Essen als solches existiert ja schon, als andere Eins sozusagen. Dann, wenn ich mir das Essen zubereite und verspeise, verbinde ich meine Idee mit dem Essen und werde satt.)

Jede Idee bedarf der Umsetzung. Dafür braucht sie eine materielle Verkörperung. Es muss also etwas gefunden werden, was der Idee Form oder Körper gibt. Die Idee als Eins braucht ein Gegenüber, eine Zwei. Damit stehen sich aber Zwei gegenüber, unversöhnt und isoliert. Erst wenn die eine Eins sich mit der anderen Eins verbindet, entsteht eine Manifestation, also eine Drei. Das Verbindende ist auf den Menschen bezogen die Liebe zwischen zwei isolierten Individuen, die diese miteinander eins werden lassen. Diese Einheit ist aber in Wahrheit eine Dreiheit: Frau, Mann und Liebe. Auch für C.G. Jung steht die Zahl Drei für die endgültige Manifestation der Bewusstwerdung einer Idee oder eines Symbols, das in Träumen oder aus dem Unbewussten auftaucht.

Damit zeigt die Dauerpräsenz der Drei, dass eine Aussöhnung zweier unversöhnlicher Gegensätze ergänzend möglich ist. Die Musiksprache bildet die Botschaft dieser Einheitsbestrebung im Sinne der Integration von Gegensätzen als Ergänzungen.

Keine Trennung ist endgültig

Fahren wir in der Handlung weiter fort: Die Trennung Taminos von seinem Wunsch die Initiation durchzuführen, wird aufgehoben. Die Nacht weicht dem Tag, die Dunkelheit dem Licht der Sonne. Sarastro bescheinigt Tamino ein männliches und gelassenes Betragen. Er versichert ihm, dass er als weiser Fürst regieren wird. Auch hier vollzieht sich die Trennung vom jünglingshaften hin zum verantwortlichen Tun. Die Zeit des *puer aeternus* ist vorüber. Die Zeit des neuen Fürsten kündigt sich an. Die Trennung verheißt einen Neubeginn.

Sarastro versichert Pamina das *letzte Lebewohl.* Die Betonung liegt auf letzte – weil dann die Trennung ein Ende haben wird – aber Pamina hört nur die Endgültigkeit der Worte. Mittlerweile müsste sie wissen, dass nichts endgültig sein kann und alles in Bewegung bleibt. Kann dies eine Begründung sein für den eher makabren Scherz, den Sarastro mit ihr und Tamino treibt? Oder will er, um seiner pädagogischen Absicht gerecht zu werden, sie zum Vertrauen in den steten Wandel und den Segen der Götter erziehen? Das anschließende Duett der beiden demonstriert ihren Trennungsschmerz. Pamina muss fort. Tamino stellt aber seine Initiation über die Liebe zu Pamina. Pamina akzeptiert dies, ohne zu insistieren. Beide haben anscheinend gelernt, höheres Interesse über ihr eigenes zu stellen.

Auch für Papageno geht der Weg zu Ende. Er wird nicht weitergehen dürfen und bleibt alleine zurück. Seine Initiation endet hier. Jedoch kümmert man sich um ihn, ja, er erhält sogar seine Papagena, aber nur, um sie gleich wieder zu verlieren. Papageno muss sich von Papagena trennen. Er wird wie Pamina versuchen, aufgrund des Abschiedschmerzes (Trennung) Selbstmord zu begehen. Genauso wie Pamina wird er von den Drei Knaben gerettet.

Diese beobachten, dass Pamina sich erdolchen will und bewahren sie vor dem Selbstmord. Sie will sterben, weil sie mit dem Mann, den sie liebt, nicht zusammen sein kann. Aber es gibt noch einen zweiten Grund: Da sie nicht den Befehl ihrer Mutter ausführen will, ist sie auf immer von ihr getrennt. „Lieber durch dies Eisen sterben, / Als durch Liebesgram verderben. / Mutter, durch dich leide ich, / Und dein Fluch verfolget mich.“ Die Trennung von der Mutter will sie durch die Scheidung (*Trennung*) vom Leben überwinden.

Doch keine Trennung ist endgültig. Die Drei Knaben geben ihr den Wink, dass doch noch alles möglich ist. Sie, die guten Geister der Oper, inspirieren zu neuem Lebensmut. Nur folgerichtig singen alle vier: „Zwei Herzen, die von Liebe brennen, / Kann Menschenohnmacht niemals trennen.“ Trennung setzt ungeahnte Kräfte frei, destruktive und konstruktive. Tamino erfährt eine neue Kraft, die ihn die Initiation angehen lässt, während Pamina und Papageno die andere Seite der Trennung im Sinne einer Abtrennung und Tötung erleben. Beide Aspekte sind vorhanden, jedoch: Nichts bleibt endgültig.

Initiationsraum und Selbstwerdung

Was ist das Ziel der Einweihungsszene am Ende der *Zauberflöte*, die auch eine Einweihung in die „Elemente" darstellt? In einer Regieanweisung für den 28. Auftritt heißt es:

> Das Theater verwandelt sich in zwei große Berge; in dem einen ist ein Wasserfall, worin man sausen und brausen hört; der andre speit Feuer aus; jeder Berg hat ein durchbrochenes Gitter, worin man Feuer und Wasser sieht; da, wo das Feuer brennt, muss der Horizont hellrot sein, und wo das Wasser ist, liegt schwarzer Nebel. Die Szenen sind Felsen, jede Szene schließt sich mit einer eisernen Türe. Tamino ist leicht angezogen ohne Sandalen. Zwei schwarz geharnischte Männer führen Tamino herein. Auf ihren Helmen brennt Feuer, sie lesen ihm die transparente Schrift vor, welche auf einer Pyramide geschrieben steht. Diese Pyramide steht in der Mitte ganz in der Höhe nahe am Gitter.

Wie Jan Assmann betont, sind die ägyptischen Mysterien eine „Erfindung der Griechen"[14]. Im selben Aufsatz zeigt Assmann, dass die Bedeutung der Einweihung die des „vorweggenommenen Todes"[15] sei. Damit wird mehr als deutlich, dass es sich um ein Mandala aus verschiedenen Einflüssen handelt, die die *Zauberflöte* als Mysteriendrama prägen. Denn auch die Überwindung des Todes ist eben nur ein Aspekt, ebenso wie die Elementenprobe. War es also für Apuleius und seinen Helden Lucius noch selbstverständlich, dass dieser bei seiner Einweihung um Mitternacht die Sonne hatte aufgehen sehen und somit als Überwinder des Todes in die Nähe der Götter gerückt wurde, so ist dies möglicherweise auch die Intention der *Zauberflöte*.

Was erwartet Tamino? Offensichtlich eine „Nachmeerfahrt", ein Gang in eine andere Welt, die ihm die Beschwernis nimmt und zur Erleuchtung, Illumination, führt. Er wird die Erdenschwere hinter sich lassen und den Himmel erschauen.

Jan Assmann hebt hervor, dass mindestens ein Jahr zwischen der Einweihung in die kleinen und die großen Mysterien liegen muss. Die Zeitspanne ist in der Oper nicht existent. Tamino erlebt in einer Nacht

---

14 Jan Assmann: „Pythagoras und Lucius: zwei Formen ägyptischer Mysterien". In: Assmann / Bommas (Hg.): *Ägyptische Mysterien?* (München, 2002), 59.

15 Vgl.: Jan Assmann: „Pythagoras und Lucius: zwei Formen ägyptischer Mysterien"; Jan Assmann: *Ägyptische Geheimnisse* (München, 2004), 211ff.

seine Initiation. Die zeitliche Verkürzung findet sich äquivalent auch auf der Handlungsebene, denn statt der vier Elemente sind es „nur“ Wasser und Feuer, denen sich Tamino und Pamina stellen müssen.

Verkompliziert wird die Einweihung durch das Auftauchen Paminas. Obwohl es möglich scheint, dass grundsätzlich auch Frauen zu den Mysterien zugelassen werden konnten, so war dies bei Sethos ausgeschlossen und zugleich musste der zu Initiierende allein sein. Das Mysteriöse ist also die Doppelung der Initiation und ihres Verlaufes, was wir nun näher untersuchen müssen.

Pyramiden – Bibel der Ägypter

Im 18. Jahrhundert war man der festen Überzeugung – eine Überzeugung übrigens, die in esoterischen Kreisen noch lange nachwirken sollte –, dass an den Wänden in den Pyramiden die Weisheit der Ägypter aufgezeichnet sei. Heute wissen wir, dass die Weisheit, die man den Pyramiden zusprach, sozusagen steingewordene Papyrusrollen oder Wissensspeicher zu sein, eine Erfindung ist. Die Pyramiden bleiben zwar weiterhin geheimnisvoll, aber auf eine andere Art und Weise, als sie es zur Zeit Mozarts waren.

Ignaz von Born nahm den Gedanken auf, dass in und durch die Pyramiden Weisheit transportiert wurde und bezeichnete die Pyramiden als „Bibel der Ägypter“. Dennoch sind Pyramiden nur Kulissen um etwas zu verhüllen. Selbst wenn wir wissen, dass der Prüfungstext von Tamino und Pamina aus der Inschrift über der „Schreckenspforte“ des Sethos-Romans stammt, sagt dies noch nichts über Sinn und Absicht der Initiation aus. Die Erfahrung des Todes, die

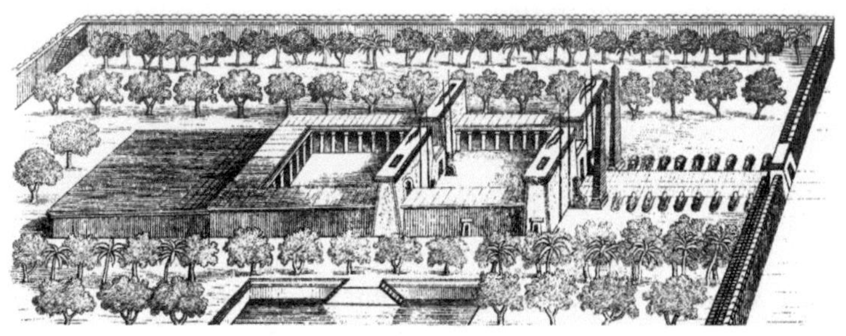

Modell einer ägyptischen Tempelanlage

Überwindung des Todes und die Aussicht auf Unsterblichkeit, die sich in Initiationen solcher Art und Weise zu vermitteln pflegen – gerade dann, wenn es um die Überwindung oder Integration der Gegensätze geht, die nicht besser als durch Feuer und Wasser hätten ausgedrückt werden können –, wird lediglich umgedeutet. Und: Nicht jeder Initiand wird anschließend gleich Herrscher bzw. Regent. Eine solche Initiation wie Tamino sie erfährt, ist mehr die Ausnahme als die Regel. Wenn die Priester deklamieren:

Der, welcher wandert diese Strasse voll Beschwerden,
wird rein durch Feuer, Wasser, Luft und Erden
wenn er des Todes Schrecken überwinden kann,
schwingt er sich aus der Erden himmelan.
Erleuchtet wird er dann imstande sein
sich den Mysterien der Isis ganz zu weih'n.

Dann entsprechen diese Worte nur bedingt der Intention der Tamino-Einweihung. Tamino wird sich den Mysterien nicht „ganz“ weihen, sondern er wird *herrschen*. Er wird kein Isis-Priester und auch kein zweiter Sarastro, sondern Fürst und König über zwei, respektive drei Reiche. Dabei vereint er geistliche wie weltliche Herrschaft in sich. Das sind aber neue und andere Aspekte, die über die Mysterien hinausweisen.

Wesentlich ist in dieser Szene das Symbol der Pyramide und, dass die Initiation Tamino durch *Feuer* und *Wasser* führen wird. Feuer, symbolisiert durch einen vulkanähnlichen Berg und Wasser, symbolisiert durch einen Wasserfall, vermitteln den Eindruck von Gegensätzen. Gegensätze können zu Ergänzungen werden, Getrenntes kann zusammen kommen, Mann und Frau können durch die Initiation mehr als nur ein Paar werden. Die Möglichkeit der Vereinigung der Gegensätze deutet auf Aussöhnung und stellt das größte Mysterium oder Geheimnis im Prozess der Individuation und der *Zauberflöte* dar: Die Selbstwerdung!

Die Selbstwerdung

Der zentrale Begriff in der Psychologie C.G. Jungs ist der Begriff des Selbst. Er ist ebenso komplex wie umfangreich, ebenso eindeutig wie verwirrend. Kein anderer Begriff ist in sich so weit gefasst und ambivalent.

Das Selbst steht für die „Einheit und Ganzheit der Gesamtpersönlichkeit“ und „umfaßt Erfahrbares und Unerfahrbares, bzw. noch nicht Erfahrenes“[16]. Für Jung ist das Selbst ein empirisch gefundener Begriff. Er bezeichnet eine Erfahrungswirklichkeit, die dadurch geprägt ist, dass sie das Bewusstsein und das Unbewusste vereinigt. Für C.G. Jung stellt das Selbst ein notwendiges und hinreichendes Postulat dar, das einen Teil der seelischen Wirklichkeit zutreffend und umfassend beschreibt.[17]

Als Symbole des Selbst können gelten: die Vier, Vierergruppen (*Quaternionen*), eine „schwer erreichbare Kostbarkeit“, Kugel, Kreuz, der „Stein der Weisen“, der Stern usw. Vertreter des Selbst sind beispielsweise der Alte Weise, der König, eine bedeutende Persönlichkeit, ein Prophet, oder auch ein Kind, die Sonne, ein Berg.

Sarastro eine Verkörperung des Alten Weisen?

Wäre also Sarastro die Verkörperung des Alten Weisen? Was wäre, wenn wir ihn subjektstufig als solchen auffassen? Gilt Sarastro nicht als die Idealbesetzung des Alten Weisen? Vieles spricht dafür, Einiges aber auch dagegen. In der Tat ist Sarastro der Gegenspieler der Königin der Nacht. Ein jeder ist Gegenpart und Ergänzung des Anderen. Es ist ein Spiel auf Augenhöhe, das nur bedingt so ausgeht wie erwartet, denn beide verlieren. Die Königin der Nacht verliert

---

16 „Als empirischer Begriff bezeichnet das Selbst den Gesamtumfang aller psychischen Phänomene im Menschen. Es drückt die Einheit und Ganzheit der Gesamtpersönlichkeit aus. Insofern aber letztere infolge ihres unbewußten Anteils nur zum Teil bewußt sein kann, ist der Begriff des Selbst eigentlich zum Teil potentiell empirisch und daher im selben Maße ein Postulat. Mit anderen Worten, er umfaßt Erfahrbares und Unerfahrbares, bzw. noch nicht Erfahrenes“ C.G. Jung, *GW* 6, 512f.

17 „... empirisch erscheint das Selbst als ein Spiel von Licht und Schatten, obschon es begrifflich als Ganzheit und darum als Einheit, in der die Gegensätze geeint sind, verstanden wird. Da ein solcher Begriff unanschaulich ist – tertium non datur – so ist er auch aus diesem Grunde transzendiert ... Das Selbst ist insofern keine philosophische Idee, als es nicht seine eigene Existenz aussagt, d.h. sich nicht hypostasiert. Es hat intellektuell nur die Bedeutung einer Hypothese. Seine empirischen Symbole dagegen besitzen oft eine bedeutende Numinosität, (z.B. das Mandala), d.h. einen apriorischen Gefühlswert ... und es erweist sich damit als eine archetypische Vorstellung, die sich von anderen Vorstellungen solcher Art dadurch auszeichnet, da sie entsprechend der Bedeutsamkeit ihres Inhaltes und ihrer Numinosität eine zentrale Stellung einnimmt“ (C.G. Jung, *GW* 6, 512f.).

ihre Tochter, ihre Macht und ihr Reich und gewinnt „nur“ die Verbannung; Sarastro verliert sein Reich und seine Macht, indem er sie freiwillig abgibt, gewinnt aber einen würdigen Nachfolger. Blieben wir in der Metapher des Spiels, so wäre dies ein deutlicher Punktsieg für Sarastro. Hat also Sarastro alles „richtig“ gemacht? In einem klassischen Schema entspräche Sarastro dem Vater-Imago und die Königin der Nacht dem Mutter-Imago. Sie stünde für den Eros, für die Beziehungsfähigkeit, die Bezogenheit auf etwas und das Vermögen Bindungen einzugehen und zu knüpfen; er für den Logos, die Möglichkeit der Abstraktion, der Planung und das Verstehen.

Für Sarastro scheinen die Logoseigenschaften eher zuzutreffen, als die Eroseigenschaften für die Königin der Nacht. Dennoch hat auch Sarastro deutliche Defizite, die erst allmählich sichtbar werden. In der Tat ist er es, der plant und nachdenkt, der differenzierte Entscheidungen trifft und der dem Licht der Erleuchtung (Sonne) nahesteht. Andererseits ist er keine Vaterfigur im klassischen Sinne. Er erscheint sehr väterlich, ist aber Priester und *nicht* Vater. In dem Sinne ist er nur bedingt eine ideale Projektionsfigur als Vaterimago.

Im Unterschied zur Königin der Nacht wirkt Sarastro ausgeglichen und souverän. Selten lässt er Gefühle zu, und wenn, dann nur angedeutet und ansatzweise, wie in jener Szene, die vermuten lässt, er habe in Pamina mehr gesehen, als „nur“ eine Tochter der Königin der Nacht. Er verfügt aber auch über ein notwendiges Maß an Autorität und „heiligen Zorn“, die ihn strafen und befehlen lassen. Im Umgang mit seinen „Priesterkollegen“ verhält er sich beinahe vorbildlich demokratisch. Hier ist er Gleicher unter Gleichen und überzeugt, statt zu dominieren.

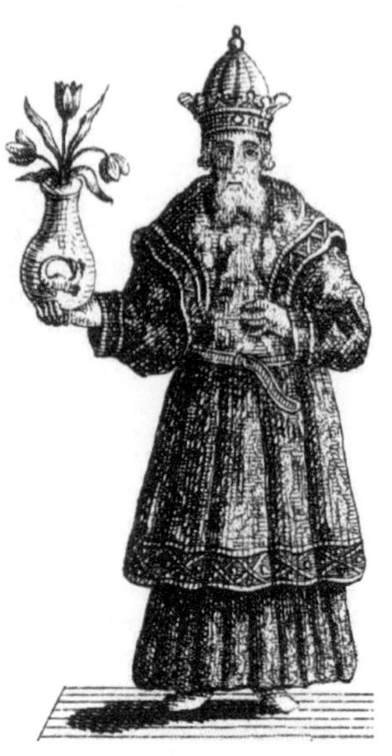

Archetypus des Alten Weisen

Merkwürdig bleibt jedoch, dass er sich mit Monostatos einen Gehilfen und eine „rechte Hand“ ausgesucht hat, die doch so offensichtlich nicht den Erwartungen einer Priesterkaste entspricht, die hehre Werte vertritt.

Monostatos hat sich eine Privatarmee aufgebaut, eine Machtzentrale, die er, anders als Sarastro, durch Angst und Schrecken leitet. Er versuchte sogar, die entführte Pamina zu vergewaltigen, und bereitet, so hat es den Anschein, alles für eine Machtübernahme vor. Seine Loyalität gehört ihm selbst, was man daran sieht, wie schnell er in das „feindliche" Lager der Königin der Nacht zu wechseln vermag.

Verblüffend daran ist, dass all dies sozusagen unter den gar nicht wachsamen Augen des Sarastro geschieht. Sarastro ignoriert die Tätigkeit des Monostatos und wenn er sie nicht mehr ignorieren kann, dann ahndet er diese halbherzig, wie beispielsweise die ausgesprochene Stockhiebstrafe, die nicht ausgeführt wurde.

Monostatos ist zu sehr mit Sarastro verbunden, um von ihm losgelöst gesehen zu werden. Er ist Sarastro direkt unterstellt und so muss Sarastro über sein Treiben Bescheid wissen. Da Sarastro das nicht tut oder eben ignoriert, ist angedeutet, dass er diesen Teil abspaltet und verdrängt. So wird Monostatos zu seinem Schatten, der personifiziert auftritt und eine Eigendynamik erhält.

Hat die Königin der Nacht ihre Schattenanteile noch „bei sich", also nicht abgespalten, so verhält es sich bei Sarastro anders. Sein Schatten bleibt personifiziert und ignoriert. Seine triebhafte Sphäre ist ausgegrenzt und auf Monostatos abgewälzt worden. Hier fehlt der Gestalt des Alten Weisen eine wesentliche psychologische Komponente: die Integration des Schattenanteils, die Bewusstwerdung des eigenen Schattens.

Ein Blick auf die Umgebung, in der Sarastro lebt und wirkt, zeigt, dass darin alles vorhanden ist. Die Umgebung als Spiegel des Inneren ist lebendig und voller Möglichkeiten. Dennoch bedarf es eines Anstoßes von außen in der Gestalt des Tamino, der das Verdrängte offenbart und Sarastro die Möglichkeit zur Bewusstwerdung gibt.

Sarastro ist eine ausgewiesene Logos-Figur, eine Vater-Imago und Alter Weiser. Aber so positiv dieses Bild auch gezeichnet werden kann, es sollte unter Vorbehalt getan werden. Die Verdrängung und Abspaltung des Schattenanteils, das Fehlen der Anima – hier kann die Königin der Nacht als Projektionsfigur gesehen werden, die gegen Sarastro „kämpft" und dann verbannt werden muss – macht ihn nicht notwendigerweise zu einem Idealbild des Selbst. Sarastro ist eine ideale Gestalt, aber auch diese hat dunkle Seiten, die es bewusst zu machen gilt.

Auf der Subjektstufe würde Sarastro nicht nur die Möglichkeit einer „überlegenen Einsicht" verkörpern, sondern auch die Aufforderung nach dem „eigenen" Monostatos Ausschau zu halten. Möglicherweise ist man zu viel „Priester" – etwa zu heilig – und zu wenig Mensch und hat nun etwas Wesentliches aus den Augen verloren.

Sarastro erinnert uns daran, dass es nicht nur genügt, weise zu sein, sondern auch erfordert, dabei Mensch zu bleiben. Dazu gehören das Lebendige und das Logosprinzip. In Pamina und Tamino scheint eine andere Lösung gefunden zu sein, die die Einseitigkeiten zu kompensieren hilft. In dem Sinne fungiert er als Symbolfigur des Alten Weisen, der im Umkreis des Selbst zu finden sein wird.

C. G. Jung weist das Selbst in einer ausführlich gedeuteten Traumserie nach, die den ersten Teil von *Psychologie und Alchemie* ausmacht. (Die Träume stammen übrigens vom Nobelpreisträger für Physik Wolfgang Pauli.) Des Weiteren findet er den Begriff des Selbst in der Geschichte wieder, in der Mythologie, Kunst und vor allem in der Gnosis und Alchemie. Die Parallelen zum *lapis philosophorum*, zum Stein der Weisen, und zu Christus werden ebenfalls herausgearbeitet.[18] Prinzipiell ist „das Selbst eine Vereinigung der Gegensätze"[19], welche Bewusstsein und Unbewusstes miteinander verbinden kann.

Die Coniunctio – Hochzeit und Versöhnung

Die Nähe des Selbst zur Coniunctio ist offensichtlich. In ihr sieht die Alchemie ihr eigentliches Ziel. Der Stein der Weisen, die Hochzeit als Versöhnung der Gegensätze oder auch die Liebe als Auslöser und Verbinder … stehen für die Coniunctio. Dieser Prozess, der sich auf den ersten Blick so einleuchtend darstellt, ist alles andere als eindeutig. Bzw. ist er wirklich *ein*-deutig und deshalb nicht fassbar, weil wir es nicht gelernt haben, etwas aus der Einheit heraus zu deuten und gleichzeitig in der Einheit zu verbleiben. Um etwas zu erkennen, bedürfen wir eines Gegenübers und für die Bewusstwerdung bedarf es der Unterscheidung. Damit fallen wir aber sozusagen aus der Einheit in eine Zweiheit. Um aus der Einheit der Coniunctio heraus zu denken, aus dem Selbst heraus zu leben, bedarf es einer anderen Sprache,

18 C.G. Jung *GW* 9/2, 12ff.
19 C.G. Jung, *GW* 12, 34.

die wir (noch) nicht haben. Deshalb erleben wir das Selbst als paradox und transzendent und können es nur in einer Symbolsprache ansatzweise ausdrücken oder indem wir bewusst widersprüchlich sind.

Wenn also eine Vereinigung der Gegensätze vor sich geht, wo bleiben dann die Eigenheiten der Gegensätze? Wie C.G. Jung immer wieder ironisch betont: *tertium non datur*, ein Drittes darf es nicht geben. Und doch ist dieses Dritte das Selbst – oder der *lapis philosophorum*, von dem die Alchemisten sagen, dass er kein *Stein* sei und trotzdem *Stein* genannt werden muss. Was ist er nun?

Sicherlich gibt es genügend Hinweise darauf, wie eine *Coniunctio* vonstatten geht und aussehen kann. Auch finden wir Symbole des Selbst, die sich relativ leicht zuordnen lassen. Die Gefahr besteht, dass man sich allzu schnell von einer symbolischen Sprache vereinnahmen lässt, ohne sie zu hinterfragen.

Gewiss stehen Tamino und Pamina am Ende der Oper für eine Einheit, aber sie stehen auch für ein Rätsel und ein ungewisse Zukunft. Die Vertreibung der Verschwörer zeigt die Schattenseite der *Vereinigung* und neugewonnenen Einheit. Der Schatten wurde nicht integriert und stellt damit eine unterschwellige, sprich: unbewusste Bedrohung dar. Die Initiation eröffnet aber die Möglichkeit dieser Schattenintegration.

Individuation ist nie abgeschlossen und auch ein strahlendes Königspaar kann in ihrem Symbolgehalt nur Durchgangsstation auf dem Weg zur Selbstwerdung sein. Denn das eigentliche Ziel weist über die oberflächliche Bedeutung einer Initiation hinaus. Ihr wahrer Gehalt kann nur durch die Begriffe Wiedergeburt und Unsterblichkeit erfasst werden.

Gerade dieses Ziel in seiner ganzen paradoxen Art ist prädestiniert dafür, den Prozesscharakter der *Zauberflöte* zu unterstreichen und darin findet sich der stete und immer noch existierende Reiz, diese Oper heute noch zu spielen und anzuhören.

Eine historische Deutung

Eine historische Deutung vermag diesen Reiz nicht zu erklären. Auch eine Erklärung nach historischen Vorbildern kann nicht erklären, warum die *Zauberflöte* immer noch anziehend wirkt, obwohl die historischen Vorbilder längst verschwunden sind.

Wenn Massimo Mila[20] davon ausgeht, dass *Tamino* als Joseph II., *Pamina* als österreichisches Volk, *Sarastro* als Ignaz von Born, *Monostatos* als Klerus bzw. Jesuiten und Maria Theresia als *Königin der Nacht* identifiziert werden können, so mag dies ein eindrucksvolles Gedankenexperiment darstellen, mehr aber auch nicht. Die historischen Gestalten sind zum Teil vergessen, die Situation hat sich gewandelt … allein der Zauber der *Zauberflöte* bleibt bestehen. Bis heute!

Das ist aber nicht durch eine solche historische Begründung erklärbar. Das ist auch nicht damit begründbar, dass die Oper ägyptischen Einfluss birgt oder geheime Rituale abbildet. All das sind nur vordergründige Platzhalter für eine tiefere, umfassendere Mysterienwahrheit. Das bedeutet nicht, dass solche Überlegungen historischer oder soziologischer Art unzulänglich sind. Im Gegenteil: sie können zutreffen. Aber es bleibt jener nicht erklärbare Rest zurück und um den geht es hier. Selbst wenn wir also sagen, dass dieser Rest „Unsterblichkeit" meint, so ist damit erst einmal nichts gesagt. Es bleibt das Geheimnis der *Zauberflöte*. Doch wir haben damit einen Schlüssel, den wir gebrauchen können, um mit ihm dieser Spur weiter zu folgen.

Sicherlich ist die Oper eine Liebesgeschichte. Andererseits ist die Liebe hier Band und Auslöser für noch etwas ganz anderes. Der Mythos *Zauberflöte* gründet sicherlich im initiatischen Charakter. Dieser wiederum weist auf und über die Veredelung des Menschen hinaus und damit auf eine Zwischenstellung des Menschen hin, die er zwischen Himmel und Erde einnehmen kann. Eingebunden in diese Ordnung kann er, wie es Hermann Hesse in seinem *Steppenwolf* ausdrückt, ein *Unsterblicher* werden.

Sich einweihen zu lassen gleicht einem symbolischen Tod und einer sich daran anschließenden Auferstehung bzw. Wiedergeburt.

Initiation und Taufe haben dieselbe Grundbedeutung: bei beiden wird der Initiand *wiedergeboren*. Er besiegt den Tod, besiegt dessen Schrecken – besser wäre zu sagen: er besiegt seine Ängste vor dem Tod – und wird ein Jenseitiger im Diesseits, was bedeutet, dass er beide Sphären miteinander verbindet. Wenn er, wie schon mehrfach zitiert, um Mitternacht – in der absoluten Dunkelheit also – die Son-

20 Vgl. dazu Massimo Mila: *Lettura del Flauto magico* (Torino, 1989).

ne aufgehen sieht, dann ist damit gemeint, dass die profanen Unterscheidungen zwischen Licht und Dunkel, zwischen Tag und Nacht nicht mehr gelten. Das erinnert an Christus, der in das Reich des Todes hinabgestiegen ist und am dritten Tage auferstanden. Er bändigte durch das Hinabsteigen in die Wasser des Todes den Drachen *Behemoth*. Kyrill schreibt: „Da die Köpfe des Drachen abgeschlagen werden mussten, hat Jesus bei seinem Hinabsteigen in die Wasser den Starken gebunden, damit wir die Kraft erlangen, über Skorpione und Schlangen zu schreiten."[21]

Tamino und Pamina werden nicht nur die Initiation überleben, sondern auch als Paar für eine neue Ordnung stehen, eine, die harmonisierend und gegensatzvereinigend ist.

Feuer und Wasser

Die Pyramide ist aber nicht nur ein Symbol, das auf das Alte Ägypten verweist, es symbolisiert auch die vier Elemente (Feuer, Wasser, Luft und Erde). Das Quadrat, auf dem die Pyramide ruht, entspricht den Elementen, die als Dreiecke sich an der Pyramidenspitze verbinden und im Verbund bildet das Ganze die Quintessenz, das fünfte Element, die Essenz der vier Elemente.[22]

Luft	Erde	Feuer	Wasser
sanguis	melancholia	cholera	phlegma
Blut	schwarze Galle	gelbe Galle	Schleim
Zwilling	Stier	Widder	Krebs
Waage	Jungfrau	Löwe	Skorpion
Wassermann	Steinbock	Schütze	Fische
warm	kalt	trocken	feucht
Osten	Norden	Süden	Westen
Gelb	Grün	Rot	Blau

Die Elementenlehre war jahrtausendelang im philosophischen und medizinischen Denken der Menschheit präsent. Die Erde gilt als „weiblich", „passiv" und „negativ", symbolisiert das Gefäß, die formgewordene Energie, die die notwendige Basis für die weiteren Elemente bildet. Als Farbe kann ihr Grün zugeordnet werden.

21 Zitiert in: Eliade, *Das Heilige*, 117.
22 Vgl. dazu die Ausführungen bei: Böhme / Böhme: Feuer, Wasser, Erde, Luft. Und: Rudolf Treumann, *Die Elemente*.

Der Intellekt, der Verstand und das Denken werden durch das *Element Luft* symbolisiert. Es liegt nahe, die Luft mit Wind und Atem zu assoziieren. Luft gilt als beweglich, aktiv und männlich. Dem Element Luft kann die Farbe Gelb zugeordnet werden. Einer alten alchemistischen Tradition zufolge kann von der Luft als vom „feurigen Wasser“ – und von der Erde als vom „wässrigen Feuer“ – gesprochen werden, um anzuzeigen, dass eine enge Beziehung zwischen Wasser und Feuer besteht.

Das *Element Wasser* wird vorwiegend mit blauer Farbe abgebildet und symbolisiert Bewusstsein. Das Wasser wird als passiv, kühl und negativ eingestuft. Das Symbol Wasser fordert auf, das Verschleierte wahrzunehmen, das, was Anderes verborgen hält. Die Verbindungen von *Meer, mare, maya, Materie, Maria* und *Mater* drängen sich assoziativ auf, was etymologisch bedenklich ist, aber amplifiziert zur Assoziation „Mutter“ führt. Wasser ist geheimnisvoll und tief.

Feuer steht für die Instinkte, Triebe und vor allem kriegerischen Impulse im Menschen. Es fasziniert, denn es symbolisiert das reine Sein. Feuer ist eine aktive Kraft, männlich und positiv. Es läutert den Menschen und erinnert an den Schmelzofen der Alchemisten. Auf den Menschen übertragen hieße es, dass er in diesem Schmelztiegel durch das Feuer in seinen Gefühlen, Instinkten und Leidenschaften gekocht wird, um umgewandelt und geläutert zu werden.

Die ganze Bandbreite unserer Gefühle, die von heftigstem Zorn bis zu tief empfundener Mystik reichen, wird durch das Feuer symbolisiert. Gefühle sind Gradmesser dafür, wie man auf die Welt reagiert und wie sie sich uns darstellt. Gefühle bewerten, eine Eigenschaft, die durchaus nützlich und sinnerhellend sein kann. Je nachdem wie wir zum Feuer stehen, so stehen wir zu unseren Gefühlen.

Die *Quintessenz* oder *quinta essentia* (das „fünfte Wesen“, das „fünfte Seiende“) ist es, was die vier Elemente zusammenhält, zusammenfügt und bildet. Aristoteles, Paracelsus, die mittelalterliche Mystik und die Alchemie haben sich ausführlich mit der *quinta essentia* beschäftigt. Sie wird mit dem Äther in Verbindung gebracht, als lebenerzeugender und -erhaltener Geist oder „spiritus“.

Die Quintessenz ist fein, alles durchdringend und überall. (Die Verbindung zum „flüchtigen Alkohol“ der Alchemisten liegt nahe.) Die Quintessenz bezeichnet das Wesen einer Sache, ihren

Hauptgedanken, das Endergebnis. Sie kann mit dem „Stein der Weisen“, der bekanntlich als höchste zu erreichende aber verborgene Kostbarkeit gilt, assoziiert werden. Ihn zu besitzen heißt, in vollendeter Harmonie mit sich selbst und der Schöpfung zu sein. Die traditionelle Elementenlehre spricht von Vier Elementen, die *Zauberflöte* beschränkt sich auf zwei, obwohl von vieren die Rede ist. Letztlich wird die Initiation aber allein durch *Feuer* und *Wasser* stattfinden.

Erde und Luft in der Zauberflöte

Fehlen die beiden anderen Elemente – Erde und Luft – wirklich? Wenn wir davon ausgehen, dass Standfestigkeit geprüft wird, so kann diese mit dem Element *Erde* verbunden werden. Das Schweigen würde dann der *Luft* entsprechen, so dass in diesen beide Elemente vertreten und gemeistert wären.

Beider Eigenschaften bedarf Tamino, um zu den Mysterien zugelassen zu werden. Erde und Luft bilden die Grundlage dafür. Tamino, der sich im Schweigen übt, errichtet dadurch ein inneres Fundament und gibt sich eine Form, die stabil genug ist, ein neues Sein, einen neuen Lebensimpuls zu empfangen. Der Gebrauch der Vernunft (Luft) befähigt ihn, unterscheiden und differenzieren zu können, sodass er in der Lage ist, seine Absichten und Ziele zu verfolgen.

So gesehen finden tatsächlich ALLE Elemente ihre Anwendung in der Oper. Erde und Luft werden sogar sehr ausführlich abgehandelt, jedoch nicht explizit angesprochen.

Ewiges Leben und göttliche Inspiration

Steht das Feuer für die Instinkte, so bedeutet die Reinigung durch das Feuer die Bewusstwerdung der eigenen Triebhaftigkeit und Emotionen. Eine Elementenprobe durch das Feuer meint, dass die Emotionen bewusst kontrolliert werden müssen und nicht umgekehrt, diese uns kontrollieren.

Das Wasser, das für Bewusstsein steht, zeigt das Abgründige, das Tiefe, das Verschleierte und fordert dessen Bewusstwerdung, sodass jene – wie wir heute sagen würden – Bewusstseinsimpulse erkannt werden.

Die beiden Elemente Feuer und Wasser finden sich auch im Neuen Testament, wo Nikodemus Jesus nach der Wiedergeburt fragt: „Wie kann ein Mensch geboren werden wenn er alt ist? Kann er auch wiederum in seiner Mutter Leib gehen und geboren werden? Jesus antwortete: Wahrlich, wahrlich ich sage dir: Es sei denn, dass jemand geboren werde aus Wasser und Geist, so kann er nicht in das Reich Gottes kommen." (Joh. 3)

Und in der Apostelgeschichte (Apg. 2) ist zu lesen: „Und es geschah plötzlich ein Brausen vom Himmel wie eines gewaltigen Windes und erfüllte das ganze Haus, da sie saßen. Und es erschienen ihnen Zungen, zerteilt, wie von Feuer; und er setzte sich auf einen jeglichen unter ihnen, und sie wurden alle voll des Heiligen Geistes und fingen an zu predigen in anderen Zungen, wie der Geist ihnen gab auszusprechen." Ergänzend hierzu wird auf eine Stelle in Matthäus 3, 11 verwiesen, wo Johannes der Täufer spricht: „Ich taufe euch mit Wasser zur Buße; der aber nach mir kommt, ist stärker als ich, …, der wird euch mit dem Heiligen Geist und mit Feuer taufen."

Feuer und Wasser sind mit *Taufe* und *Heiligem Geist* verbunden. Der Taufe durch das Wasser folgt die Taufe durch Feuer *und* Wasser. Taufe meint im symbolischen Sinne eine Neugeburt und impliziert die Voraussetzung, ewiges Leben und damit eine zweite Geburt zu erlangen.

Mittels der „Feuertaufe" vermag man mit „Engelszungen" und durch den Heiligen Geist inspiriert zu sprechen (Pfingstwunder); mittels der „Wassertaufe" vermag man das ewige Leben zu erlangen und den Tod zu besiegen. Ewiges Leben und göttliche Inspiration treffen also in der Initiationsprüfung der *Zauberflöte* zusammen, womit die Initiation eine Weiterentwicklung der Taufe darstellt.

Hexagramm

Wenn das Feuerdreieck – symbolisiert durch ein Dreieck mit der Spitze nach oben – und das Wasserdreieck – ein Dreieck mit der Spitze nach unten – ineinander geschoben werden, ergibt sich eine durch die Vereinigung der Gegensätze geprägte Harmonie im Sinne eines Hexagramms.

Tamino und Pamina bilden als Paar eine harmonische Einheit, zumal *Wasser* der Frau und *Feuer* dem Mann zugeordnet werden kann. Eine durch die Initiation gebildete umfassende Harmonisierung ist entstanden mit dem Ergebnis, dass Tamino nicht nur geläutert und gereinigt aus der Prüfung hervorgeht, sondern nun auch bereichert und mit der nötigen inneren Stärke versehen ist, um die Regentschaft im geistlichen (Priester) und weltlichen Sinne (König) anzutreten.

Pamina als Seelenführerin

Auf diesen Hintergrund aufbauend, fällt die Deutung Paminas bei und während der Initiation leichter. Ihre Aufgabe ist eine doppelte: als Anima fungiert sie als Seelenführerin zum Selbst. Sie ist Taminos Brücke zur Individuation.

Als Gefährtin ergänzt sie ihn um seine andere Seite, umgekehrt gilt das natürlich genauso. Von daher wäre es zu einfach, Pamina „nur" als Anima zu funktionalisieren. Sie ist auch Psychopompos (Seelenführer) und Teil des Selbst im Sinne einer Vermittlung des Diesseits – der materiellen Welt – mit dem Jenseits – der immateriellen, geistigen Welt. Eben weil sie bei der Initiation voranschreitet, wird ihre Aufgabe deutlich, die bei Beatrice in Dantes *Göttlicher Komödie* einerseits darin liegt, zu führen, andererseits aber auch zu begleiten.

Der *Begleitaspekt* darf als feine Nuance der Animafunktion nicht unterschlagen werden. Begleiter sind, auf den Weg bezogen, gleichberechtigt dem, der den Weg beschreitet. Und es ist offensichtlich, dass Pamina und Tamino gleichberechtigt dastehen und als Paar im Sinne einer Einheit gesehen werden müssen.

Dabei gibt es zwar noch die Worte *weiblich* und *männlich*, aber nicht mehr in ihrer Bedeutung einer geschlechterspezifischen Unterscheidung, welche Rollenklischee und Beschränkung zugleich wäre. Man muss zugestehen, dass die Sprache im Moment der symbolischen Betrachtung versagt und indifferent wird.

Aus Paminas Sicht ist es gerechtfertigt, Tamino als ihre Animusprojektion aufzufassen, sodass wir es mit jener Anima-Animus-Konstellation zu tun haben, die C.G. Jung in seinem Spätwerk alchemistisch deutet. Er bezieht sich dabei auf den Begriff der „Chymischen Hochzeit" und meint die symbolhafte Abbildung eines inneren, unbewussten Prozesses. Dieser Prozess *führt* dann nicht zum Selbst, er stellt das Selbst im Sinne der Individuation dar. Tamino und Pamina sind nicht nur durch die Initiation vereint, sondern als Einheit aufzufassen.

Die Chymische Hochzeit

Tamino und Pamina sind in der Initiation vereint, was an das Bild der *Chymischen* oder *Himmlischen Hochzeit* (Hieros gamos) erinnert. Dies symbolisiert die Verbindung von Mann und Frau, ausgedrückt durch Sonne und Mond, König und Königin oder den alchemischen Schwefel (Sulphur) in Verbindung mit dem alchemischen Quecksilber (Mercurius).

Das Wort Hochzeit leitet sich vom mittelhochdeutschen „*Hoch*zeit" oder „hochgezit" her und bedeutet soviel wie: hohes kirchliches oder weltliches Fest, bildliche höchste Herrlichkeit, höchste Freude, Vermählungsfeier, Beilager.

Durch die „Himmlische Hochzeit" verbinden sich das Weibliche und Männliche (Yin und Yang im Chinesischen). Diese Einheit enthält dann keine Gegensätze mehr, sondern Ergänzungen. Das „Entweder-Oder" wird zum „Sowohl-als-auch" aber unter Berücksichtigung der Gegensätzlichkeit! Es findet demnach keine Verschmelzung statt, sondern eine sich selbst bewusste Gegensatzvereinigung.

Die kabbalistische Tradition spricht davon, dass sich *Tipheret*, die Schönheit, das strahlende Zentrum inmitten des Lebensbaumes, mit *Malkuth*, dem Königreich, vereint. Die christliche Hochzeit nimmt sich die Vermählung Christi, des Lamm Gottes, mit seiner Kirche, der Braut Christi, zum Vorbild. Die Hochzeit des Lammes im festlich geschmückten Jerusalem zeigt die christlich-symbolische Variante der Hochzeit. Die himmlische Hochzeit ist im Prinzip ein Abbild einer Ordnung, die umfassend – weil universal – allgemeingültig – weil ewig – und allgegenwärtig – weil mit sich selbst immer identisch ist. Psychologisch gesehen trifft bei der Hochzeit das Wissen, der Logos des Mannes, auf die Bezogenheit, den Eros der Frau.

Die Aufgabe der *Eigenheiten* durch die und in der *Chymischen Hochzeit* ist ein Vorgang, den man in der Alchemie als Sterben oder Abtötung (*Mortificatio*) bezeichnet. Ziel ist die Überwindung und

Umwandlung festgefahrener Verhaltensmuster, die Erhöhung und Verwandlung des Menschseins in einen höheren Seinszustand.

Natürlich ist das ein verwirrender und widersprüchlicher Prozess, der durch Mann und Frau personifiziert dargestellt wird, aber psychologisch letztlich nur in einem selbst erfahren werden kann.

Wie gesagt: Die Einheit unterscheidet sich grundlegend von allen Vorstellungen, die wir uns über sie machen können, weil darüber keine Vorstellungen möglich sind. Es ist immer genau anders herum, nicht strömt der Tropfen ins Meer – ein Bild, das für den Zustand der Erleuchtung gebraucht wird – sondern umgekehrt: der Ozean strömt in den Tropfen.[23] Und so paradox, aber erfahrbar, ist das Geschehen der *Chymischen Hochzeit*, das ein Symbol des Selbst ist.[24] Auch über das Selbst vermögen wir letztlich wenig zu sagen. In der *Zauberflöte* wird eine solche *Hochzeit* gefeiert, dessen stufenweise Entfaltung hier nachvollzogen wurde.

Dieser Prozess löst eine weitere Entwicklung aus, denn die *Zauberflöte* sieht in der Gegensatzvereinigung nicht das eigentliche Ziel. Paul Nettl gibt einen entscheidenden Hinweis auf die Symbiose von Mann und Frau bei der Initiation: „Wenn es in der ‚Zauberflöte' heißt: ‚Mann und Weib und Weib und Mann, reichen an die Gottheit an', so deutet das auf die hohen Ideale der Liebe und Humanität, die in der Freimaurerei ihren beredtesten Ausdruck fanden." Nettl betont, dass in der Initiation „das Prinzip der Auferstehung und Wiedererneuerung" ihren höchsten Ausdruck in Mozarts *Zauberflöte* fand. Und er betont, dass ein Geheimnis der Freimaurerei darin bestehe, die Tradition weiterzugeben und die Überlieferung zu pflegen, was er durch den Freimaurer-Ausdruck *Er lebet im Sohne* ausgedrückt wissen will. Das bedeutet aber auch, dass man sich bewusst in einen Traditionszusammenhang (eine „Sohnschaft") einbindet.[25] Nicht vergessen werden darf, dass Tamino *auch* Sohn ist. Und zwar der Sohn seines Vaters – und nicht der Königin der Nacht!

23 P. D. Ouspenski: *Tertium Organon*, 212f.
24 Vgl. dazu die Ausführungen C.G. Jungs in *Mysterium coniunctionis*, vor allem die Stellen über Rex und Regina bzw. König und Königin.
25 Nettl, 121.

Tamino als Priesterkönig, Held und Selbstsymbol

Das Ideal der Liebe und Humanität verweist auf die Intention der Oper: Auferstehung und Wiedererneuerung. Das Wesen der Initiation liegt in Wandlung und Erneuerung. Kombiniert mit dem freimaurerischen Ausspruche „Er lebet im Sohne" eröffnet uns dies ein weiteres Bedeutungsmoment zusätzlich zu der Symbiose von *weiblich* und *männlich*, wodurch folgende Bedeutungsebenen der Szene auszumachen sind:

1. geistige Wiedergeburt,
2. symbolische Gegensatzvereinigung im Sinne einer Ganzheit,
3. Nachfolge des Sohnes bzw. Anerkennung der Sohnschaft,
4. Einsetzung als Herrscher bzw. Priesterkönig.

Alle vier Punkte sind eng miteinander verknüpft und *sind*, wie wir noch sehen werden, im Grunde eine symbolische Einheit. All das spielt sich im Laufe der Initiation ab und unterliegt unserer Deutungsarbeit. Denn nach wie vor bildet die Initiation ein Geheimnis.

Wenn wir Linda Simonis' Argumentation folgen, die in ihrem umfangreichen Werk *Die Kunst des Geheimen. Esoterische Kommunikation und ästhetische Darstellung im 18. Jahrhundert am Beispiel der Zauberflöte* gezeigt hat, dass deren Geheimnis „auf einer anderen Ebene angesiedelt [ist] als das Arkanum der Freimaurer und esoterischen Bünde", dann wird damit ein eigener künstlerischer und ästhetischer Bereich geschaffen, der „einen eigenen theatralischen und ästhetischen Raum" eröffnet.[26]

Kann also die Oper als Programm einer neuen Humanität, einer neuen Menschlichkeit gelesen werden?

26 „In der zeitgenössischen Freimaurerkultur nimmt das Arkanum zunächst die Form eines geheimen Wissens an, einer esoterischen Episteme, die die in sie Eingeweihten unter dem Siegel der masonischen Verschwiegenheit bewahren und weitergeben. Dabei hat jenes Arkanwissen, wie wir gesehen haben, sowohl eine politisch-gesellschaftliche Dimension, in Form der Utopie eines überständischen, tendenziell egalitären Sozialmodells, als auch eine erkenntnistheoretische und philosophische Komponente, als bevorzugter Ort der Aufnahme spätantiker Geheimlehren und Mysterienkulte. Im Musikdrama hingegen erscheint das bündische Geheimnis vor allem als eine künstlerische, ästhetische Form" (Simonis, 293f).

Zu wenig wäre es nun, die antiken Mysterien nur als Folie zu betrachten, auf die Taminos Einweihung projiziert wird. Etwas von ihnen lebt im Mysterium *Zauberflöte* wieder auf oder wird neu belebt. So ist die verborgene Bedeutung des Orpheus beispielsweise, eine Verbindung zwischen Lebenden und Toten herzustellen, um anzudeuten, dass eine Möglichkeit besteht, in beiden Reichen – dem Totenreich und im Leben selber – zu verkehren. Orpheus in der Unterwelt zeigt, dass Widererneuerung und Wiedergeburt möglich sind.

Auferstehung und Überwindung des Totenreiches finden sich sowohl bei Demeter, den Eleusinischen Mysterien als auch beim Isis-Osiris-Mythos thematisiert. Den eigentlichen Kern jedoch bildet der Moment der Unsterblichkeit, der sich, einmal erreicht, in der Initiation, im Mysterienspiel im Sinne einer gerichteten Vermittlung beliebig wiederholen lässt.

Das Wieder-*holen* der Verbindung zwischen Ober- und Unterwelt ist Kern eines jeden Mysteriendramas. Die zyklische Feier bedeutet die Herrschaft über Leben und Tod und damit Wiedergeburt und Ewigkeit. Was wir heute als momenthaft verkürzten Akt wahrnehmen – Orpheus steigt „einmal“ in die Unterwelt, Isis rettet „einmal“ (bzw. „zweimal“) Osiris, Demeter verliert „einmal“ ihre Tochter „usw. – ist durch die Instrumentalisierung dieser Tat im Mysterium beliebig oft erfahrbar und damit wiederholbar geworden. Doch geht es dabei um die paradoxe Wiederholbarkeit jenes *einen* Momentes, in dem diese anscheinend unüberwindliche Grenze zur Unterwelt überschritten wurde, womit die Tür zur Ewigkeit geöffnet, aber nicht mehr geschlossen wurde.

Schlaf und Traumsymbolik

Der Gang in die Unterwelt, die Rückholung des Toten, die Wiederbringung der verlorenen Tochter ist ein Grenzgang, der sinngemäß auf den Schlafzustand ausgeweitet und übertragen werden kann, bei dem ebenso eine Grenze zwischen Wachen (Leben) und Schlafen (Tod) überschritten wird. Nicht zufällig wird der Schlaf der kleine Bruder des Todes genannt. Schlafen und Erwachen sind die beiden Schlüsselbegriffe jeder Initiation.

In einer Initiation erlebt man „wie im Traum“ was geschieht. Das Bewusstsein des Initianden ist traumhaft verschleiert, so dass es möglich ist, eine Brücke zwischen Traum und Einweihung zu schlagen. Der Traum ist wiederum jene Symbolsprache, zu der wir noch am ehesten aus eigener Anschauung Zugang finden. Und einer solchen Symbolsprache, verschlüsselt und teilweise verschüttet, bedient sich auch die *Zauberflöte*.

Wenn das Erlebnis der Wiedergeburt in der Initiation nicht mehr als einmaliger Akt angesehen werden kann, sondern als zyklischer – und damit ewiger – sich erneuernder Akt, der dadurch auf eine andere Zeitdimension hinweist (*illo tempore*), dann wird deutlich, worin das „Geheimnis" der Mysterien und ihre tiefere Bedeutung lag. Es geht nicht darum, diese Grenze einmalig zu überschreiten, sondern diese Grenzüberschreitung wird im Begriff der Wiedergeburt als dauerhafter Seinszustand manifest.

Die Selbstwerdung im Sinne der Einweihung in die Mysterien meint die Qualität im Diesseits jenseitig und im Jenseits diesseitig zu *sein*. Letztlich geht es um jene Bewusstseinsqualität des Geborgenseins im Wiedergeborensein. Damit erhält das Selbst die Qualität der Einswerdung, die bereits als gegensatzvereinigendes Moment in der Chymischen Hochzeit thematisiert wird

Das Geheimnis der Initiation

Das Geheimnis der Initiation wurde nicht an Außenstehende (*Profane*) weitergegeben und bis heute sind wir auf Mutmaßungen angewiesen. Auch innerhalb der *Zauberflöte* wird das Geheimnis der Initiation nicht offenbart. Was verbirgt sich hinter dieser schattenhaften Einweihung? Wie läuft diese Prüfung ab?

Die Türen werden geschlossen. Die Feuer- und Wasserprobe wird durchgeführt. Für den Zuschauer bleibt die Szene und ihr genauer Ablauf wage. Die schemenhafte Bewegung der Darsteller trägt nicht zur Verdeutlichung bei. Der Zuschauer weiß nicht, was wirklich passiert.

Das musikalische Geschehen weist durch den Marsch in C-Dur mit der Tempobezeichnung Adagio (*Langsam*) eine gewisse Schwere auf, wird aber von der Flöte in ihrer verspielten Art kontrastiert. Ihr ätherischer, an Vogelgezwitscher erinnernder Duktus gibt der Szene eine gewisse tröstliche Heiterkeit, die in merkwürdigem Kontrast zur Schwere der Prüfung steht. Aussichtslosigkeit hört sich anders an. Die neutrale Tonart C-Dur, sie hat keine Vorzeichen, was durchaus wörtlich verstanden werden darf, vermittelt nicht Hoffnungslosigkeit. Die musikalischen Zeichen stehen auf Gelingen.

Nach 28 Takten aber ist alles schon wieder vorbei. 28 Takte also, die den Höhepunkt der Oper – zumindest des zweiten Teiles – darstellen und von denen man so gut wie nichts mitbekommt! Die Initiationsszene steht nicht einmal in der Zauberflötentonart Es-Dur und selbst der folgende „Triumph“ bleibt in C-Dur. Was soll man davon halten?

Zu Recht betont Linda Simonis deshalb: „Die Musik bildet ein Geheimnis ab, entschlüsselt es aber nicht.“[27] Anders gesagt: all das, was an Geheimnis erahnt oder angedeutet wird, verbleibt hinter verschlossenen Türen. Und trotzdem fühlt sich der Zuschauer eingebunden in diese Initiationsszene.[28]

Ich selbsten führe dich

Letztlich ist es dann Pamina, die Tamino während der entscheidenden Elementenprobe „führt“. Sie übernimmt die Rolle der Leiterin und gibt ihm den entscheidenden Hinweis, die mitgenommene Flöte zu spielen. Gleichwohl Tamino „vorangeht“, wird er doch von Pamina „geschoben“. Sie sagt: „Ich selbsten führe dich, / die Liebe leitet mich.“ Die Wächter erlauben ausdrücklich, dass beide an der Initiation teilnehmen, wodurch mit der geheimbündlerischen Tradition gebrochen wird. Würde das Ritual sich allein auf Freimaurer beziehen, wäre die Anwesenheit Paminas als *physische Erscheinung* schwer zu erklären.

Allein der Umstand, dass es im 18. Jahrhundert Frauenlogen in der Freimaurerei gab, belegt nicht die Brisanz dieser Initiation. Frauenlogen stellen eine Ausnahme dar und es gibt keine Vermischung mit den Männerlogen. Uns liegt damit eine eigenartige Überhöhung des männerbündischen Gedankens vor und wir können sogar von der Ausnahme auf eine Regel oder Änderung der Verhältnisse

27 Simonis, 293.

28 „Der esoterische Raum des Geheimnisses, den die masonischen Ordensbrüder sorgsam im Innern der Loge bewahrten und abkapselten, bleibt, mit anderen Worten, auch in der *Zauberflöte* ein rätselhafter, verschlossener; doch zugleich wird dieses Arkanum vor den Augen des profanen Zuschauers auf die Bühne geholt und mit allen Mitteln der zeitgenössischen Theater- und Schauspielkunst als sublimes, rhetorisch gesteigertes Opernereignis inszeniert“ (Simonis, 293).

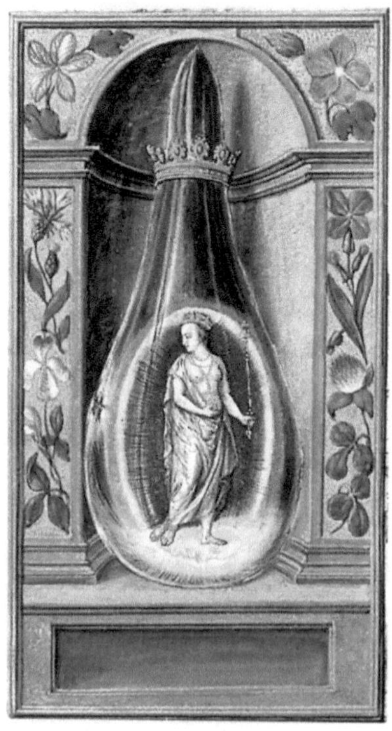

Pamina als Archetpus der Anima

schließen. Möglicherweise ist in der Szene auch eine unterschwellige Kritik Mozarts und Schikaneders am System der Freimaurer versteckt, die den frauenlosen Zustand des Männerbundes ankreidet. Jedenfalls ist Paminas Anwesenheit in einem freimaurerischen Kontext schwer zu erklären.

Zwar wird die *Zauberflöte* auch als Freimaurer-Oper tituliert, und das teilweise durchaus zurecht, finden sich doch in ihr wesentliche Momente, die den Freimaurern zugeschrieben werden können – Mozart und Schikaneder selber waren ja bekanntlich Freimaurer und es gib einige Kompositionen Mozarts für diesen Geheimbund –, doch allein das Wenige, das wir allgemein über die Freimaurer wissen ist, dass sie ihre Rituale nicht als Priester verkleidet abhalten und keine Frauen zu den Versammlungen und Zusammenkünften zugelassen sind. Die Freimaurer sind im Prinzip ein reiner Männerbund. Wie ist also Paminas Anwesenheit in der Einweihungsszene zu erklären?

So gesehen gar nicht. Außer man sieht Pamina symbolisch. Dann wird aus Pamina, wenn wir das P streichen und ihre verbliebenen fünf Buchstaben rückwärts lesen Anima, was so viel heißt wie Hauch, Seele. In der Tat haucht Pamina ihrem Tamino Leben ein. So steht sie durchaus symbolisch für die Seele und die Seele darf in einer Einweihungsszene durchaus präsent sein.

Das Problem dabei ist, dass Pamina nun symbolisch gesehen wird, Tamino jedoch nicht. Würden wir nun auch Tamino symbolisch betrachten, beispielsweise als Symbol für uns alle, wäre Tamino zwar szenisch real, Pamina hingegen in Bezug auf Tamino nach wie vor symbolisch zu verstehen. In Bezug auf uns käme dann Pamina doppelte Symbolkraft zu. Zum einen wäre sie für Tamino in der Szene ein Symbol für die Seele, zum anderen wäre Tamino für uns das Symbol eines Eingeweihten, was aber dann Pamina zu eben jenem doppelten Symbol werden ließe: für uns und für Tamino.

Das bringt uns nicht wirklich weiter. Wie wir sehen, kann man die Bedeutungsebenen nicht beliebig vertauschen. Entweder wäre alles symbolisch zu deuten oder nichts. Deshalb bleibt die Anwesenheit Paminas handlungslogisch schlüssig, in Bezug auf die Freimauersymbolik aber rätselhaft, selbst dann, wenn wir sie als „Seele“ Taminos sähen. Er nimmt sie – handlungslogisch – real wahr und eben nicht symbolisch! Tamino soll aber kein Symbol innerhalb der Opernwelt bleiben, sondern für uns eines außerhalb der Oper darstellen. Insgesamt spricht vieles für eine Freimaureroper, aber eben nicht alles. Es bleibt unerklärt.

Leben und Initiationsgang

Wie bereits erwähnt wird, gleichwohl es die Geharnischten anders vermitteln, fehlen während der Initiation die Elemente *Luft* und *Erde* und die Initianden werden sich auch nicht *ganz* dem Mysterium der Isis weihen:

> Der, welcher wandert diese Straße voll Beschwerden,
> wird rein durch Feuer, Wasser, Luft und Erden
> wenn er des Todes Schrecken überwinden kann,
> schwingt er sich aus der Erden himmelan.
> Erleuchtet wird er dann imstande sein
> sich den Mysterien der Isis ganz zu weih'n.

Die Verheißung, des Todes Schrecken zu überstehen, muss symbolisch gesehen werden, die Initiation selber gestaltet sich eher harmlos. Durch die Überwindung und gleichzeitige Integration der in den Elementen sich offenbarenden Inhalte wird nun ein *reales* Sterben des *vor*-initiatischen oder „alten“ Menschen bewirkt, in der Absicht, aus dessen Asche phönixgleich einen „neuen“ Mensch entstehen zu lassen. Der neue Mensch ist der initiierte Mensch, der Eingeweihte, derjenige, der die Prüfungen überstanden hat.

Gleichwohl Tamino tönt, dass ihn der Tod nicht schreckt und er wie ein Mann handeln will, wird es doch Pamina sein, die ihn führt, geleitet durch die Liebe.

Sie [die Liebe] mag den Weg mit Rosen streu'n,
Weil Rosen stets bei Dornen sein.
Spiel du die Zauberflöte an;
Sie schütze uns auf unsrer Bahn;
Es schnitt in einer Zauberstunde
Mein Vater sie aus tiefstem Grunde
Der tausendjähr'gen Eiche aus
Bey Blitz und Donner, Sturm und Braus.

Pamina zeigt hier Instinkt und Lebensweisheit. Rosen, als Symbol der Liebe, sind stets mit Dornen verbunden. Selten ist etwas eindeutig und auch ein Initiationsgang bedarf der Hilfe. Deshalb kann die Flöte als Hilfsmittel eingesetzt werden, auch und weil in einer Initiation die natürliche Lebensklugheit nicht außen vor gelassen werden darf. Zudem macht sie die geheimnisvolle Herkunft der Flöte bewusst, die aus einer tausendjährigen Eiche geschnitzt wurde und womit eine Verbindung zum Lebensbaum (*Yggdrasil*) und zum Paradiesbaum hergestellt ist. Es ist nicht eindeutig, ob die Flöte aus dem Holz der Eiche geschnitzt wurde und die Eiche noch steht oder längst abgestorben ist. Die Essenz der Eiche lebt in der Flöte weiter und damit deren Gewalt und Urkraft.

Eiche (Baum) und Flöte bilden eine symbolische Einheit, mittels deren Kraft die Initiation gemeistert werden kann. Tamino und Pamina begegnen mit etwas Ewigem – etwas Tausendjährigem – dem Vergänglichen. *Sie wandeln durch des Tones Macht froh durch den Todes düstre Nacht!* – Eine gelassene Heiterkeit hilft ihnen, die Prüfung durch Feuer und Wasser zu bestehen. Gesehen hat der Zuschauer davon wenig, lediglich „Schatten an der Wand". Man ist an Platons Höhlengleichnis erinnert, in dem die Schatten an der Wand auf die zugrunde liegende Idee verweisen. Welche Idee steht hinter dem Ablauf der Initiation?

Die Wandlung der Schlange

Folgendes Ergebnis kann bereits vorweggenommen werden: Die Einweihungsszene ist symbolisch gesehen eine Szene der Erneuerung, der Widerbelebung und Wiedergeburt. Hier wird vollendet, was durch die Schlange ausgelöst wurde. Dieses Mal ist die Schlange aber kein Ungeheuer, das Tamino bedroht, sondern der symbolische Stachel, der ihn antreibt, diese Initiation anzugehen mit der

Verheißung als *homo novus* – als *neuer Mensch* – geboren zu werden. Die Schlange hat sich gehäutet.

Die Schlange *ist* die Energie (Kundalini, Libido), die ihn drängt, den entscheidenden Schritt vom *puer aeternus* zum verantwortungsbewussten Menschen zu tun. Sie geht im Priesterkönig Tamino auf, wird in ihm sublimiert. Die Initiation *ist* sozusagen die gehäutete, sublimierte, erhöhte Schlange. Damit wird sie zu einem Symbol des Selbst, das Tamino integrieren kann.

Tamino, der die Initiation erfolgreich besteht, wird nicht nur neu geboren, sondern erhält damit auch die notwendige Energie (*Libido*), um seine künftige Aufgabe zu erfüllen. Trotzdem ist er im Kern der immer noch gleiche Tamino.

Das Kreuz mit der Schlange

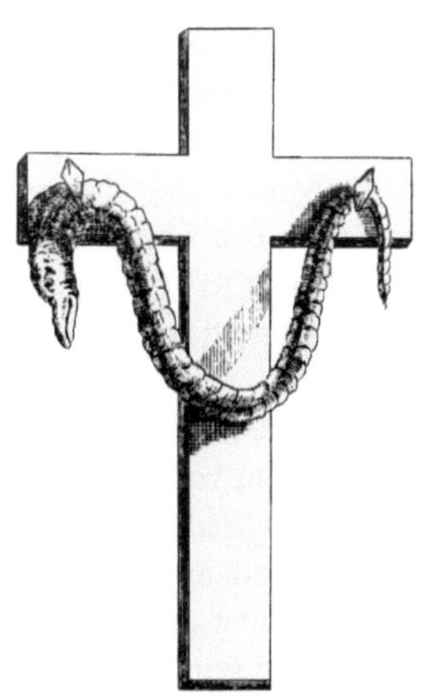

Kommen wir nochmals auf den Takt 31 der Eingangsszene zurück, in welchem, wie ausführlich dargelegt wurde, die Schlange *gekreuzigt* wird. Die Schlange als Symbol der Erneuerung (Häutung) scheint einsichtig. Weniger einsichtig ist, wenn wir die „Kreuzigung" wörtlich nehmen, ihre Beziehung zum Kreuz. In alchemistischen Handschriften wird aber eine solche Parallele gezogen. Beispielsweise finden wir sie bei Nikolaus Flamel und Abraham Eleazar. Flamel, ein sagenumwobener Alchemist, findet ein mysteriöses Buch eines Juden Abraham, in dem sich verschiedene Zeichnungen befinden, unter anderem auch das Bild einer Schlange am Kreuz. Er deutet die Zeichnungen alchemistisch im Sinne der Bereitung des Steins der Weisen.

Die Kreuzigung der Schlange offenbart mittelbar die Verknüpfung zu Jesus. Wobei so argumentiert werden kann, dass ein Kreuz zur damaligen Zeit – wir bewegen uns im 14. und 15. Jahrhundert – keine andere Bedeutung haben konnte als diese, christlich interpretiert zu werden. Eleazar beruft sich in seinem Werk auf Flamel. Er nennt die Schlange den mächtigen Naturkönig, der die ganze

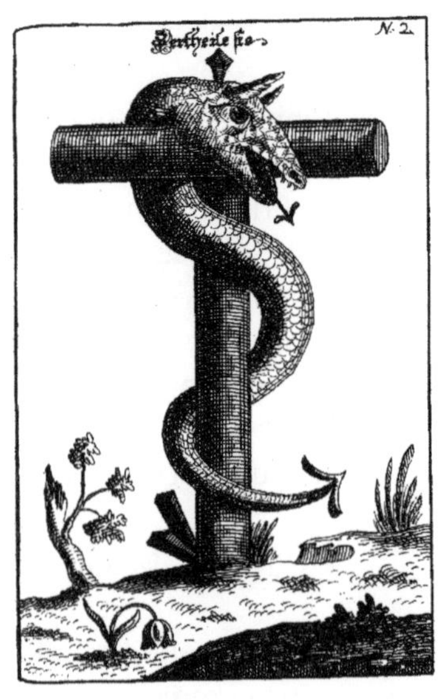

Welt gesundet. Doch ehe die Heilkraft der Schlange eintritt, muss ihr giftiger Leib *zerteilt* (!) und ihr flüchtiger Geist (*spiritus*) mit einem Nagel fixiert werden. Auf der Seite 26 seines Werkes nimmt er Bezug zu Moses, der eine eherne Schlange ans Kreuz genagelt hat und deutet dies so. „Darum wisset, wenn ihr die Schlange Python an dieses Creuz anheften könnet mit einem goldenen Nagel, so wird euch nichts an Weißheit fehlen."[29] Die Assoziationskette: Schlange – Kreuz – Christus wird erweitert um: Moses – Nagel – Weisheit. Die Bedeutung der Schlange als Symbol im Alten Testament (Moses) und Christus (Neues Testament) sowie die Verbindung zum Großen Werk der Alchemie, die Bereitung des Steins der Weisen (Flamel) und zur Weisheit (Eleazar) zeigt eine gewisse innere Logik, die sich auf die *Zauberflöte* übertragen lässt.

C.G. Jung bestätigt die Verbindung von Kreuz und Schlange.[30] Und es ist nur ein kleiner Schritt, eine Verbindung von Kreuz zu Christus und damit auch die Verbindung der Schlange *zu* Christus zu ziehen. Christus als König *und* als Gekreuzigter kann in Tamino als erneuerter, wiedergeborener und installierter Regent auferstehen. Seine Kreuzigung ist seine Initiationsprüfung und seine Auferstehung ist die Initiation selber. Beide drücken ähnliches aus. Tamino ist ja nicht nur weltlicher Herrscher über zwei Reiche, sondern auch Priester in einem Mysterien-Orden. Er löst Sarastro ab und wird zum *Oberpriester*. Als *Priesterkönig* verkörpert er beides, weltliche und geistliche Herrschaft, das irdische und das spirituelle Reich.

29 Abraham Eleazar: *Uraltes chymisches Werck*, 26.

30 „In diesem Zusammenhang ist zu erwähnen, daß das Kreuz mit der Schlange (statt des Crucifixus) mittelalterlich öfters vorkommt, ebenso aber auch in modernen Träumen und Phantasiebildern von Personen, welche mit dieser Tradition unbekannt sind" (C.G. Jung, *GW* 9/2, 87, Fußnote 42).

Tamino, der Priesterkönig

Die Tradition des Priesterkönigs kann hier nur kurz umrissen werden, ehe wir dann mit der Schlange und ihrer Symbolik weiter fortfahren. Am deutlichsten bringt es die Episode zum Ausdruck, in der Victor Hugo anlässlich der Inthronisierung Karl X. im Jahre 1825 schreibt: „Jetzt ist er Priester und König!“[31] Der Glaube an den König, der mehr ist als nur Herrscher, eben auch Priester und Heiler bedeutet, dass er mit einer Berührung kurieren kann und dies auch demonstrieren musste. Petrus von Blois (1135–1203) schrieb: „Die Könige sind geheiligte Wesen, gehen wir zu ihnen; wahrscheinlich haben sie mit so vielen anderen Gnaden auch die Kraft zu heilen erhalten.“ Und zur Zeit Philipp des Schönen (1268–1314) hieß es: „Mein König heilt, also ist er kein Mensch wie alle anderen.“[32] Der wundertätige König ist im Zusammenhang mit der *Zauberflöte* nicht so interessant wie der Umstand, dass der König auch als Heiler fungieren muss und damit in einer christlichen Tradition steht, denn Jesus Christus ist sowohl König als auch Heiler. Obzwar sein Reich nicht von dieser Welt ist, wird er als Herrscher oder König in einem jenseitigen Reich agieren. Als Heiler ist er bereits im Diesseits aktiv.

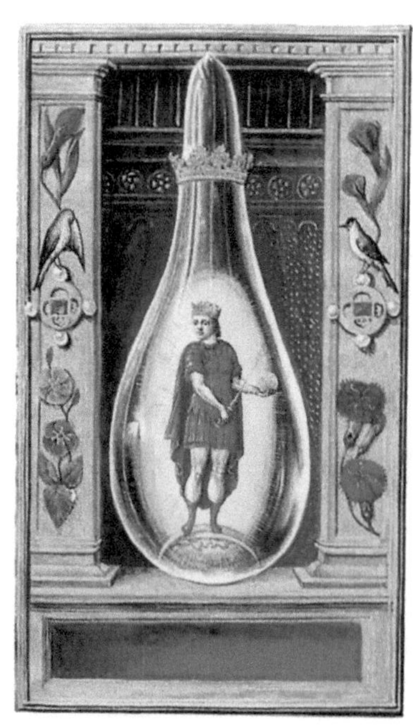
Der makellose König

In eben jener Tradition stehen auch die wundertätigen Könige, die auf eine weitere Assoziation hinweisen. Die Priesterkönige gelten dort als Nachfahren des legendären Priesterkönigs „Johannes“,

31 Zitiert nach Marc Bloch, *Die wundertätigen Könige*, 415.
32 Zitate jeweils nach Marc Bloch, *Die wundertätigen Könige*, 186.

der als Gralshüter fungiert haben soll.[33] Einen solchen Priesterkönig oder „Ältesten“ (*Presbyter*) Johannes hat es nie gegeben. Als symbolische Figur steht er für die Symbiose von irdischer und jenseitiger, von religiöser und weltlicher Herrschaft.

Wie Gerd-Klaus Kaltenbrunner zeigt, überlebte der Priesterkönig Johannes als Mythos die Jahrhunderte.[34] Für das 18. Jahrhundert weist Kaltenbrunner überraschend viele Bezüge zu diesem Mythos nach, so bei Beethoven, Schubert, Grillparzer, Hammer-Purgstall und Mozart. Er kommt zu dem Schluss: „Was ist Sarastro anderes als ein wiedergeborener Presbyter Johannes?“[35]

Ergänzend hierzu: Was ist Tamino denn anderes als ein inkarnierter Sarastro und damit Nachfolger des Priesterkönigs Johannes?

Der initiierte Tamino

Der Kreis schließt sich, denn der Priesterkönig ist in der Sprache C. G. Jungs ein Symbol des Selbst. Der Priesterkönig vereinigt in sich nicht nur religiöse und weltliche Macht, sondern auch Transzendenz und Immanenz oder Diesseits und Jenseits! Er ist Beherrscher und Bewohner zweier Welten. Als Symbol kommt ihm gegensatzvereinigende Ausrichtung und Qualität zu und dies prädestiniert ihn für ein Selbstsymbol.

Weiterhin verschmelzen in Tamino der Presbyter Johannes, der wundertätige König und der Priesterkönig als politischer Herrscher mit „göttlichem“ Segen. Die Attribute der Sohnschaft als Sarastros Nachfolger, eines Priesterkönigs mit Königswürde und eines Herrschers und Einigers der beiden Reiche, runden das Selbstsymbol ab.

Der initiierte Tamino – in seiner Verbindung zu Pamina! – ist zu einem Selbstsymbol geworden und – teilt man die allgemeine Begeisterung der Protagonisten – allem Anschein nach zu einem neuen *Heilsbringer*, sowie – in religiöser Terminologie – einem neuen *Christus*.

---

33 Vgl. dazu: Wolfram von Eschenbach, *Parzival*, Buch XVI, Strophe 822.
34 Kaltenbrunner, *Johannes ist sein Name*, 25.
35 Kaltenbrunner, *Johannes ist sein Name*, 337.

Das Selbst und die Schlange

Die Verbindung von Selbst und Christus ist – mit gewissen Abstrichen und Vorbehalten – unmittelbar einsehbar. C.G. Jung zeigt in seinem Werk *Aion* nicht nur deutlich, wie sich das Selbst herausbildet, sondern auch die Beziehung von Christus zum Selbst. Alle drei Bereiche: Kreuz – Christus – Erneuerung/Wiedergeburt – hängen also eng zusammen.

C.G. Jung erwähnt den Kirchenlehrer Hippolytus (170 n. Chr.), der betont, dass niemand gerettet werden könne, denn durch den *Sohn*, womit Jesus Christus gemeint ist. Dann folgt der erstaunliche Satz: „Dieser aber ist die Schlange."[36] Die Schlange und Christus verschmelzen also miteinander. Hippolytus begründet das damit, dass Jesus die Lehre vom Himmel auf die Erde brachte und nun diese umgekehrt, von der Erde zum Himmel, gebracht werden müsse. Der Sohn wird ebenfalls durch die Schlange versinnbildlicht.[37] Jung zitiert hierzu das Alte Testament: „Und wie Mose in der Wüste die Schlange erhöhte, so muß der Sohn des Menschen erhöht werden."[38]

Marie Louise von Franz weist darauf hin, dass eine Schlange im Traum anzeigt, dass der Träumende sich von seinen Instinkten weit entfernt hält. Die Schlange ist zugleich Angstmacher und Hoffnungsträger. Sie ist anziehend – man ist von ihr fasziniert – und abstoßend – man fühlt sich bedroht. „Darum erscheint die Schlange in der Mythologie ihrem Wesen nach doppelt; sie ist ein Feind des Lichtes und zur gleichen Zeit ein Heiland in tierischer Form – Symbol des Logos und Christi."[39] Damit bietet uns die Schlange ihre Überwindung an, indem man sich ihrer dunklen, verborgenen Seite bewusst werden kann. Das intellektuelle (und in diesem Falle: instinktlose) Verstehen weicht einem Wissen um tiefere, verborgenere, unbewusste Zusammenhänge.

Jesus ist wie ein „Magnet", der die Teile oder Substanzen der göttlichen Herkunft des Menschen – hier werden sie „väterliche Kennzeichen" genannt –, anzieht, sammelt und in den „Himmel" zurückbringt. Damit schafft er eine Verbindung von Oben und Un-

36 C.G. Jung, *GW* 9/2, 198.
37 Vgl. dazu: NT, Johannes 3, 14.
38 C.G. Jung, *GW* 9/2, 201, Fußnote, 199.
39 Vgl. Hierzu: Von Franz, *Puer aeternus*, 87.

ten, die unterschiedlich konnotiert – Jesus und Schlange – aber gemeinsam symbolisiert wird.

Die Schlange entspricht symbolisch dem Fisch. Beide tauchen aus dem Unbekannten – der Tiefe des Wassers – der Dunkelheit und Verborgenheit auf. Sie stehen für Erlebnisse, die erschreckend, überraschend oder erlösend aus dem Unbewussten emporsteigen. In der christlichen Welt ist das Numinose des Fisches, seine Bedrohlichkeit als Botschafter des Unbekannten und Unbewussten verloren gegangen. Wird Christus aber mit der Schlange, und nicht nur mit dem Fisch, gleichgesetzt, so erhält er diese instinkthafte Kraft zurück.

Das Symbol *Schlange* bedeutet das Auftauchen der eigenen Instinkte als ein Zeichen für die Entfernung des Menschen aus seinem instinkthaften Bereich seiner Selbst. „Die Schlange symbolisiert in der Tat ‚kaltblütige', inhumane Inhalte und Tendenzen geistig-abstrakter sowohl wie animalisch-konkreter Natur, mit einem Wort: das Außermenschliche im Menschen."[40] Tamino legt genau jene Grundhaltung nach dem Angriff der Schlange an den Tag. Er ist erschrocken, ängstlich und im nächsten Moment ist die Gefahr bereits vergessen und er befindet sich in einem dubiosen Fantasieraum, in dem er Pamina befreien will. Ausgerechnet er, der bereits vor einer Schlange in Ohnmacht gefallen war. Damit wird deutlich, wie weit sich Tamino bereits von seinen Instinkten entfernt hatte und in einer abgeschlossenen Welt haust. Dennoch liegt genau darin die Lösung des Problems. Die Bewusstwerdung der Instinkte, ausgedrückt durch die Prüfungen vor der Initiation, ermöglichen die Wandlung der Schlange in ein höheres Bewusstsein, ermöglichen die Bewusstwerdung der „Schlange" und ihrer Attribute und damit die Wandlung der Schlange zum Selbst. Die Schlange bezogen auf das Selbst ist eine Kraft (Agens):

> ein belebtes, autonomes Wesen … Sie erscheint spontan oder wird überraschend gefunden; sie fasziniert; ihr Blick ist starr und unbezogen; ihr Blut kalt, und sie kennt den Menschen nicht: sie kriecht über den Ruhenden, er findet sie in seinem ausgezogenen Schuh oder in der Tasche … Sie drückt daher die Angst vor allem Unmenschlichen aus und zugleich die „Ehr-Furcht" vor dem Erhabenen, dem der Menschensphäre Enthobenen. Sie ist Niederstes und Teufel, und Höchstes, Gottessohn, Logos,

40 C.G. Jung, *GW* 9/2, 200.

> Nous, Agathodaimon. Die Schlange ist erschreckend gegenwärtig, und man findet sie am unerwarteten Ort im unerwarteten Moment. Wie der Fisch repräsentiert und personifiziert sie das Dunkle und Abgründige, Wassertiefe, Wald, Nacht und Höhle. Wenn das primitive Bewußtsein „Schlange" sagt, so meint es damit ein Erlebnis des Außermenschlichen. Sie bedeutet nicht etwa eine Allegorie oder Metapher, sondern die ihr eigentümliche Gestalt an sich ist das Symbol, und es ist wesentlich, daß der „Sohn" Schlangengestalt hat, und nicht umgekehrt, daß die Schlange den „Sohn" bedeutet.[41]

Übertragen wir die Überlegungen C. G. Jungs auf die Eingangsszene, bedeutet dies, dass Tamino seinem Selbst in Schlangengestalt begegnet ist. Er erfuhr das Selbst in seiner dunklen, chthonischen, triebhaften Seite. Tamino ist erschrocken, hat Angst und ist gleichzeitig gelähmt. Auch auf die Gefahr hin, diese Szene symbolisch zu überfrachten: Es zeigt sich nicht nur das Symbol des Selbst, sondern auch das des Sohnes (Tamino) in Verbindung zur Schlange, was wiederum das Selbst in Bezug zu Christus *und* zur Schlange birgt. Dabei ist die Schlange auch in Beziehung zu Christus alles andere als harmlos.[42] Sie verbirgt etwas. Ihre Bedrohung ist gleichzeitig Schlüssel und Antwort, denn darin liegt eine projizierte Bedrohung des Tamino. Die Frage ist, was wird projiziert?

Die dunkle Seite des Selbst

Die Bedeutung der Schlange erschöpft sich nicht in ihrer kalten und triebhaften Natur. Sie stellt auch ein Gegenbild zum Menschen dar und eine Entsprechung (Allegorie) zu Christus, eben weil sie mit Weisheit und Geistigkeit belegt wird.[43] Dabei bleibt letztlich gleich-

41 C.G. Jung, *GW* 9/2, 201f.

42 „Dies ist der ‚Schatz', den die Schlange (respektive der Drache) hütet, und zugleich der Grund, warum sie einerseits das Böse und die Dunkelheit, andererseits aber Weisheit bedeutet. Ihre Unbezogenheit, Kälte und Gefährlichkeit drücken die Triebhaftigkeit aus, welche rücksichtslos grausam und unerbittlich sich über moralische und sonstige menschliche Wünsche und Bedenken hinwegsetzt und darum ebenso erschreckend und faszinierend wie der plötzliche Anblick einer gefährlichen Giftschlange wirkt." (C.G. Jung, *GW* 9/2, 249f.)

43 „Daß die Schlange wider allen Erwartens eine Entsprechung des Anthropos darstellt, wird dadurch erhärtet – was besonders für das Mittelalter bedeutungsvoll war –, daß sie einerseits eine bekannte allegoria Christi ist und andererseits als mit der Gabe der Weisheit und höchster Geistigkeit ausgestattet erscheint" (C.G. Jung, *GW* 9/2, 249).

gültig ob es sich um eine Schlange oder einen Drachen handelt, wenn man sich bewusst wird, dass beide das gleiche *meinen*.[44]

Das Geheimnis oder die dunkle Seite der Schlange ist paradoxerweise ihre Lichtnatur. Den Schatz, den sie verbirgt, psychologisch der Schatten für den sie steht, ist im Unbewussten geborgen und offenbart sich als Christusnatur oder höchste Weisheit, sprich: höchste Bewusstseinsstufe im Menschen. Die Fähigkeit, die Initiation zu bestehen und die Herrschaft auszuführen, ist in dieser Eingansszene bereits latent verwirklicht.

Das Paradies und die Schlange

Und noch eine Bedeutung wird auffällig: die Beziehung der Schlange zum Paradies. Es liegt nahe, Adam und Schlange zu assoziieren, wobei Adam dabei den Kürzeren zieht. Er wird durch sie überlistet.[45] Adam wird mittels Eva von der Schlange zu etwas verführt, das er eigentlich nicht will. Aber ohne diese Verführung käme die Handlung – der Prozess der Bewusstwerdung des Menschen – nicht in Gang. Das bedeutet, dass die *Zauberflöte* das Versprechen oder die Verheißung der Bewusstwerdung einlöst, indem die Schlange in der Initiation sublimiert und ihr unbewusstes Versprechen der Erneuerung verwirklicht wird. Tamino und Pamina als neues modernes Menschenpaar symbolisieren nicht nur Mann und Frau, Prinz und Prinzessin, sondern auch Sonne und Mond, Licht und Dunkel. Ihre Vereinigung *in Liebe* zueinander ist *das* gegensatzvereinigende Moment der Oper und *der* Schlüssel zu einem tieferen Verständnis der Handlung über die Idee der Erneuerung und Wiedergeburt hinaus. Es wäre also unmöglich bzw. psychologisch nicht sinnvoll, die Schlange in die Mondsphäre der Königin der Nacht integrieren zu wollen. Im symbolischen Sinne des *Uroboros*, des *Steins der Weisen* und der *Unsterblichkeit* gehört sie eben zur Sonne/solaren Sphäre, die letztlich in der Lage ist, auch Gegensätzliches in sich aufzunehmen.

---

44 Vgl. dazu: C.G. Jung, *GW* 9/2, 249, Fußnote 50.

45 „Die innere Gegensätzlichkeit des Schlangensymbols übertrifft die des Menschen um ein Vielfaches. Sie ist schlechthin manifest, während die menschliche zum Teil latent oder potentiell ist. Die Schlange übertrifft Adam an Klugheit und Wissen und kann ihn überlisten. Sie ist älter als dieser und von Gott offenbar mit einer vielleicht übermenschlichen Intelligenz ausgerüstet […]" (C.G. Jung, *GW* 9/2, 260).

Heinrich von Kleist sinniert in seinem Text *Über das Marionettentheater*, dass zwar der Weg ins Paradies versperrt sei, es aber dennoch im Irdischen als *post*-paradiesische Momente der reinen Unschuld, des reinen Wesens oder des reinen Seins wirke, was an die paradiesische Einheit gemahnen würde.[46] Er bietet folgende Lösung an: „Mithin, sagte ich ein wenig zerstreut, müßten wir wieder von dem Baum der Erkenntnis essen, um in den Stand der Unschuld zurückzufallen? Allerdings, antwortete er, das ist das letzte Kapitel von der Geschichte der Welt."

In einem gewissen Sinne bildet die Gesamtkomposition der Bestallung Taminos mit dem Amt des neuen Monarchen, gewählt aus der Mitte der Priesterkaste und ausgestattet mit der Legitimation von „Oben" – womit die Götter gemeint sind, die die Initiation gewährten – in Verbindung mit Pamina ein reziprokes Bild zur Vertreibung aus dem Paradies.

In Anlehnung an Kleist kann die umgekehrte Lösung in der *Zauberflöte* realiter werden, denn es ist diesmal nicht Eva, die den Adam *ver*-führt, sondern es ist Pamina (Eva), die den Tamino (Adam) *führt*. Tamino wird durch Pamina geleitet und diese durch die Liebe: „Ich selbsten führe dich, / die Liebe leitet mich." Wenn also Kleist meint, dass man wieder vom Baum der Erkenntnis essen müsse, um erneut in den Stand der Unschuld zu gelangen, geschieht hier nämliches. Der Baum der Erkenntnis *ist* die Initiation. Die Darstellung des neuen Herrscher-Paares – *Eine feierliche Stille. Dieser Anblick muss den vollkommensten Glanz darstellen* – weist auf eben jene Naivität.

Die Verheißung eines strahlenden Neubeginns, bei dem die göttliche und die irdische Welt, die weltliche und die geistige Macht ausgesöhnt und vereint sind, verspricht so gesehen „das Paradies auf Erden". Und selbst die Schlange als Schlangenkraft ist sublimiert und integriert und zwar in die Kraft der Initiation.

Die *Botschaft* des lichtdurchfluteten Initiationsbildes lautet demnach: *Die kosmologische Versöhnung ist möglich.*

Fassen wir zusammen: Jesus Christus als ein Symbol des Selbst unterhält eine numinose Verbindung zur Schlange. Diese Verbindung zur Schlange legt eine latente Selbstsymbolik in der Ein-

46 Am ehesten trifft dies der Begriff „Hara", den Karlfried Graf Dürckheim populär gemacht hat.

gangsszene nahe, die in der Schlussszene zutage treten wird. Deshalb muss Tamino zwar nicht notwendigerweise als neuer Christus dastehen, kann aber als eine Heilsfigur eines neuen Äons interpretiert werden. Tamino assimiliert Attribute der Erneuerung, weil es ihm gelang, die „Botschaft" der Schlange zu integrieren. Nach der erfolgreichen Initiation, wird nun Tamino (zusammen mit Pamina), als Einheit in der Dualität, diese Botschaft verkündigen oder weitergeben können.

Die vaterlose Zauberflöte

Die Sohnschaft Taminos endet an diesem Punkt und damit auch die Existenz der Schlange. Ihr symbolischer Gehalt sublimiert sich in der Herrschaft über zwei Reiche – eigentlich drei, wenn man sein eigenes Königreich mit einbeziehen will –, die zwei Gegensätze verkörpern: Mond und Sonne. Pamina und ihn selbst, Frau und Mann, Luna und Sol, treten in eine Quaternio, dem Symbol des Selbst.

Das Problem des eigenen Königreiches als drittes ist dabei ein scheinbares, denn die vollzogene Integration der beiden Reiche stellt den Urzustand der vorausgegangenen Einheit und der durch den Tod von Pamina Vaters erfolgten Entzweiung her. Der Sohn bringt in Ordnung, was der (andere) Vater versäumte. Er muss verbinden, was zusammengehörte, aber durch Ungeschicklichkeit und mangelnde Instinkthaftigkeit des Vaters getrennt wurde. Auch Taminos Vater, der seinen Sohn auf etwas so Gefährliches wie die Jagd schickt, ihn aber gleichzeitig in blinder Naivität über das Leben und die eigenen Fähigkeiten belässt, hat seine Pflicht zur Erziehung und Ausbildung vernachlässigt. Tamino fehlte es an Lebensklugheit und Lebenstüchtigkeit. Der Vater hat den Sohn nicht auf das Leben außerhalb des Königreiches vorbereitet.

Hier verweist die Oper auf die „vaterlose Gesellschaft", worin im psychologischen Sinne die Gefahr besteht, dass der Sohn *puer aeternus*, ewiger Jüngling bleiben wird. In der Tat verhält sich Tamino am Beginn der Handlung wie ein ewiger Jüngling, dem nichts passieren könnte – und wenn doch, wäre es schnell vergessen.

Marie Louise von Franz thematisiert den *puer aeternus* im Sinne eines aus den Ovidschen *Metamorphosen* abgeleiteten Kind-Gottes, der auch in den Eleusinischen Mysterien zu finden ist. Der Gott Iacchus aber auch Dionysos und Eros ist dem *puer aeternus* gleichzusetzen. Und weiter heißt es bei ihr: „Er ist der göttliche Jüngling, der bei den Mutterkult-Mysterien von Eleusis in heiliger Nacht als Erlöser geboren wird. Er ist ein Gott des Lebens, des Todes und der Auferstehung – der göttliche Jüngling, der orientalischen Göttern wie Tammuz, Attis und Adonis entspricht." Dann bindet sie den antiken Gott an die psychologische Welt, um „einen bestimmten Typ junger Männer zu bezeichnen, die einen ausgeprägten Mutterkomplex haben"[47].

Die spontane Bereitschaft, der Königin der Nacht zu dienen, ist ein solches Beispiel für einen ausgeprägten Mutterkomplex. Tamino sieht die beeindruckende Gestalt und lässt es – überspitzt formuliert – zu, von einer wildfremden Frau als „geliebter Sohn" angesprochen zu werden. Wenn wir den erotischen Unterton außer Acht lassen, so ist deutlich, dass Tamino alles tun würde, um der Königin der Nacht zu Willen zu sein. Er ist fasziniert von ihr, unfähig zur Unterscheidung und damit ihrem Machtbereich verfallen.

Er, der Sohn, verfällt unkritisch und unreflektiert den Zielvorgaben der Mutter, respektive dem Eros. Hier fehlt der Logos, das Vaterprinzip als ordnende, bewusstseinsfördernde Instanz. Aber ohne Vater kann der Sohn nicht zur Welt kommen. Er ist, meint Marie Louise von Franz, noch nicht bewusst realisiert: „Diese innere Geburt könnte nur mit Hilfe des weiblichen Prinzips erfolgen. … Wenn die verbitterte und intrigante Sophie wieder zu dem werden könnte, was sie war – Sophia, göttliche Weisheit –, könnte die neue Geburt gelingen. Dann würde der Puer das, was er eigentlich sein soll: ein Symbol der Erneuerung und des ganzheitlichen inneren Menschen, nach dem die neurotischen Pueri aeterni unserer Tage unbewußt suchen."[48] – Diesen Weg wird auch Tamino gehen und sich von einem unbedarften Parzival zu einem Priesterkönig Tamino wandeln.

Pamina die Tochter, Gefährtin und Heldin

Was wird aus Pamina? Es ist absehbar, dass sie als treusorgende Gattin, Gefährtin und Initiierte zusammen mit ihrem Tamino eine

47 Von Franz, *Puer aeternus*, 9.
48 Von Franz, *Puer aeternus*, 284.

neue Ära begründen wird. Pamina und Tamino wird es von nun an nur mehr gemeinsam geben. Die einseitige Wahrnehmung des Helden und Priesterkönigs Tamino ist von daher nur bedingt richtig, denn immer muss Pamina mitgedacht werden. Dies ist eine naheliegende Intention der Oper, denn nach gelungener Initiation singt der Chor: „Triumph! Triumph! Du edles Paar! / Besiegt hast du die Gefahr! Der Isis Weihe ist nun dein! Komm tretet in den Tempel ein!"

So offensichtlich Tamino der Held der Oper ist, so diskret präsent ist doch die eigentliche Heldin: Pamina. Bezogen auf den Prozess der Individuation ist es in der Tat Tamino, der eine beeindruckende Wandlung durchmacht. Jedoch ist es Pamina, die von Anfang an Herzensgüte, Weitsicht, Treue, Klugheit und Mut beweist, Eigenschaften, die Tamino sich erst nach und nach erwerben muss. Pamina vermag Recht von Unrecht zu unterschieden, beteiligt sich weder am Komplott ihrer Mutter, noch ist sie bereit, Familienbande über Vernunft zu stellen.

Dass sich aber auch Pamina ihrer Eigenheit nicht völlig bewusst ist, beweisen ihre Zweifel an der Liebe Taminos oder ihr Selbstmordversuch. Unzweifelhaft ist es aber ihre Nichtanwesenheit – „Dies Bildnis ist bezaubernd schön" –, die die Quest in Gang bringt und es ist ihre Anwesenheit bei der Initiation, die alles zu einem glücklichen Ende führen wird.

Eine ausführliche Geschichte der Pamina muss aber erst noch geschrieben werden. In vielerlei Hinsicht erinnert sie an „Wilhelm Meister", die von Johann Wolfgang von Goethe ersonnene Romanfigur, welche sich schicksalsergeben und dennoch selbstbewusst führen und leiten lässt. Wilhelm Meister, der Antipode zum „Macher" Faust, ist eine für die Individuation noch unentdeckte Größe. Er könnte im Verbund mit Pamina für eine selbstbewusste, archetypisch geprägte Einstellung zum Leben stehen, die sich nicht auf Zwang und Herrschaft, sondern auf Selbstausbildung und Einsicht aufgebaut zeigt.

Mit Pamina wurde eine Figur ersonnen, die als der heimliche *Zauber der Zauberflöte* gelten kann. Im Grunde ist sie der ruhende Pol, um den die Oper kreist und ein echtes Gegenüber zu Tamino.

Die Einweihung Paminas in einen Männerbund unterstreicht ihre Sonderrolle, zeigt aber auch, welche Sprengkraft dieser Akt beinhaltet. Denn von nun an ist der Männerbund kein reiner Männerbund mehr. Die Folgen sind absehbar …

Ihre psychologische Bedeutung erschöpft sich nicht allein darin, Anima-Projektion von Tamino zu sein. Ihre eigenständige Geschichte, ihre Prüfungen und Schicksalsschläge – eine versuchte Vergewaltigung und ein Selbstmordversuch zählen hier auch dazu –, werten sie als Figur im Spiel der Oper auf. Ihre Rolle ist zu komplex angelegt, um sie auf eine Funktion reduzieren zu können. Angedeutet wurde bereits, dass ihr die Aufgabe eines Mittlers, eines Seelenführers (Psychopompos) zukommt. Ihre Vorbilder reichen dabei von Dantes Beatrice bis hin zu Gretchen oder Helena aus Goethes *Faust.*

Die Befreiung oder Loslösung aus der Abhängigkeit von ihrer Mutter stellt eine ebenso beeindruckende psychische Leistung dar wie ihr beherztes Eingreifen während der Initiation.

So ist es nicht möglich, dass Pamina in ihren Fähigkeiten unterschätzt wird. Sie gehört neben Sarastro, der Königin der Nacht und Tamino zu jener Quaternio, die in ihrer archetypischen Tiefe eine psychische Disposition des Selbst offenzulegen vermag. An Pamina kann man sich aufrichten und mit ihr kann man leiden. Fraglich bleibt bis zum Schluss der Handlung, ob sie überhaupt eine nennenswerte Entwicklung durchmachen musste, oder ob sie nicht von Anfang an das war, was am Ende sichtbar wurde, eine selbst-bewusste Persönlichkeit.

Auf der Subjektstufe betrachtet, vermag Pamina durchaus Tochter, Frau und Gefährtin zu spiegeln, wobei man sich dabei vor Augen halten muss, dass sie dies „auch" ist und sich nicht nur in einer dieser Rollen erschöpft.

Als Anima und Seelenführerin ist sie ebenfalls eine numinose Gestalt. Sie ist die Tochter des ehemaligen Herrschers der beiden Reiche, des Mondes und Sonnenreiches, sie kennt die Zauberkräfte der Flöte und weiß um deren Geschichte und sie ist die Tochter der Königin der Nacht, was sie per se verdächtig macht, eine „dunkle Seite" und magische Kenntnisse zu besitzen.

Pamina darf weder unterschätzt noch in ihrer symbolischen Bedeutung zu gering betrachtet werden. Pamina ist zu vorderst Mensch, um dann aber auch als Symbol des Selbst für die *Zauberflöte* präsent zu sein.

Zu guter Letzt

Mit der Aussicht auf eine Inthronisierung Taminos ist die Oper noch nicht zu Ende. Papageno muss sich auf die Suche nach seiner Papagena machen. Der lebensfrohe und lebensbejahende Papageno ist über den Verlust seines „Weibchens" so erschüttert, dass er sich erhängen will. Er wird aber – wie bereits Pamina vor ihm – von den Drei Knaben gerettet. Sie erinnern ihn an sein Glockenspiel – „Ich, Narr, vergaß der Zauberdinge! – und die Drei Knaben bringen Papagena herbei.

Obwohl das Glockenspiel lediglich die Macht haben soll, Menschen zum Tanzen zu bringen, kann es anscheinend auch Abwesende wieder herbeizaubern. Andererseits kann erst die Bewusstwerdung des Glockenspiels als „Zauberding" die ersehnte Wende bringen. Beides – der Zauber und der Alltag, Traum und Sehnsucht – gehören zusammen.

Die Königin der Nacht, die Drei Damen und Monostatos nähern sich nachts dem Tempel. Monostatos ist für seine Hilfe von der Königin der Nacht ihre Tochter Pamina versprochen. Doch diese Verschwörung wird aufgedeckt, alle Macht zerbricht und es droht die „ewige Nacht". Sarastro beschwört die Strahlen der Sonne – das Licht der Aufklärung, die Vernunft –, wodurch die Absicht der Eindringlinge offenbart und die Nacht – die Unwissenheit – vertrieben ist.

Am Ende wandelt sich alles zum Guten mit der Einschränkung, der ewigen Nacht als „ewiger Verdammnis", die aber letztlich nur einen Verdrängungsprozess darstellt. Aufklärung und Vernunft werden durch Macht und Vertreibung gestützt; das Wort durch die Tat abgelöst. Indem Tamino und Pamina ihre Einweihung gemeinsam erleben, gehen sie eine Verbindung ein, die als *himmlische Hochzeit* oder *chymische Hochzeit* gedeutet werden kann. Das universale Symbol des Selbst integriert dabei die Polaritäten von *Feuer* und *Wasser* in sich. Das Hexagramm, als Symbol der Symbiose von Wasserdreieck und Feuerdreieck, stellt einen neuen Ausdruck der Stabilität und des In-sich-Ruhens dar. Die alchemistische Deutung zeigt, dass die Schlange sich symbolisch zum *Uroboros* wandelt, der im *Stein der Weisen* seine Entsprechung findet. Beide emanieren im Gedanken der Unsterblichkeit, im Sinne eines Ewigen im Jetzt.

Die Traumfahrt der Zauberflöte

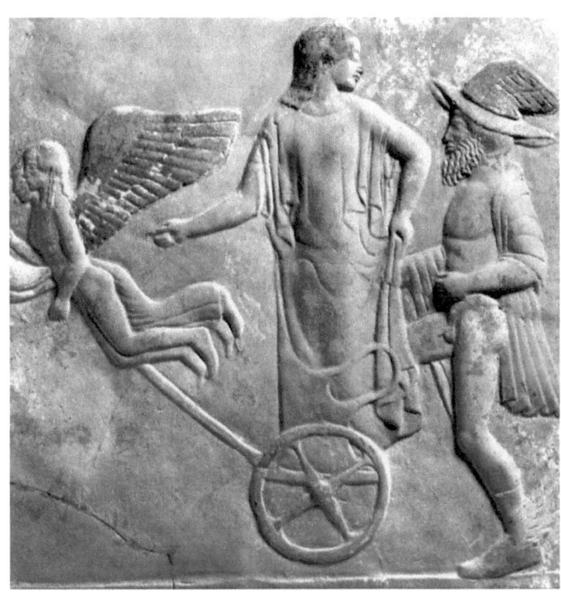

Die Traumfahrt des Unbewussten

Um den Schleier der Einweihungsszene noch mehr zu lüften, soll zum Abschluss ein weiterer Aspekt der *Zauberflöte* behandelt werden, der sich über das Buch von Peter Kingsley *Die Traumfahrt des Parmenides* herstellen lässt. Kingsley behandelt den Philosophen Parmenides aus Elea (ca. 515 v. Chr. – ca. 445 v. Chr.), der einen der merkwürdigsten und vieldeutigsten Texte in der griechischen Philosophie vor Plato hinterließ. Dessen bekanntester Ausspruch lautet grob verkürzt: *Das Sein ist; das Nicht-Sein ist nicht.*[49] Dieser Ausspruch findet sich in seinem Gedicht, das er 480 v. Chr. niederschrieb. Das Gedicht beginnt mit einer Nachtmeerfahrt, einer Fahrt zum Hades. Der Philosoph wird von einem Pferdegespann der Töchter der Sonne in die Unterwelt gezogen: „Die Achse knirschte sich heißlaufend in den Naben mit pfeifendem Tone." Er nähert sich der

49 „Denn [das Seiende] denken und sein ist dasselbe. Dies ist nötig zu sagen und zu denken, daß [nur] das Seiende existiert. Denn seine Existenz ist möglich, die des Nichtseienden dagegen nicht; ..." Das ist in ihrer letzten Konsequenz weder trivial noch nichtssagend, sondern zutiefst dunkel und unklar, weitreichend und schlüssig und beschäftigt über die Jahrhunderte die großen Geister bis hin zu Heidegger.

Schwelle, die er überschreiten wird und wird im „Hades“ freundlich und huldvoll begrüßt. Er will herausfinden wie und auf welche Weise der Mensch mit „der Welt des Göttlichen verbunden war, ob man dazugehörte, ob man dort so wie in dieser Welt zu Hause war. Man wollte angenommen, adoptiert werden, als ein Kind der Götter. Für jene Menschen [die Griechen] drehte sich alles darum, auf den Tod vorbereitet zu sein, die Verbindung zwischen dieser und jener Welt herzustellen.“[50]

Kingsley macht den Leser mit der Tradition vertraut, aus der heraus dieses Gedicht geboren wurde. Er meint, dass „an den Wurzeln unserer eigenen westlichen Zivilisation eine spirituelle Tradition liegt“[51], eine Tradition, die sich in der *Einweihung* ausdrückt. Neben Orpheus stieg ja auch Herakles in die Unterwelt und beide kamen von dort zurück. (Odysseus übrigens stieg nicht in den Hades, sondern ließ die Toten von dort mittels eines Blutrituals zu sich kommen.) Dieses Zurückkommen der Lebenden von den Toten meint jene spirituelle Erfahrung des Göttlichen im Menschen. Sie wiederum ist eine Bewusstwerdung der Spiritualität im wörtlichen Sinne, des Geistes (*spiritus*) und damit der lichten Seite im Menschsein.

Der Mensch, das bezeugen die ägyptischen Totenkulte ausführlich, muss auf die Unterweltfahrt vorbereitet und darin unterwiesen sein. Und das schon zu Lebzeiten. Diese Tradition der *unsterblichen Unterweisung* überlebt dann später in den griechischen Einweihungs- und Mysteriendramen.

Parmenides wird von Töchtern der Sonne in die Unterwelt begleitet. Die Sonne in den Hades zu verlegen macht Sinn, wenn man der Überlegung folgt, dass Weisheit in der Unwissenheit, sprich: Dunkelheit zu finden ist. Der Ort der Dunkelheit ist die Unterwelt. „In Wirklichkeit ist die Unterwelt der Ort des Paradoxon, der Ort, an dem sich alle Gegensätze treffen. An den Ursprüngen der westlichen und der östlichen Mythologie liegt nämlich die Vorstellung, dass die Sonne aus der Unterwelt kommt und jede Nacht wieder dorthin zurückkehrt. Sie gehört in die Unterwelt. Dort hat sie ihr Zuhause; dorther kommen ihre Kinder. Die Quelle des Lichts ist in der Finsternis zu Hause.“[52]

50 Kingsley, 63.
51 Kingsley, 14.
52 Kingsley, 66.

Einen Nachklang davon haben wir im Johannes-Prolog. Dort heißt es: „Und das Licht scheint in der Finsternis, und die Finsternis hat es nicht ergriffen." Derjenige aber, der sich in die Unterwelt begibt, ist immer ein junger Mann, ein Kouros, einer, der die Welt als Herausforderung ansieht und an beiden Welten teilhaben will, an der göttlichen und an der menschlichen. Das biologische Alter spielt dabei keine Rolle. *Kouros* bildet das Pendant zur *Kore*, dem Mädchen, das uns im Demeter-Mythos begegnet.

Tamino ist ein *Kouros* und er ist der *eingebildete* Sohn der Königin der Nacht und der *adoptierte* Sohn des Sarastro. Auch er begibt sich auf jene Reise, die ihm den Tod bringen könnte. Doch er wird nicht nur eingeweiht, sondern durchlebt eine Todeserfahrung, die ihn zum Kouros weiht, einem Bewohner beider Welten. Tamino wird genau wie Parmenides zur Nachtmeerfahrt eingeladen.

Die Reise des Parmenides in die Finsternis ist eine Reise in die Einheit, die in der Unwissenheit (Dunkelheit und Nacht) verborgen ist. Er wird die trennenden Erscheinungen hinter sich lassen, mit dem Paradoxon („Unterwelt") eins und mit dem Licht der Dunkelheit verschmelzen.

Die Zauberflöte in der Unterwelt

Der pfeifende Ton der Naben zu Beginn der Fahrt, dessen Widerhall im Drehen der Türen, die den Eingang zum Hades versperren, ist nicht nur ein zufälliger akustischer Eindruck. Der dabei hervorgebrachte Pfeifton ist bewusst gestaltet und gewählt. Er gleicht der *Syrinx*, der Flöte!

Bei diesem Nahtoderlebnis des *Nicht*-Schlafens und *Nicht*-Wachens im weitesten Sinne sollen sich auch gewisse innere Wahrnehmungen einstellen wie „eine rasche, kreisende Bewegung" oder „eine gewaltige Vibration, die durch einen flötenden, pfeifenden, zischenden Ton verursacht wird"[53]. Immer wieder wird betont, dass der Eingeweihte bei seiner Reise „einen flötenden, pfeifenden, zischenden Ton von sich geben muß – den Ton einer Syrinx". Der Grund liegt darin, dass dies entweder auf eine spezielle Atemübung zurückzuführen ist oder dass dieses Pfeifen oder Zischen als ein Ruf nach Stille gedeutet werden kann, ähnlich wie man heute noch

53 Kingsley, 115.

zischt, wenn man um Ruhe bittet. „Für die alten Mystiker und Magier war die Reise in eine höhere Realität eine Reise durch die Stille, in der Stille und in die Stille. Der Ton einer Syrinx ist das oberste Passwort. Es ist der Ton der Stille."[54]

Der Ton führt den Besucher. Er wird zum Ton und er lässt keine Trennung mehr zu. Der Gedanke der Sphärenharmonie liegt nahe, zumal dann, wenn man weiß, dass ein orphischer Hymnus der Sonne den Namen *syriktés* oder Pfeifer gab.[55] Damit haben wir auch die Richtung ausgesprochen in die es geht: Zur Sonne. Oder anders: Zu Apollon! Apollon hat eine Nähe zur Unterwelt und ihm wird eine Verbindung zu den Schlangen nachgesagt, die er als Kind – als Kouros – tötete und die bei seinen Mysterien eine wesentliche Rolle spielten. Auch dort wird die Verbindung des Pfeiftons zu Apoll beschrieben (*Syrigmos*). Hinter Apollon steht der Ton der Sonne, der ihm geweiht ist „als Zeichen seines Sieges über die Macht der Finsternis."[56] Die Verbindung des Pfeiftons zu Flöte und Schlange ist ebenfalls nicht zufällig: „Für die Griechen war der Ton des Flötens und des Pfeifens zugleich auch das Zischen der Schlangen."[57]

Tamino der Gesetzgeber

Doch das Gedicht des Parmenides offenbart noch mehr. Die Unterweltfahrt bringt nicht einfach „nur" einen Sieg über den Tod, sondern die Fähigkeit ein Gesetzgeber zu werden. Der Dienst an Apollon und an der Sonne führt über die Dunkelheit zum Licht des Gesetzes, das die Geschicke der Menschen lenkt und ordnet.

Platon hat betont, dass die Regenten Priester des Apollon und der Sonne sein mussten. Beides trifft auf Tamino als neuen Regenten und Priesterkönig zu. Er wird das neue Gesetz – das neue Aion – verkörpern, das er aus der Initiation mitbrachte.

Die Wandlung der Schlange in die Flöte, das Spielen der Flöte, der Flötenton in der Einweihung, all das macht Sinn und ist offenbar das eigentliche Anliegen der Initiation des Tamino, das in der Nacht-

54 Kingsley, 116.
55 Kingsley, 118.
56 Kingsley, 121.
57 Kingsley, 114.

meerfahrt zur Überwindung des Todes besteht, mit der daraus resultierenden Folge, dass der Initiand zum Gesetzgeber wird.

Der Gesetzgeber ist nicht nur Priester des Apollon – und steht somit mit der Welt der Götter in Verbindung im Sinne eines Propheten –, sondern auch Heiler. Anders gesagt: „Einer Stadt gute Gesetze zu geben bedeutet, sie zu heilen."[58] Das kulminiert im bereits erwähnten Priesterkönig, der ebenfalls Regent und Heiler, spirituelle und weltliche Person in einem ist, zusammen mit der Möglichkeit, ein Unsterblicher zu werden.

In das Licht

Das Verborgene der Initiation wird als uralte Einweihung in die Mysterien der Sonne, des Lichtes und der Weisheit offenbar, gepaart mit der Aussicht, dass derjenige, der den Tod überwunden hat (Hadesfahrt, Unterweltsfahrt, Nachtmeerfahrt), im Geistreich genau so beheimatet ist wie auf Erden. Er ist Bewohner zweier Welten und verkörpert als Sohn die Realisierung der Tradition und als Regent die Möglichkeit der Zukunft.

Feuer und Wasser sind in Tamino integriert, weil sie überwunden wurden. Eurydike ist erlöst, weil Pamina-Eurydike der Initiation vorangeht und damit Tamino-Orpheus führt. Sarastro (Sonne) und die Königin der Nacht (Mond) sind entsprechend eingewoben im Bewusstsein, dass das Wissen in der Unwissenheit, das Licht in der Dunkelheit gefunden werden muss, ohne dass das eine mit dem andern sich vermischt.

Die Königin der Nacht als Archetypus des Weiblichen und Mutter-Imago bereitet den Nährboden für das Sonnenreich des Sarastro, dem Archetypus des Männlichen und Vater-Imago, womit die Möglichkeit der Erkenntnis und der Selbstwerdung über Sonne und Mond hinaus möglich wird im Sinne der Einsicht und Befreiung von Täuschung.

Der Individuationsprozess findet aber *im* Paar Pamina – Tamino eine *weltliche* – sie sind das neue Regentenpaar – und eine *archetypische* Wahrheit – sie repräsentieren den Zugang zur Ewigkeit der Götterwelt. Die Gegensatzvereinigung ist geglückt. Die *Zauberflöte* offenbarte ihre Geheimnisse, gibt sie aber nicht preis!

---

58 Kingsley, 187.

Mythos Zauberflöte

Die Frage, welcher Mythos oder welche Mythen der Opernhandlung zugrunde liegen oder sich entbergen lassen, kann mit den Begriffen der Wiedergeburt, der Erneuerung, der Regeneration und der Suche nach Unsterblichkeit beantwortet werden unter der Voraussetzung, dass diese eine universale Ganzheit und Ordnung bedingen, die gegensatzvereinigend im Sinne des Selbst ist. Das *Integral* der *Zauberflöte* gliedert aber auch die Absicht der politischen Deutung ein.

Die Zauberflöte – ein Symbolon

Anzunehmen ist, dass die *Zauberflöte* ein *Symbolon* darstellt, das verschiedene Deutungen – auch unterschiedlicher und sich ausschließender Art – nebeneinander beherbergen kann. Ein abschließendes, endgültiges und unwiderrufliches Urteil über die Oper kann nicht abgegeben werden.

Die hier zugrunde gelegte oder angewandte Struktur ist ein adäquates Mittel, gewisse Merkmale der *Zauberflöte* deuten und interpretieren zu können. Andere Strukturen sind möglich und führen notwendigerweise zu anderen Ergebnissen. Letztlich wird keine Meta-Ordnung oder Meta-Struktur der Oper zu finden sein, die *alle* Fragen beantwortet. Viel eher ist ein *plurales* Miteinander an Deutungsmustern möglich.

Selbst bei noch genauerer historischer Forschung wird man, so meine Überzeugung, zu keiner endgültigen Deutung kommen können. Die *Zauberflöte* wird rätselhaft ob ihrer Wirkung bleiben.

Das Ziel der Traumfahrt

Kehren wir in Gedanken noch einmal zur Anfangsszene zurück. Folgende Elemente spielen eine Rolle: die felsige Umgebung, ein Tempel, Tamino, die Schlange, eine spärliche Vegetation und drei Damen mit ihren silbernen Speeren.

Auf die Verbindung der Schlange mit dem Sohn, respektive Christus wurde bereits hingewiesen. C.G. Jung stellt diese Verbindung ausführlich in seinem Werk *Aion* dar (*Aion*, 198f,). Dazu schreibt er folgendes: „Fisch wie Schlange sind nämlich beliebte Symbole zur Bezeichnung von psychischen Bewegungen oder Erlebnissen, die überraschend, erschreckend oder erlösend aus dem Unbewussten auftauchen" (*Aion*, 199). Der Überraschungseffekt steht in der Eingangsszene eindeutig im Vordergrund. Dass die Schlange unbewusste Inhalte und Möglichkeiten aktiviert bzw. auslöst, kann leicht übersehen werden. Wird die „bedrohliche Schlange" zum Auslöser, zum Initiator für die Traumfahrt der Zauberflöte?

Der Eingangsszene kommt initiatorischer Charakter zu. Sie ist vergleichbar mit dem ersten Traum in einer Therapie oder dem ersten bewussten Erlebnis zu Beginn des Individuationsprozesses. In ihr spiegeln sich symbolisch die Entwicklungs- und Entfaltungsmöglichkeiten, die sich anbahnen und die verwirklicht werden können. Die Gleichsetzung der Schlange mit Christus meint nach C.G. Jung aber nicht, dass die Schlange den „Sohn" bedeute, sondern, dass der „Sohn" Schlangengestalt habe (*Aion*, 202). In gewisser Hinsicht häutet sich der Sohn aus dem Symbol der Schlange und offenbart damit die symbolische Bedeutung als Selbst.

Christus, der zweite Adam (*Aion*, 215), wird zur Brücke ins Paradies. Christus, in der Alchemie der „Eckstein" (lapis angularis) und der „Stein der Weisen" (lapis philosophorum) und Adam, der „innere Mensch" (*Aion*, 222), teilen sich symbolisch „Felsen oder Stein" (*Aion*, 223).[59] Felsen, Stein, Adam und Christus können zueinander in Beziehung gesetzt werden (*Aion*, 222f, 252f, 26).

Der „innere Mensch" schläft. Er muss geweckt werden. Der „innere Mensch", ein Symbol des Selbst, wird in der Oper durch die Schlange geweckt, die Tamino bedroht. Und es ist bedrohlich, wenn die Kräfte, Bilder, Energien und Vorstellungen des Unbewussten aktiviert werden und ins Bewusstsein streben.

---

59 „Wie die Alchemisten den lapis angularis, den Eckstein, diese bekannte Allegorie Christi, für ihren lapis philosophorum in Anspruch nehmen, so die Naassener für ihren Protanthropos Adam, das heißt genauer für den ‚inneren Menschen', der ein Felsen oder Stein ist, da er von der ‚petrè tou Adamanthos' stammt, ..., (heruntergefallen vom Urmenschen, dem oberen Adam). Und wie die Alchemisten von ihrem Stein sagen, daß er ... (ohne Hände vom Berge abgeschnitten) sei, so auch die Naassener vom ‚inneren Menschen', der heruntergebracht wurde ... (in die Gestalt der Vergessenheit). Bei EPIPHANIUS ist der Berg der Archanthropos Christus, von dem der Stein beziehungsweise der innere Mensch abgeschnitten wird, das heißt wie EPIPHANIUS deutet ‚ohne menschlichen Samen' erzeugt, ‚ein kleiner Stein', der ‚zum großen Berge wird'." (*Aion*, 222f)

Die Bilderfolge: Felsen – Schlange – Tamino wird durch die Assoziationen: Adam – Stein – innerer Mensch – Christus komplettiert. Damit enthüllt sich, was zwar gegenwärtig ist, aber erst symbolisch erfasst werden muss. Auf der Spur der Schlange gelangt man zu einer unbewussten Bildfolge, die eine tiefergehende Symbolschicht freilegt, die des „inneren Menschen" oder des Selbst.

C.G. Jung setzt die Schlange auch mit dem Drachen gleich, der einen Schatz hütet (*Aion*, 250), also etwas, das gefunden werden möchte, aber von einer anderen Kraft bewacht wird. Und das bindet den alchemistischen Mercurius an die Schlange.[60]

C.G. Jung vergleicht die Schlage nicht nur mit Mercurius, sondern auch mit Hermes.[61] Mercurius ist verkürzt gesagt jenes zur Wandlung treibende Moment, das die Individuation bedingt, begleitet und abschließt. Mercurius ist ein Begriff, der im großen Werk der Wandlung und Verwandlung des Menschen hin zu seiner Bestimmung, eine zentrale Rolle als Antreiber, Beweger, Initiator spielt. Für uns ist wichtig, dass die Beziehung der Schlange zu Mercurius, zum Paradies und zu Mephisto, *dem* Initiator des „Sündenfalls", als Stein des Anstoßes oder auslösendes Moment fungiert. Die Absicht ist, die Wandlung zum ganzheitlichen Menschen (*Hermaphroditus*), der die Gegensätze ausgleichend in sich vereinigt, zu forcieren. Letztlich geht es also um die Initiierung des Selbst als Ganzheitssymbol.

---

60 „In der Alchemie ist die Schlange das Symbol des Mercurius non vulgi, welcher mit dem Offenbarungsgott Hermes parallelisiert wird. Beide sind pneumatischer Natur. Der serpens Mercurii bedeutet einen chthonischen Geist, der die Materie bewohnt, insbesondere das in der Schöpfung verborgene Stück des ursprünglichen Chaos, der massa confusa oder globosa. In der Alchemie weist das Schlangensymbol auf historisch frühere Bilder zurück. Da das opus von den Alchemisten als eine Wiederholung beziehungsweise Nachahmung der Weltschöpfung verstanden wird, so erinnert der serpens Mercurii, des listigen und trügerischen Gottes, sie an die Schlange im Paradies, und wie diese an den Teufel, den Versucher, der nach ihrem Geständnis ihnen beim Werke allerhand Streiche spielt. Mephistopheles, dessen „Muhme die Schlange" ist, bedeutet die GOETHESCHE Version des alchemistischen familiaris, des Mercurius. Er ist, wie der Drache, die trügerische, evasive, giftige, gefährliche und deshalb zu überwindende Vorstufe des Hermaphroditus. (*Aion*, 250)

61 Hermes ist nicht nur eine Gottheit, sondern auch Namenspatron der Hermetik, jener Lehre der Entsprechung, die eng mit der Alchemie verbunden ist. Auf sie kann hier nicht näher eingegangen werden. Zur Alchemie gibt es ein eigenes Kapitel im Anhang.

Wie C.G. Jung weiter ausführt, steht die Schlange nicht nur in enger Beziehung zu Mercurius und Hermes, die symbolischen Gestalten, die die Wandlung einleiten, bedingen und vollenden helfen, sondern bewirkt als „Vegetationsnumen" das „Grünen und Blühen", und weiter: „Ja, dieser serpens bewohnt sogar das Innere der Erde und ist jenes pneuma, das im Stein verborgen liegt. Die zur Schlange symmetrische Ergänzung ist der Stein als Repräsentanten er Erde." (*Aion*, 261)

Der Stein wiederum entspricht dem Menschen in Sinne der „Kollektivseele" (*Aion*, 261). Damit wird der, der den Stein des Anstoßes annimmt, zum Träger aller, zum Kollektiv-Ich, dessen eigene Belange zum Allgemeinwohl hintangestellt wird. Der eigene Bereich wird verlasen. Die Aktivierung des persönlichen Unbewussten bewirkt die Aktivierung des kollektiven Unbewussten, das Reich der Archetypen. Letztlich ist es der Stein, der symbolische Stein, der Adam, Christus und den Urmenschen in sich bewahrt und sozusagen auf „Abruf" bereithält. Derjenige, der den Ruf aufnimmt, in diesem Falle – freiwillig-unfreiwillig –, Tamino, handelt als jemand, der sich dem Selbst verpflichtet fühlt oder fühlen muss.

Die symbolisch-archetypische Deutung des Beginns der Individuation erschließt sich uns dann, wenn die Bilder als Symbole gedeutet werden. Die felsige, *steinige* Landschaft, die Schlange, die nicht nur Initiator, sondern Selbstsymbol ist (Adam-Sohn-Christus), Tamino, der aus der Ichheit seinen Weg stellvertretend für „alle" gehen wird ... Letzteres zeichnet sich bereits durch seine adelige Herkunft ab. Adelig bedeutet, sich einer Traditionskette zugehörig zu fühlen, die über die individuell-isolierte Existenz hinausweist. Der Adel Taminos wird oder soll zu einem Geistesadel werden.

Auch ist da der Tempel im Hintergrund, das Heiligtum, das per definitionem numinos, bzw. göttlich ist und so, über den Menschen hinaus, auf eine ewige Bestimmung hinweist. Auch Bäume und die damit angedeutete Vegetation zeigen, dass Wachstum und Entwicklung möglich ist. Die drei Damen, zerstückeln mit ihren silbernen Speeren die Schlange in *vier* Teile und symbolisieren in ihrer Dreiheit die verborgene Quaternio, die Vierheit, also das Selbst.[62]

62 Die Vierheit ist ein universales Selbstsymbol. Zur Bedeutung der Drei und der Vier vgl. das Anfangskapitel.

Tamino, der keine Pfeile mehr im Köcher hat (!) aber noch den Bogen in der Hand hält[63], steht nicht nur entwaffnet vor dem Geschehen, sondern der Bogen zeigt als Bild die Hälfte einer Ganzheit und kann als Mondsymbol, im Sinne des Halbmondes, gedeutet werden. Die Szene, die im Reich der Königin der Nacht, der Mondgöttin, spielt, weist damit über ihre eigentliche Sphäre hinaus. In ihr sind Symbole enthalten, die die Entwicklung der Handlung vorwegnehmen und den Individuationsprozess andeuten. All das sind Hinweise auf eine Tiefenstruktur der Oper.

Wenn der Leser diese Deutung soweit mitgehen möchte, dann kann ihm der nächste Schritt nicht fremd sein.

Die ausführliche Beschäftigung mit der Eingangsszene zeigt, dass hier weit mehr zu entschlüsseln ist, als vermutet. Weiterhin verweist sie voraus auf die Handlung der Oper und diese spiegelt sich in ihr. Die Bestimmung oder der Sinn der Oper kann mit der Eingangsszene kongruent angesehen werden. Der Gehalt der Eingangsszene erschließt sich in dem ausgeprägten symbolischen Verweis auf das Selbst. Die Identifikation der Szene mit dem Selbst im Sinne C. G. Jungs kann Hinweis darauf sein, dass der Weg des Tamino – der „alle" handelnden Figuren mit einschließt! – im Sinne der Individuation gedeutet werden kann. Die *Traumfahrt der Zauberflöte* käme dann zu ihrer wahren Bestimmung: als Ausdruck des Selbst. Der Schlüssel zu ihrem Geheimnis, das die Oper über die Jahrhunderte anziehend und numinos macht, liegt im Selbst. Die Antwort, warum die Oper immer noch wirkt, lautet, weil sie dem Betrachter und Zuhörer seine eigene Sehnsucht nach Selbstwerdung spiegelt. Sie lädt ein, den vorgezeichneten, symbolisch verschlüsselten aber latent wahrnehmbaren Weg der Individuation mit zu gehen.

Das Rätsel der Oper birgt also ein neues Rätsel, eines, das sich seit Jahrhunderten hält und sich in mannigfaltiger Gestalt variiert findet. Die Oper reiht sich damit in die großen Dramen der Menschheit ein, die den Individuationsprozess als verlockendes Symbol repräsentieren wie das Gilgamesch-Epos, die *Odyssee*, *Parzival*, *Die göttliche Komödie*, *Faust* usw. Zwar entsprechen sie dem Selbst, entbinden sie aber nicht von der Beschäftigung mit dem Selbst. Sie

63 Die sexuelle Konnotation kann als weiteres Indiz der Wehrlosigkeit und Hilflosigkeit gedeutet werden, angesichts deren Neubeginn oder eine Neuausrichtung geboten scheint.

sind Möglichkeiten in einer möglichen Welt. All diese Werke wären nichts, ohne ihre Wirkung, die zeitlos auf uns zukommt.

Die Wirkung ist letztlich das, was berührt ...

Die Wirkung ist letztlich das, was berührt. Was berührt, verwandelt. Was verwandelt trifft auf etwas in uns, das sich verwandeln lässt. Dies wiederum weist auf einen Kern hin, der sich nach Wandlung sehnt. Möglich, dass die *Zauberflöte* die Emanation dieser Sehnsucht darstellt und dass ihre Protagonisten Figuren in einem *magischen Theater* (Hermann Hesse) sind, das sich in uns selbst befindet. Sie agieren und wir erfahren durch ihre Handlungen mehr über uns, unsere Hoffnungen, unserer Ängste, unsere Wünsche. Die Faszination ist dabei die *goldene Spur* zu einem anderen Raum in uns. Die Oper vermag ihn aufzuschließen und dadurch können wir ihn betreten, obgleich er schon immer – in uns – *da* war.

Damit lädt die Oper zum Träumen ein und gestaltet träumerisch unser Schicksal. Ihre Verheißung ist ein Versprechen, das uns gegeben wird, wenn wir der Handlung folgen. Das Versprechen lautet, dass eine Wandlung möglich ist.

Die Richtung der Wandlung ist nur scheinbar vorgegeben. Sie entspricht unserer Mentalität. Gehen wir den Weg des Tamino oder der Pamina? Sind wir eher Sarastro oder Königin der Nacht? Oder vertrauen wir uns Papageno an?

Alle sind Spielfiguren in einem Spiel, das hier als Individuation begriffen wird. Die Spielregeln wurden offen gelegt. Die Absicht besteht darin, die Botschaft ernst zu nehmen, die da lautet, dass der Tod überwunden und der Mensch im Diesseits ein Jenseitiger werden kann. Nichts anderes ist mit der Initiation gemeint, die die Gegensätze vereint und überwindet, indem sie integriert werden.

Tamino kann nicht ohne Pamina und diese nicht ohne ihn sein. Beide zusammen sind durch Sarastro und die Königin der Nacht geprägt. Aber sie stellen auch eine eigenartige Symbiose dar, die durchaus als Ziel einer inneren Entwicklung gedeutet werden kann.

Das Ziel ist die Individuation, die Selbstwerdung. Die Erkenntnisse C.G. Jungs zeigen, dass der Mensch durchaus in der Lage ist, *hier* und *dort* zu *sein*.

ZWEITER TEIL

Das kollektive Unbewusste in der Zauberflöte: Archetypen und Mysterien

Vorbemerkung

Nach der Darstellung des Individuationsprozesses in seinen Stationen und facettenreichen Ausprägungen, soll nun die Tiefenstruktur der Oper im Sinne des kollektiven Unbewussten stärker beleuchtet werden. Bei der Figur der Königin der Nacht wurde deutlich, dass sie mehr ist als nur eine Mutter oder eine Königin. In ihr spiegeln sich archetypische Inhalte mit mythologischer Ausprägung wie Hekate, Demeter oder die Göttin Nyx. Durch Amplifikation lassen sich solche mythologischen Bilder bergen, wodurch wir für die ambivalente und vielschichtige Bedeutung der Figur der Königin der Nacht sensibilisiert werden.

Die Königin der Nacht wird zu einem Amalgam, zu einer archetypischen Ausprägung mythologischer Überlieferungen. Sie lapidar als Mutterimago zu begreifen, greift eindeutig zu kurz. Vielmehr muss ihr vielschichtiges Wesen nach und nach erschlossen werden. Kaum eine andere Gestalt in der Oper ist so vielschichtig wie sie.

Es gibt aber noch weitere Momente im Handlungsverlauf, die eine mythologische und archetypische Durchdringung fordern und dies durchaus zu Recht, denn der Ideengeber der *Zauberflöte,* Ignaz von Born, war ein ausgewiesener Kenner der Mythologie. Mozart und Schikaneder waren ihm verpflichtet und nicht nur ihm, sondern auch der Freimaurerloge in Wien, der alle drei angehörten. Zu Recht und zu Unrecht wird daher die *Zauberflöte* als Freimaureroper bezeichnet. Vieles spricht dafür, vor allem der starke Einschlag freimaurerischer Symbolik. Doch melden auch andere Geheimgesellschaften ihren Anspruch an, an der Oper beteiligt zu sein, sie inspiriert oder geprägt zu haben. Neben den Freimaurern müssen noch Illuminaten und Rosenkreuzer erwähnt werden. Auch sie greifen auf mythologisches Material zurück, das in *illo tempore*, in eine jenseitige, mythische Zeit, zurückreicht und sich in der Oper niederschlagen soll, wodurch sie Vertreter des kollektiven Bewusstseins und Unbewussten sind.

Auch die Psychologie widmete sich Konflikten, Personen und Handlungssträngen der Oper, um entweder Entsprechungen im psychischen Apparat, im seelischen Prozess oder für bestimmte Konfliktlinien in der Dynamik zwischen Bewusstsein und Unbewusstem zu veranschaulichen. Damit sind wir in der Moderne angekommen, welche die *Zauberflöte* nicht allein als naives Märchen für Kinder und Erwachsene interpretiert, sondern als archetypisch-symbolisches Gebilde versteht. Eine solche Sichtweise kann nicht nur Vergangenes erklärbar machen, im Sinne einer archetypischen Bestandsaufnahme, sondern vorausschauend wirken, werden doch in der Oper ewige, psychische Konfliktlinien thematisiert. Auch geht die Oper der Frage nach, wie zu leben sei, welche Eigenschaften ein Mensch benötigt, um Mensch genannt zu werden und nicht nur personaverhaftet in einer Rolle wie „Prinz", „Sohn", „Tochter" oder „Priester" zu stehen.

Die folgenden Kapitel werden sich mit diesen Fragen auseinandersetzen und dabei einen weiteren Schleier des Zaubers der *Zauberflöte* heben und benamen. Die Beiträge dienen als Ergänzungen und Erweiterungen der Sichtweisen, die in den vorangegangen Kapiteln ausgeführt wurden.

Ohne Bezug auf die Psychologie C.G. Jungs wären sie aber in dieser Form nicht möglich gewesen. Deshalb steht am Ende eine alchemistisch-symbolische Deutung der Oper, worin versucht wird, den alchemistischen Prozess in Bezug auf Selbstwerdung und Individuationsprozess zu betrachten.

C.G. Jung selbst hat sich sehr intensiv mit Alchemie und Alchemiesymbolik auseinandergesetzt. Dabei wurde er gewahr, dass sich darin ein innerer, seelisch-psychischer Weg abzeichnet, der kongenial dem kollektiven Unbewussten entspricht. So soll damit auch noch einmal deutlich aufgezeigt werden, wie tief die Handlung der Oper, ihre Personen und ihre Intention in ein kollektives Unbewusstes eingebunden ist. Die Offenlegung des archetypischen Bezuges wird ein tieferes Verständnis der Oper ermöglichen.

Tamino, Orpheus und die Mysterien der Unsterblichkeit der Seele

Das Bild Taminos als Flöte spielender Orpheus ist von tiefer symbolischer Bedeutung. Hier verbinden sich Mythos und Musik auf das eigentümlichste. Orpheus gilt als griechischer Held, der bei der sagenumwobenen Argonautenfahrt des Jason nach dem Goldenen Vlies teilgenommen hat, als mythische Gestalt, als Sänger und Gott.

Orpheus wird Musik und Dichtkunst zugeschrieben. „Er galt als Seher mit Beziehungen zur Unterwelt und als Arzt; auch magische Kräfte wurden ihm zugeschrieben, daher machte man ihn zum Stifter eines Kultes und zum Begründer von Mysterien, die es auch mit einem Weiterleben nach dem Tod zu tun hatten.“[1] Orpheus soll der Sohn des Oiagros und der Muse Kalliope gewesen sein und dem Gott Apollo Hymnen gedichtet haben. Musaios, eine ebenfalls legendäre Gestalt in der Nachfolge des Orpheus, habe diese Hymnen weiter ausgeführt und sein Vermächtnis in Form von heiligen Weihen, Mysterien, rituellen Reinigungen und Orakeln bewahrt. Musaios wurde als Vorfahre jener Priester der Eleusinischen Mysterien betrachtet, wodurch der Orpheus-Mythos mit Eleusis in Verbindung tritt und damit eine Parallele zur Königin der Nacht gezogen werden kann.

Es gibt verschiedene Fassungen des Orpheus-Mythos, auch und vor allem die Rolle der Eurydike betreffend, die in früheren Versionen des Mythos keine Rolle gespielt haben soll. Konzentrieren wir uns auf die wesentlichen bis heute bekannten Bestandteile des Orpheus-Mythos: Der legendäre Sänger Orpheus war mit Eurydike vermählt. Eurydike „die weithin Richtende“ ist eine thrakische Baumnymphe, die Orpheus nach seiner siegreichen Rückkehr von der Argonautenunternehmung heiratete.

Der Heros Aristaeus, der mythische Erfinder der Bienenzucht, stellt Eurydike nach und sie tritt auf der Flucht vor ihm auf eine Schlange, wird gebissen und stirbt an ihrem Gift. Ihr Tod wird von Orpheus beweint, der sich in die Unterwelt, dem Hades, aufmacht, um dort die Freilassung der Toten zu erbitten.

1 Frede, 230.

Nach Vergil lässt Proserpina – oder Persephone, die Tochter der Demeter und Gemahlin des Pluto – Eurydike frei unter der Bedingung, dass Orpheus, während er aus der Unterwelt aufsteigt, sich nicht nach der ihm folgenden Eurydike umdreht. Orpheus dreht sich aber um und sie muss zurückbleiben. Orpheus trauert danach umso stärker um Eurydike und wird von thrakischen Frauen, die über ihn erbost sind, in Stücke zerrissen. Sein Haupt jedoch trieb auf dem Fluss dahin und sang weiter.[2]

Das Ende des Orpheus

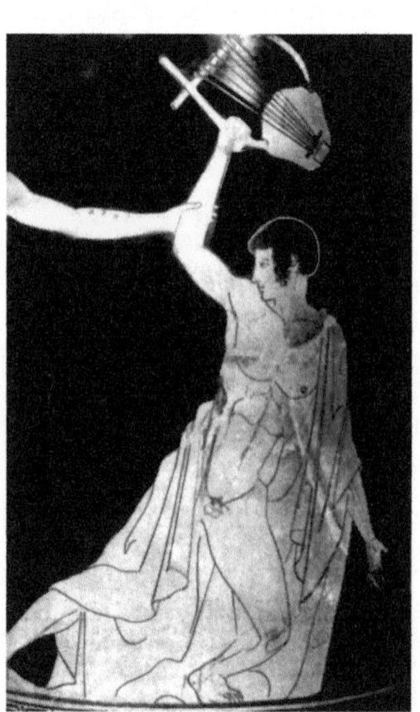

Der sterbende Orpheus

Über das Ende des Orpheus gibt es noch andere Lesarten. Ursprünglich dem Dionysoskult zugehörend, wendet sich Orpheus allmählich von Dionysos ab und dem Apollon oder Helios zu. Die Mänaden – Begleiterinnen des Dionysos – erzürnen darüber und reißen ihn in Stücke. Eine wiederum andere Version besagt, dass thrakische Frauen – also Frauen, die zur gleichen Sippe wie Eurydike gehören (!) – Orpheus aus Zorn über sein frauenfeindliches Verhalten zerrissen hätten: Entweder, weil er den Frauen die Teilnahme an den „Orgien" verboten oder weil er den Männern die „Knabenliebe" gelehrt hatte. Aufgrund eines Orakelspruches wurde der Kopf des Orpheus „an der Mündung des Meles, ohne Anzeichen von Verletzung oder Verwesung, immerfort weitersingend gefunden. Man errichtete ein Grabmahl, was dann als Heiligtum mit einem eigenen Kult fungierte zu denen Frauen aber keinen Zutritt hatten"[3]. Für den griechischen Historiker Pindar ist Orpheus der „Vater des melodischen Gesangs" und der Dichter Aischylos sieht ihn ihm jemanden, der „die ganze Natur mit seinem Charme bezaubert"[4]. Und so entbehrt es nicht ei-

2 Vgl. dazu auch Klodt, 61f.

3 Siehe dazu: Klodt, 45.

4 Zitiert nach: Eliade, *Geschichte der religiösen Ideen* II, 159.

ner ironisch-tragischen Brechung, dass gerade er, der den Menschen Schrift, Philosophie, Religion, Dichtung und – nach anderer Lesart – sogar Ackerbau und vegetarische Lebensweise brachte, er, der wilden Tieren und der zerstörerischen Kraft der Natur Einhalt gebieten konnte, dass dieser Sänger und Heroe auf grausame *animalische* Weise – wie vor ihm Osiris – zerstückelt wurde.[5]

Im Gegensatz dazu war es, wie der Mythologe und Griechenkenner Karl Kerényi hervorhebt, der lebendige Orpheus der „zerrissen", jedoch nicht vernichtet wurde, denn das Haupt des Orpheus singt weiter. Kerényi sieht darin ein Beispiel für die „Unreduzierbarkeit" der „orphischen Seele", die zwar „einerseits ihre Fessellosigkeit schaudernd kennt, ... andererseits um ihre eigene Unreduzierbarkeit" weiß.[6] Die „orphische Seele" erkennt im Orpheusmythos ihre Unsterblichkeit.

Der Religionswissenschaftler Mircea Eliade betont die Nähe des Orpheus zum Schamanismus, denn er ist Heilkundiger und Musiker: „...er bezaubert und beherrscht die wilden Tiere; er stiegt in die Unterwelt hinab, um Eurydike zurückzuholen; sein abgetrennter Kopf wird aufbewahrt und dient als Orakelstätte."[7] Die Verbindung des Orpheus zu Apollon, die Leier galt als „apollonische Leier", bringt ihn in die Nähe zur Initiation und zur Reinigung oder Katharsis.

Mircea Eliade meint, dass die Bestandteile der orphischen Mysterien weitgehend unbekannt seien. Bekannt ist, dass ein vegetarischer Lebensstil, Askese, Reinigung, religiöse Unterweisung, Seelenwanderung und die Unsterblichkeit der Seele entweder gelehrt oder vorausgesetzt werden. Orpheus steht in der Tradition der eleusinischen Initiationen, des Dionysos- und Apollo-Kultes. Man sah in ihm einen Begründer eines neuen Mysteriums und Initiatonssystems, das Seelenwanderung und Unsterblichkeit der Seele beinhaltete.[8]

---

5 „Es ist die tragische Ironie des Orpheus, dass er von Menschen, zivilisierten Wesen, die in Raserei oder Wut verfallen, bestialisch getötet wird, während er seinerseits die Wildheit reißender Tiere zähmt, den zerstörerischen Naturgewalten Einhalt gebietet und generell den Menschen die Zivilisation bringt, Schrift und Metrum, Philosophie, Religion und Dichtung, ja selbst Ackerbau und vegetarische Lebensweise." (Klodt, 49.)

6 Vgl. dazu: Karl Kerényi, *Humanistische Seelenforschung*, 35.

7 Eliade, *Geschichte der religiösen Ideen* II, 160.

8 „Wir kennen die wesentlichen Bestandteile der als von Orpheus „begründet" geltenden Initiation nicht. Bekannt sind nur die Präliminarien: vegetarisches Leben, Askese, Reinigung, religiöse Unterweisung (hieroi logoi, Bücher).

Orpheus und Unsterblichkeit

Die Nähe des Orpheus-Kultes zum Monismus bedingt zugleich die Lehre der Unsterblichkeit der Seele bzw. der Göttlichkeit derselben. Orpheus kann damit als Symbol der Unsterblichkeit angesehen werden. Eine Beziehung zu Orpheus bedeutet gleichermaßen eine Verbindung zum Hades und zur Unterwelt als Totenreich, wodurch ein Austausch zwischen Lebenden und Toten erfolgen kann. Der Tod hat durch die Tat des Orpheus seinen Stachel verloren. In einer christlichen Sprache wäre Orpheus hinabgestiegen in das Reich des Todes und wieder auferstanden bzw. zurückgekehrt zu den Lebenden. Als Folge davon manifestiert sich die Unsterblichkeit in und durch die Mysterien des Orpheus.

Orpheus – Pythagoras – Dionysos

Aufschlussreich ist auch die Beziehung des Orpheus zu Pythagoras und dessen Kulten. So glauben beide, Orphiker und Pythagoreer, an die Unsterblichkeit der Seele und an ihre Wiedergeburt. Beide vertreten asketische Lebensvorschriften.[9] Bemerkenswert ist die Verbindung von Orpheus und Dionysos. Der Kult des Dionysos, der als Sohn der Persephone angesehen wird, womit wir wieder die Verbindung zur Unterwelt und den Eleusinischen Mysterien herstellen können, und der Kult des Orpheus weisen Übereinstimmungen auf. In beiden spielt eine „rituelle Reinigung[en] der Seele als Vorbereitung auf den Tod und auf das Nachleben eine zentrale Rolle“ und auch der „Mythos von der Zerstückelung und Wiederherstellung

---

Bekannt sind auch die theologischen Voraussetzungen: die Seelenwanderung und, daraus folgend, die Unsterblichkeit der Seele. Die Bestimmung der Seele nach dem Tod bildete … das Ziel der eleusinischen Initiationen, aber der Dionysos- und Apollo-Kult schlossen ihrerseits auch das Schicksal der Seele ein. Es ist also einleuchtend wenn man im 6. und 5. Jahrhundert in der mythischen Figur des Orpheus einen Mysterienbegründer sah, der sich von den traditionellen Initiationen anregen ließ und eine geeignetere Initiationsdisziplin vorschlug, die die Seelenwanderung und die Unsterblichkeit der Seele einbezog.“ Eliade, *Geschichte der religiösen Ideen* II, 162.

9 „Dieser Gemeinsamkeiten wegen findet man in der Literatur oft auch die Bezeichnung ‚orphisch-pythagoreisch‘, eine Kombination, die sich vor allem deswegen anbietet, weil die erhaltenen Zeugnisse aus der Frühzeit dieser beiden Bewegungen äußerst mager und zudem nur schwer gegeneinander abzugrenzen sind“ (Frede, 231).

des Dionysos-Kindes ist Gegenstand orphischer Dichtungen“[10]. Nicht eindeutig zuordenbar ist die Mutter des Dionysos, während als Vater immer Zeus genannt wird. So werden neben Demeter, Io, Lethe und einer Sterblichen namens Selene auch Persephone als mögliche Mutter genannt. Wäre letzteres der Fall, so könnte nur folgerichtig die Tat des Orpheus, jene Überwindung des Todes, als gleichzeitige Abkehr vom Dionysischen gelten, weil Orpheus nun selber den Hades überwunden hat und damit der dionysischen Riten als Vermittlung zur Unsterblichkeit nicht mehr bedarf. Orpheus und Dionysos wären sich ebenbürtig. Ja mehr noch: Orpheus hat das, was Dionysos als Geburtsrecht einfordern kann, nämlich die Beziehung zur Unterwelt, aus sich selbst heraus errungen.

Es gibt Schriften, die Orpheus zugeschrieben werden, sich jedoch in Wahrheit wohl nur seines Namens bedienen. Die so genannten „orphischen Texte“ weisen den Weg in die Unterwelt und geben einen Verhaltenskodex an, wie man sich den dortigen Gottheiten gegenüber zu verhalten habe.[11]

Orpheus und Seele

Wir haben es in der Orphik und in ihrer Symbolfigur dem Sänger Orpheus mit einer auf Jenseitigkeit, Unsterblichkeit, Wiedergeburt und die Überwindung des Todes ausgerichteten Bewegung zu tun. Das Ritual nimmt den Tod vorweg und zwar zu Lebzeiten. Der wirkliche Tod wird zu einem erkennbaren und, wenn er dann tatsächlich eintritt, bekannten Erlebnis. Mittels des Rituals bannt man die Angst vor den Toten und damit vor dem Tod selbst.[12]

---

10 Frede, 232.

11 „Zum einen sind da die Orphicae Lamellae, die orphischen Goldblättchen. Dabei handelt es sich um eine Reihe von Texten auf dünner Goldfolie, die in Gräbern in Süditalien, Sizilien, Nordgriechenland und auch auf Kreta gefunden wurden. Sie enthalten in Hexametern abgefasste ‚Wegweiser‘ für die Seelen in der Unterwelt und Empfehlungen an die dortigen Gottheiten“ (Frede, 231).

12 Dorothea Frede zitiert in ihrem Aufsatz „Die Orphik – Mysterienreligion oder Philosophie?“ Walter Burkert mit den Sätzen: „Es ist einleuchtend zu denken, daß das Zentrum aller Initiation Tod und Wiedergeburt sein müssen, dass Tod und neues Leben auf diese Weise im Ritual vorweggenommen sein und dass der reale Tod so zu einer sekundären Wiederholung gemacht werde ...“ Und sie fährt fort: „Das Erlebnis bedeutete für die Teilnehmer eine Art von Befreiung: Man braucht vor den Toten, dank dem Ritual, keine Angst mehr zu haben. Es bedarf nur einer kleinen Verschiebung in jener erlebbaren Balance

Wahrscheinlich ist auch, dass dem Mysten erst durch die Mysterieneinweihung eine eigene „Seele“ bewusst wurde. Wer den Tod nicht fürchtet, muss sich darüber Gedanken machen, was nach dem Tode „bleiben“ wird. Möglicherweise schloss sich – aus heutiger Sicht gesehen – daran die Folgerung an, ein Bewusstsein über sich selbst zu erlangen bzw. Individualität zu erlangen. Bis dahin gab es eine Individualseele offenbar nicht.

Das eigentlich Neue der Orphiker und Pythagoreer liegt darin, den „Seelenglauben“ eingeführt zu haben – womit Seele und Seelenwanderung verbunden sind –, mit der Konsequenz eines neuen Verständnisses des Erhalts der Individualität nach dem Tode.[13]

Aufgabe der Einweihung in die Mysterien war es also nicht nur, sich mit Geheimnissen vertraut zu machen, sondern vor allem, sich seiner eigenen Existenz bewusst zu werden, so dass man durchaus sagen könnte: Innerhalb der Mysterien erhält man eine Seele.

In den eleusinischen Mysterien, die Verwandtschaft zum Orpheuskult aufweisen, wird ähnliches vermittelt mit dem Resultat, dass der Tod seinen Schrecken verliert. Man vergegenwärtigt sich durch die Unterweltsfahrt in den Hades seiner eigenen unsterblichen Seele. Paradoxerweise erhält *sie* durch das Todesreich ihr *Seelenbewusstsein*, jenes ewige Leben, wonach sie sich sehnt. Todesangst und Sorge um ein Weiterleben werden durch die Mysterienkulte hinfällig. Nun weiß man, was einen erwartet.[14] Wie Dorothea Frede betont, hebt „die Wirkung der Mysterienfeiern auf das psychische Erlebnis des Individuums ab“[15]. Der Mensch wird *Seele* durch die Einweihung.

---

von Lebenden und Toten, dass mit der Angst vor den Toten auch die Angst vor dem Tode schwinden soll, eben dank der Gemeinsamkeit im geheimnisvollen Mysterienfest“ (Frede, 234).

13 „Es gab offensichtlich keine feste Vorstellung über den Status der individuellen Seele als einer selbständigen Einheit mit permanenter Identität. Vor allem aber gab es noch nicht die Vorstellung von einer Wiedergeburt der Seele und der Seelenwanderung. Und darin liegt das eigentlich Neue des Seelenglaubens der Orphiker und Pythagoreer. Es hat offensichtlich eine gewisse Spiritualisierung eingesetzt, die zu einer neuartigen Konzeption von der sich über Zeit und Raum erhaltenden Persönlichkeit des Einzelnen führte.“ (Frede, 236.)

14 „Durch das längere Fasten vorher, die lange Wanderung von Athen nach Eleusis, das Warten in der Dunkelheit, die aufwühlende Musik und die Vermummungen wurde der Myste in eine ekstatische Stimmung versetzt, in der ihm das Erlebnis der Verbundenheit von Leben und Tod wie eine Offenbarung erschien, die ihn über die Sorgen und Ängste des Alltags hinaushob“ (Frede, 234).

15 Frede, 245.

Angeregt durch das orphische Wortspiel „der Körper (soma) sei das Grabmal (sema) der Seele" habe auch Platon daran Gefallen gefunden. Die Seele büßt für ihren Köper, den sie als Umhüllung, als Mantel, als Gefängnis erhalten habe und befreit sich von ihm.[16]

Die andere Hadesfahrt des Orpheus

Kommen wir nochmals auf die Hadesfahrt des Orpheus zu sprechen. Bei Ovid gibt es eine glücklichere Wendung der Geschichte. Orpheus gelangt nach seinem Tod in die Unterwelt und findet seine Eurydike sogleich wieder. „Er umarmt sie leidenschaftlich [...], und gemeinsam wandeln die beiden nun einher, wobei bald sie, bald er voranschreitet und er gefahrlos den Blick zurückwenden darf [...] Das harte Gebot ist aufgehoben, die vorgeschriebene Reihenfolge ‚Eurydice hinter Orpheus' wird umgedreht [...] und ist gleichgültig geworden, das fatale respexit hat keine Konsequenzen mehr, nun gehört Eurydice wirklich Orpheus."[17]

Dieser Umstand ist deshalb bemerkenswert, weil es in der Einweihungsszene der *Zauberflöte* tatsächlich Pamina ist, die Tamino führt und vorangeht. Nehmen wir in der Einweihung nicht nur – wie wir noch sehen werden – eine Vorbereitung auf ein zukünftiges Herrscheramt wahr, sondern auch die Möglichkeit, sich seiner eigenen Seele – seiner eigenen Unsterblichkeit – bewusst zu werden, so ist Tamino als symbolisierter Orpheus derjenige, der in der Unterwelt angekommen ist und vorbehaltlos Pamina, respektive Eurydike, die Führung überlassen kann. Bietet dies auch keine ausreichende oder hinreichende Erklärung, so ist doch zumindest eine Zuordnung der Einweihungshandlung zu den Mysterien erreicht.

Fassen wir zusammen: Die Orphiker sind ein Mysterienbund, der eine ägyptische Grundlage hat. Schwerlich ist über deren Inhalte konkret etwas auszusagen. Aber auch hier – wie bei Isis und Osi-

16 „Es scheinen mir vor allem die Jünger des Orpheus diesen Namen (soma = sema) eingeführt zu haben, in der Meinung, dass die Seele Buße zahlt für das, wofür sie eben büßt; daß sie diese Umhüllung als Gefängnis erhalten hat, damit sie in Gewahrsam gehalten wird. Er ist also – gerade wie der Name sagt – so lange ein Gefängnis der Seele, bis sie ihre Schuld abgebüßt hat, und man dürfe auch nicht einen einzigen Buchstaben an diesem Namen ändern" (Frede, 239).

17 Klodt, 98.

ris oder im Demeter-Kult – spielen Tod und Wiedergeburt eine zentrale Rolle.

Der Gang des Orpheus in den Hades, sein Verbindung zu Eurydike, die Möglichkeit, die Götter mittels des Gesanges und seines Wehklagens zu beeinflussen, all das lässt auf eine indirekte Machtstruktur schließen, die auf Beeinflussung aus ist und zwar der Lebenden *und* der Toten! Der Eingeweihte in die Mysterien des Orpheus ist nicht nur jemand, der die Allmacht der Liebe erfahren haben muss, sondern auch jemand, der deren Macht und magische Stärke anwenden kann, indem er durch seine Liebe zu einer Toten die unwandelbaren Gesetze des Totenreiches umzukehren vermag. Liebe ist dabei das Band und die Macht.

Orpheus in der Musik

Kehren wir zurück in die Welt der Musik, wo wir weitere Bezüge zu Orpheus finden. Beinahe folgerichtig ist die erste Oper dem Sänger Orpheus gewidmet, es handelt sich um Claudio Monteverdis *L'Orfeo*. Die Oper besteht aus einem Prolog und fünf Akten und erzählt die Geschichte von Orpheus und Eurydike. Am 24. Februar 1607 wurde sie in der *Accademia degl'Invaghiti* („Akademie der Verliebten") anlässlich des Geburtstages von Francesco IV. Gonzaga in Mantua uraufgeführt. Die erste Oper hat damit den Mythos der Kraft der Musik schlechthin zum Vorbild, denn es ist Orpheus, der den Wandlungscharakter von Musik, ihre magische Macht, verkörpert. Zu Recht betont Jan Assmann den Aspekt der „Urszene der Musik", der darin gezeigt wird.

Es gibt weitere Opern im 18. Jahrhundert, die sich des Orpheus-Stoffes annehmen, darunter: Christoph Willibald Glucks *Orfeo ed Euridice*, eine 1762 in Wien uraufgeführte Oper und *Die wunderbare Beständigkeit der Liebe oder Orpheus* von Georg Philipp Telemann, die unvollendet blieb und bereits 1726 entstanden war. Auch Joseph Haydn hinterließ eine unvollendete *Orpheus*-Oper, die er im Jahre 1791 komponierte.[18]

Alle drei Komponisten gehören zu den bedeutendsten Vertretern ihres Faches. Mozart dürfte dies nicht entgangen sein. Ob und in-

18 Vgl. dazu Dorothea Schröder: *Orpheus auf der Opernbühne des 18. Jahrhunderts.*

wieweit „sein“ Tamino-Orpheus dadurch beeinflusst wurde, muss offen gelassen werden, zumal Orpheus selber ja nicht vorkommt, sondern Tamino als Orpheus abgebildet wird.

Die Parallele von Tamino zu Orpheus ist aber signifikant. In der *Zauberflöte* ist es nicht die Leier wie bei Orpheus, sondern die Flöte, die als Aspekt der Verabsolutierung von Musik wirkt. Wenn Tamino die Flöte spielt, dann spricht die Musik unmittelbar, dann wirkt die Musik in ihrer „absoluten“ Reinheit und Kraft.

Der Gesang zur Leier sowie die menschliche Stimme sind in ihrer Möglichkeit einer absoluten Musik nachgerichtet. Ihnen fehlt der Aspekt der Musik, der sich nicht sagen lässt, sondern „nur“ wirken kann. So anrührend Gesang auch ist, er bleibt mittelbar. Die Wahl der Flöte unterstreicht, dass die Musik ohne Vermittlung wirken will, also nicht des Wortes bedarf, um „verstanden“ zu werden.

Es wäre sicherlich nicht weiter aufwändig gewesen, Tamino eine Leier satt einer Flöte beizugeben. Andererseits zeigt die Entstehungsgeschichte der Flöte, wie Musik sublimiert erscheinen kann.

Der Vater Paminas schnitzte die Flöte aus einer vom Blitz getroffenen Eiche, womit er dem jähen Ausbruch unkontrollierter Energie in der Natur ein Instrument für die Kultur abgewinnt. Er sublimiert damit die Urkraft zu einem Kunstgegenstand mit magischen Fähigkeiten und verbindet Urkraft mit Kulturkraft.

Weil Tamino nicht singen kann während er die Flöte spielt, wird damit auch ein die Stimme transzendierendes und übersteigerndes Moment sichtbar. Die Flöte ist in ihrer Verkörperung nicht nur ein Blasinstrument, sondern Musik schlechthin. Bezeichnend ist auch, dass er durch das Flötenspiel die Prüfungen am Ende der Oper bestehen kann. All das besagt, dass Orpheus in seiner mythologischen Kraft durch Tamino integriert und übertroffen wird, denn weder verliert er seine Geliebte, noch wird er am Ende von den Mänaden zerrissen. Trotz aller Dramatik und dem Ernst der Lage soll hier eine an Ephraim Kishon gemahnende, ironisch überspitzte, jedoch einer gewissen psychologischen Wahrheit nicht entbehrende Szenerie heraufbeschworen werden:

Stellen wir uns vor, dass Pamina und Tamino in ein paar Jahren glücklich vereint sich dieser Szene erinnern. Wird Pamina, trotz allem Verständnis, ihrem Tamino nicht – und sei es nur im Spaß – vorwerfen, dass er, obwohl sie weiß, dass es ihm nicht anders möglich war, nun doch ein Wort an sie hätte richten können. Nur ein kleines? Wird nicht irgendwann einmal auf menschlicher Ebene ein Stachel des Misstrauens zurückbleiben? Muss man also aus einer nicht-männlichen Sichtweise heraus – und Tamino ist zutiefst in diese männliche Sicht initiiert worden – nicht auch gerade ein „höheres" Prinzip jedem Befehl und jeder Weisung gegenüber geltend machen?

In einer zutiefst merkwürdigen und symbolischen Geschichte gelingt es Michael Ende einen solchen Zustand zu schildern: Ein Mann erhält die Weisung, seiner zukünftigen Frau an einem bestimmten Tage aus dem Wege zu gehen und nicht mir ihr zu sprechen. Er sieht sie an diesem Tag des öfteren, doch gehorcht er der Weisung, die ihm ja eine gemeinsame Zukunft mit ihr verheißt. Am Ende des Tages hat er sie verloren, denn er hätte – aus Liebe wohl – gegen diese Weisung verstoßen „müssen".

Führen solche Überlegungen (noch) zu weit, so ist darin ein Keim für eine andere, die Initiation und Einweihung, die Prüfung und Beherrschung erweiternde Sichtweise gelegt, die besagt, dass im Angesicht der Liebe „alles" erlaubt sei.

Dies sagt die Oper nicht. Es ist nicht alles erlaubt. Es gibt Regeln und es gibt eine Ordnung, eine musikalische und eine gesellschaftliche. In diese Ordnung wird man initiiert. Hier findet man, kontrolliert und geprüft – quasi mit einem Sarastro-Zertifikat versehen – die zukünftige Orientierung. Sie besteht aus einem Helden, der sich an gegebene Versprechen hält und zwar 100-prozentig. Auf ihn ist Verlass. Und damit ist auf ihn als Herrscher Verlass. Erwartet man von Tamino das Unerwartete? Eher nicht. Fehlt aber bei der ganzen Geschichte nicht jenes Moment des Unerwarteten?

Tamino wird als Herrscher dem Apoll gleich sein. Und er wird eine „orphische Seele" besitzen, eine, die die Schrecken der Unterwelt nicht nur aushalten, überleben oder meistern konnte, sondern eine Seele, die ihrer eigenen „Unreduzierbarkeit" gewiss ist.

Die Unsterblichkeit der Seele ist in Orpheus mythologisch verkörpert und kulminiert in Tamino. Damit ist Tamino sozusagen mythologisch durchtränkt von ägyptischen und griechischen Mysterienweisheiten.

Tamino als Sethos und das Mysterium der Pyramideneinweihung

Die Initiation in die Mysterien der Isis-Priesterschaft hat eine bedeutsame literarische Vorlage. Die Prüfung am Ende der Oper ist dem Roman *Sethos* des Abbé Jean Terrasson entnommen. In ihm finden sich viele Parallelen, die die Handlung der *Zauberflöte* einsichtiger und klarer hervortreten lassen. Im 18. und noch im 19. Jahrhundert wurden die ägyptischen Pyramiden als Einweihungsstätten gesehen, in denen der Einzuweihende gewisse Prüfungen zu bestehen hatte, die mit den vier alchemischen Elementen – Feuer, Erde, Wasser und Luft – zusammenhingen. Das ging sogar soweit, dass Ägypten im 18. Jahrhundert „weitgehend als die Wiege der Geheimwissenschaften und der Mysterien galt“[19].

Eine solche Einschätzung wurde vor allem durch ein Buch geprägt, das auch der *Zauberflöte* als Grundlage diente. Es handelt sich um das 1731 in Paris anonym erschienene Werk des Abbé Jean Terrasson (1670–1750): *Sethos, histoire, ou Vie tirée des monumens, anecdotes de l'ancienne Égypte, traduite d'un manuscrit grec.*

Zu Terrassons Roman-Quellen, er war Lehrer für Griechisch am Collège de France, zählen neben Diodor, einem antiken griechischen Historiker aus dem 1. Jahrhundert v. Chr., der sich für längere Zeit in Ägypten aufhielt und auf den Ignaz von Born auch Bezug nimmt, griechische Autoren wie Herodot, Polybios und Plutarch. Diodor erschließt die eleusinischen Mysterien aus ägyptischen Wurzeln und nimmt eine enge Verbindung von Griechenland und Ägypten an.

Weiteren Einfluss bewirken *Les Aventures de Télémaque* von Fénelon (1651–1715) und „die anonym erschienenen *Voyages de Cyrus*, die aus der Feder des damals berühmten Freimaurers Andreas Michael Ramsay (1686–1743)“[20] stammen. Obwohl es sich um eine fiktive Geschichte handelt, die eine Mischung antiker und zeitgenössischer Quellen darstellt, gepaart mit der Phantasie des Autors, wurde der Roman auch als Tatsachenbericht angesehen. Sein Einfluss reicht in Kreisen der Geheimgesellschaften bis ins 20. Jahrhundert.

19 168 Staehelin, 24.
20 169 Staehelin, 25.

Der Roman war nicht nur in Frankreich erfolgreich, sondern auch in Deutschland. Zwei Übersetzungen, eine von Christoph Gottlieb Wendt (Hamburg 1732–37) und eine des Dichters Matthias Claudius (1777–78) liegen vor. Eine Neuausgabe nach 1800 scheint es nicht mehr gegeben zu haben. Um einen besseren Überblick über das Romangeschehen zu erhalten, folgen wir hier der Beschreibung von Elisabeth Staehelin, die eine hervorragende Zusammenfassung des Werkes gibt.[21]

Der Held des Buches mit dem Namen Sethos ist der Sohn des ägyptischen Königs Osoroth, und er soll mit dem ersten der drei bei Manetho anonym aufgeführten Könige der 22. Dynastie identisch sein. Der Vater Osoroth zeigt keinerlei Interesse an seinem Herrschaftsamt und überlässt das Regierungsgeschäft seiner Gemahlin, der guten Königin Nephte, die als vom Volk verehrte und geliebte Regentin die Geschicke des Landes umsichtig und kompetent leitet. Zum Erzieher ihres Sohnes Sethos bestellt sie den weisen Amedes. Die böse Daluca gewinnt jedoch Einfluss auf den König und nach Nephtes frühem Tod gelingt es ihr, zuerst die Herrschaft an sich zu reißen, dann den König zu heiraten und sich so zur Königin zu machen. Geflissentlich korrumpiert sie zunächst den Hof und damit auch das Land. Amedes jedoch weiß seinen Zögling aus diesen Vorgängen herauszuhalten und ihn nicht nur zu schulen, sondern auch zu stählen und ihn so für seine spätere hohe Aufgabe abzuhärten. Zu diesem Zweck lässt er ihn zuerst das Land von der Plage einer fürchterlichen riesigen Schlange befreien, was Sethos glänzend bewältigt, und dann geleitet er den erst sechzehnjährigen Jüngling zu den Einweihungsriten der Isis-Mysterien.

Sie gelangen zur grossen Pyramide, wo sie zusammen des Nachts, mit einer Lampe versehen, an der Nordseite einsteigen. Im Innern kommen sie zu einem dunkeln Brunnenschacht, in den sie sich mittels am Rande angebrachter Steigeisen herablassen, wobei Amedes die Lampe, die unten in eine Art Helm ausgeht, auf dem Kopfe mitträgt. Unten angekommen, sieht man durch ein Gitter einen Gang mit einer Arkadenreihe im Scheine von Lampen und vernimmt die Stimme von Menschen. Sethos erfährt, dass hier unterirdische Verbindungen zu den anderen Pyramiden bestehen und dass der Gang zu einem Tempel führt, in dem allnächtlich die bis hierher hörbaren Priester und Priesterinnen (!) kultische Handlungen ausführen. Es folgen lange ethische Erörterungen von Lehrer und Schüler.

21 Elisabeth Staehelin: „Zum Motiv der Pyramiden als Prüfungs- und Einweihungsstätten“. In: *Gnostika* 20, 25–29.

Beim Weitergehen stoßen sie auf folgende Inschrift: „Wer diesen Weg allein geht, und ohne hinter sich zu sehen, der wird gereinigt werden durch das Feuer, durch das Wasser und durch die Luft, und wenn er den Schrecken des Todes überwinden kann, wird er aus dem Schoss der Erde wieder herausgehen, und das Licht wiedersehen, und er wird das Recht haben, seine Seele zu der Offenbarung der Geheimnisse der großen Göttin Isis gefasst zu machen!" Dieser Text klingt wie eine Paraphrase zu der wichtigen Stelle aus den Metamorphosen des Apuleius (Buch XI, 23), an der Lucius vor seiner Einweihung in die Isis-Mysterien aussagt: [...] „Ich nahte dem Grenzbezirk des Todes, stieg über Proserpinas Schwelle und fuhr durch alle Elemente zurück; um Mitternacht sah ich die Sonne in weißem Licht flimmern, trat zu Totengöttern und Himmelsgöttern von Angesicht zu Angesicht und betete sie ganz aus der Nähe an".

Dem Leser des Sethos-Romanes werden sodann ausführlich die Geschicke derer, die die Initiationsprüfungen nicht bestanden haben, mitgeteilt. Sethos indessen geht nun alleine weiter, eine lange Wegesstrecke, nur mit der Lampe bewaffnet; er vermag an drei Männern vorbeizukommen, deren Helme die Gestalt eines Anubiskopfes haben. Dann erreicht er ein Gewölbe, in dem zwei riesige Scheiterhaufen lodern. Es gelingt dem Jüngling, über einen dazwischenliegenden rotglühenden Eisenrost dem Hindernis zu entkommen und so die Feuerprobe zu bestehen. Wenig weiter findet er einen breiten aus dem Nil abgeleiteten Kanal, dessen Wasser mit lautem Getöse vorbeirauscht. Die Kleider mit dem Gürtel auf den Kopf gebunden, durchschwimmt Sethos die Fluten, immer mit einer Fackel in der Hand. Drüben angelangt findet er Stufen und erreicht über diese eine Art Zugbrücke, die zwischen zwei großen lautdröhnenden Rädern angebracht ist und zu einer Tür führt. Sie lässt sich jedoch nicht öffnen, und, da er ja nicht zurückgehen darf, bleibt nur die Möglichkeit, sich beherzt an ein Paar Schwungringe zu werfen, zumal die Zugbrücke sich unter ihm zu heben beginnt. Durch eine weitere mechanische Vorrichtung wird er schließlich wieder heruntergelassen, nachdem er noch einem plötzlichen starken Durchzug ausgesetzt worden war. Als er auch diese Luftprobe bestanden hat, die ihn in einen rechten Todesschrecken versetzte, erreicht Sethos durch die sich inzwischen selber öffnende Tür den ihm wohlbekannten Tempel. Es ist das Gotteshaus der Götter Osiris, Isis und Horus, in dem man für die Gesundheit seiner verstorbenen Mutter so oft gebetet hatte. Nun wird er dort von den Priestern empfangen. Er bekommt eine Schale Nil-Wasser zu trinken, „das Getränk der Lethe", das das Vergessen aller falschen Maximen zur Folge hat, die er bisher aus dem Munde von Uneingeweihten gehört hat. Ein anderer Prüfling, der etwa zur selben Zeit eingeweiht werden sollte, der Grieche Orpheus, hatte die dritte Probe nicht gemeistert, war indessen in Ansehung seiner sonstigen Verdienste doch mit der Einweihung belohnt worden. Er erhielt außerdem die Auflage, den Kult der Göttin Isis in Griechenland zu installieren, und so wurde er der Begründer der eleusinischen Mysterien, da Isis und Ceres im Grunde

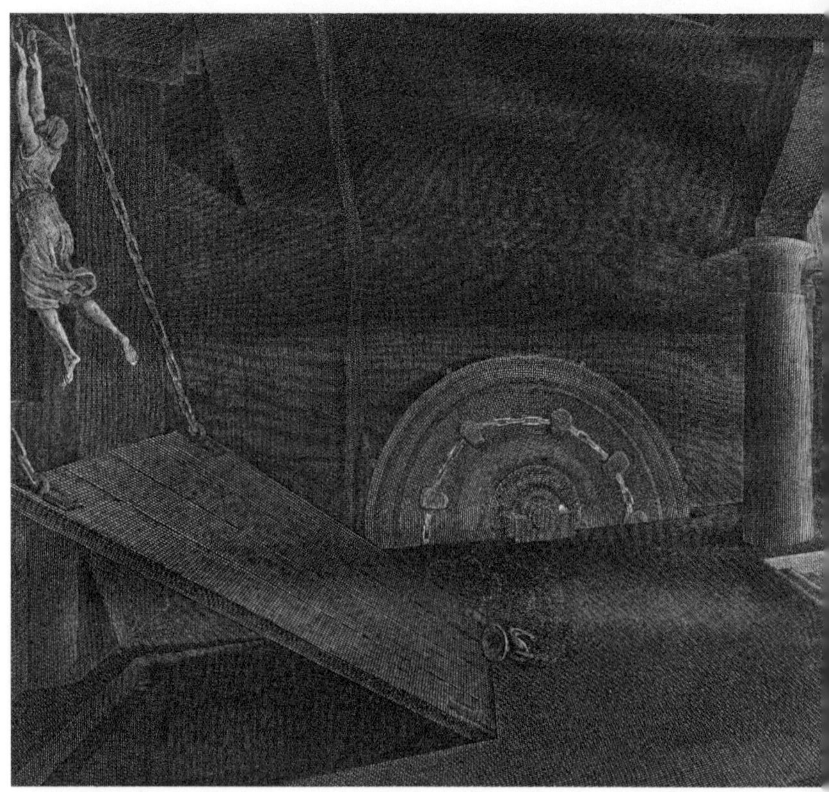

Die Elementen-Einweihung im Sethos-Roman: Erde, Feuer, Wasser, Luft

als die gleiche Göttin empfunden wurden (vgl. Diodor 1, 96, 4–5). Sethos hingegen musste nach dem Bestehen der drei Prüfungen noch eine lange Zeit des Fastens, des Schweigens, sowie der religiösen und ethischen Unterweisung, aber auch Befragungen und Läuterungen über sich ergehen lassen.

Wir müssen es uns versagen, den Helden Sethos auf seinem Wege weiter zu begleiten; ebenso können wir hier nicht auf die große Isis-Prozession eingehen, die die Einweihung beschließt und die sicher auf die Beschreibung des Apuleius zurückgeht, der in diesem Falle auch einmal genannt wird. Denn all dies würde uns zu weit von dem hier speziell behandelten Motiv abbringen, zu dem wir wieder zurückkehren müssen.

Der ganze Roman ist stark mit freimaurerischem Gedankengut durchsetzt, in einer Weise, die es dem Außenstehenden nicht einfach und sicher zuweilen sogar unmöglich macht, die internen Bezüge und Anspielungen als solche zu er-

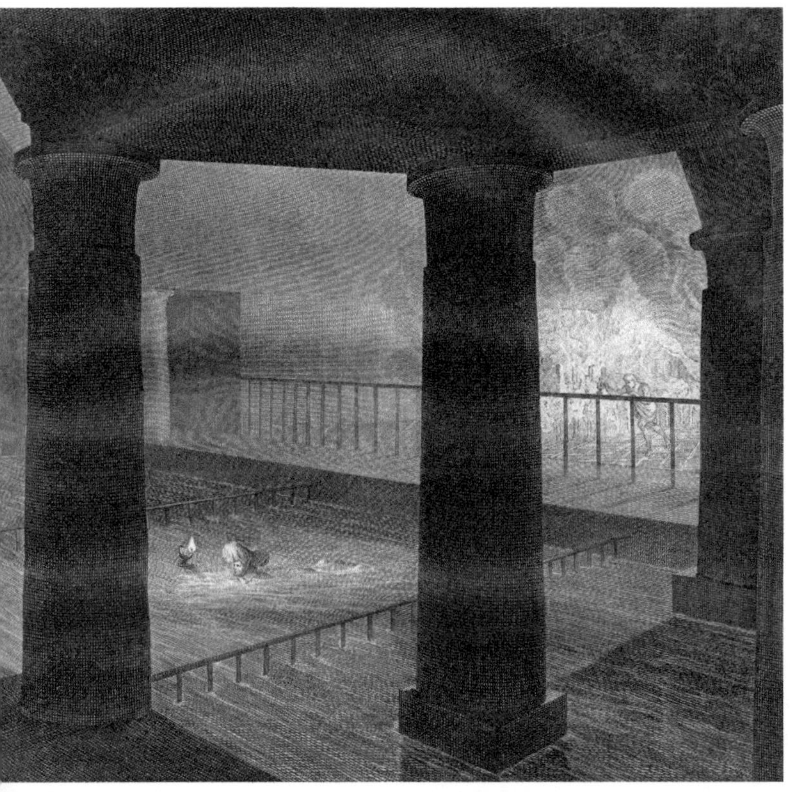

aus: Abbé Jean Terrasson: „Sethos"

kennen. Immerhin dürfte der Gang durch die Elemente Feuer, Wasser und Luft im Zusammenhang mit den drei „Reisen" des Neophyten im Einweihungsritual für den freimaurerischen Grad des Lehrlings zu sehen sein. Diese Umgänge, auch Wanderungen genannt, sind symbolisch mit den Elementen Luft, Wasser, Feuer verbunden (also in umgekehrter Reihenfolge). Das vierte Element der Erde versteht sich im Sethos-Roman von selbst, da sich ja die ganze Initiation in der Pyramide, also sozusagen unterirdisch abspielt. Im Freimaurerritual entspräche diesem Element die schwarz ausgeschlagene Kammer des Nachdenkens, französisch chambre de(s) réflexion(s), die dem „Suchenden" vor der Aufnahme zur Selbstbesinnung dient. Aus dem 18. Jahrhundert stammt die dort früher gebräuchliche Inschrift V.I.T.R.I.O.L., die die Abkürzung der Devise „Visita Interiora Terrae Rectificandoque Invenies Occultum Lapidem" bildet und das Erdinnere explizit nennt.

> *Es ist mir sehr wahrscheinlich, dass Abbé Terrasson bei der Darstellung der Elementenproben die Apuleius-Stelle vor Augen gestanden hat. Dort glaubte er die Praxis altägyptischer Mysterienweihen greifen zu können. Und er wusste auch um die reinigende Bedeutung. In Wirklichkeit gehört die Vierheit der Elemente erst in nachpharaonische Zeit und ist in dieser Kombination im alten Ägypten unbekannt. Von Terrasson in seinem Sethos jedoch aufs engste mit dem pharaonischen Ägypten verknüpft, sollte das Motiv der Elementenprobe, besonders im freimaurerischen Umfeld, in der Folge eine beachtliche Rolle spielen.*[22]

Die Parallelen zur *Zauberflöte* sind offensichtlich und wir werden sie im Folgenden aufzeigen. Gleich zu Beginn fällt das Motiv des abwesenden Herrschers auf.

Der Pharao Osoroth hat kein Interesse am Regieren, während der Vater Paminas verstorben ist. Die Ordnung im Reich ist gestört, hier, weil die Regierung von der „bösen Dulca" an sich gerissen wurde; dort, weil die Königin der Nacht durch ihre Weigerung, den Plänen ihres verstorbenen Gatten und Herrschers über das Reich nachzugeben, stattdessen eine Teilung des Reiches provozierte und eine umfassende Regententätigkeit nicht gegeben ist. Sethos befreit das Land von einer Riesenschlange. Tamino muss sich zwar der Macht der Schlange geschlagen geben, gelangt aber durch sie in das Reich der Königin der Nacht.

Sethos, in Gestalt des Tamino, ist dazu bestimmt, die Zersplitterung aufzuheben, den Konflikt zu lösen und die Einigung der beiden unterschiedlichen Sphären herbeizuführen. Sethos soll die Regentschaft antreten, um Dulca zu stürzen; durch Tamino kann die Königin der Nacht entmachtet und sollen die ursprünglichen Zustände wieder hergestellt werden. Beide werden belehrt und beide gehen den Weg der Einweihung. Der Erzieher Sethos ist in Sarastro gespiegelt, die Vier-Elementen-Einweihung in der Pyramide jedoch auf nur zwei, Feuer und Wasser, reduziert.

Hier wie dort ist der Grenzbereich zwischen Leben und Tod angedeutet, der bei Apuleius anklingt, wenn er Lucius sagen lässt: „Ich nahte dem Grenzbezirk des Todes, stieg über Proserpinas Schwelle und fuhr durch alle Elemente zurück; um Mitternacht sah ich die Sonne in weißem Licht flimmern, trat zu Totengöttern und Him-

22 Staehelin, *Gnostika* 20, Teil I, 25–29.

melsgöttern von Angesicht zu Angesicht und betete sie ganz aus der Nähe an." Dazu Elisabeth Staehelin:

> Noch verschiedene andere Motive der Oper mögen von Terrassons Roman beeinflusst sein. Das Feuer auf den Helmen der Geharnischten erinnert an die auf einem Helm sitzende Lampe des Amedes beim Hinabstieg in den Brunnenschacht. Die Tatsache, dass im 15. Auftritt auf Taminos Flötenton die wilden Tiere hervorkommen um zuzuhören, was an sich ein Orpheus-Motiv ist, dürfte auf die Orpheus-Episode im Sethos-Roman zurückgehen.[23]

In seinem Buch *La franche-maçonnerie rendue à sa veritable origine, ou l'antiquité de la franche-maçonnerie prouvée par l'explication des mysteres anciens et modernes* bildet Alexandre Lenoir die Elementenprüfung aus dem Sethos Roman ab. Die folgenden Abbildungen zeigen eindrucksvoll, welche abenteuerlichen Prüfungen der Held bestehen muss. Zuerst muss er durch eine Feuerwand (Feuer), um dann ein Becken mit Wasser zu durchschwimmen (Wasser). Es gelingt ihm zwei Eisenringe zu greifen (Luft), um sich emporzuziehen.[24]

Drei Lesearten des Sethos-Romans

In dem Sammelband „Freymäurer Bibliothek"[25] aus dem Jahre 1795 findet sich eine Rezension des „Sethos-Romans". Der Verfasser gibt drei Lesearten an, eine politische, einen Kommentar über Sitten, Gebräuche, Gesetze, Geographie und das Altertum, sowie eine freimaurerische Lesart als Beitrag zur Geschichte der Freimaurerei aus den „ältesten Zeiten". Er bezieht sich auf das esoterische Modell der ägyptischen Pyramide, wonach sich unter dieser ein Labyrinth von Gängen befindet und gibt anschaulich den Inhalt der Einweihungsszenerie des Romans wieder.

Von unterirdischen Kammern unter den Pyramiden ist schon bei Herodot zu lesen.[26] In diesem Zusammenhang betont Elisabeth Staehelin, dass bereits der Ägyptologe Paul Guieysse (1841–1914) skeptisch über einen Bezug der Freimaurerei zum Alten Ägypten

23 Staehelin, *Gnostika* 21, Teil II, 31.
24 Die Prüfung mit der „Erde" wird nicht explizit ausgeführt.
25 Erstes Stück, 3. Auflage (Berlin, 1795).
26 Herodot, 2. Buch, *Euterpe*, 124.

gewesen sei und schreibt, „dass, wenn auch in den Mysterien der griechisch-römischen Welt gewisse Ähnlichkeiten mit der Freimaurerei beobachtet werden könnten, man in dieser Beziehung vergeblich bei den antiken Autoren seriöse Angaben aus altägyptischer Sicht suche. Und erst recht finde man keine solchen in den pharaonischen Texten“[27].

Der vielerorts gemachte Versuch, sich im 18. Jahrhundert an die Ideengeschichte Ägyptens anzugleichen um seinen eigenen Ursprung zu legitimieren, erweist sich zwar als historisch nicht haltbar, bleibt aber symbolisch und mythologisch gesehen überaus interessant und weitreichend. Zu einfach wäre es, bei den Ungereimtheiten stehen zu bleiben, statt die Möglichkeit der Erkenntnis zu bergen, die in einer solchen Projektion auf die Vergangenheit vorliegt.

Die Mysterien werden im 18. Jahrhundert zu symbolisch-literarischen Schatzkammern, aus denen man sich bedienen kann. Deshalb führt auch die Frage nach den Ursprüngen der Mysterieneinweihung direkt zur Feststellung, dass sie als Ort des Geheimnisses angesehen wurden. Doch welches Geheimnis ist gemeint? Um das zu beantworten, muss man wissen, welches Verständnis es im 18. Jahrhundert von den Mysterien gab und wie sie sich als Projektionen in Bezug auf die archetypisch-psychologische Deutung der *Zauberflöte* einbinden lassen. Mit anderen Worten: Kann die *Zauberflöte* selbst als ein Mysteriendrama angesehen werden oder zumindest als eine Art Patchwork aus Mysterienmotiven?

Die Mysterienvorstellung vor 1800 und die Zauberflöte

Es gibt im Umkreis der *Zauberflöte* eine Reihe von Büchern und Schriften, die ähnlich wie bei Ignaz von Born sich dieser Problematik annehmen. Damit soll nicht gesagt werden, dass Mozart und Schikaneder auf solche Schriften zugegriffen haben, wohl aber kann unterstellt werden, dass sich hier eine Auffassung spiegelt, die mehr oder weniger direkt oder indirekt auf die Oper

27 Staehelin, Teil II, 41.

eingewirkt oder wenigstens das Verständnis der Handlung durch das Publikum geprägt haben mag. Dazu kommt, dass es im Zuge der Amplifizierung des vorhandenen Materials notwendig ist, auch auf das Umfeld der Oper einzugehen, um einen Begriff davon zu erhalten, welches Verständnis mit Mysterium noch gemeint sein könnte.

Exemplarisch wollen wir dies an Werken zeigen, die im Umkreis von Geheimgesellschaften wie Freimaurern, Rosenkreuzern und Illuminaten genutzt wurden.

Charakteristik der Alten Mysterien

Das Buch *Charakteristik der Alten Mysterien für Gelehrte und Ungelehrte, Freimaurer und Fremde, aus den Originalschriftstellern* (Frankfurt 1787) stellt programmatisch die Frage danach, was nun in den „Mysterien der Alten" vorgegangen sein mag.

Der anonyme Verfasser unterscheidet drei Arten der Mysterien. Erstens solche, die von der menschlichen Vernunft nicht begriffen werden können und einer höheren Offenbarung bedürfen. Zum zweiten jene, die zwar mit der Vernunft entdeckbar oder begreifbar sind, aber eben nicht allgemein bekannt seien. Und zum dritten jene, die man vor gewissen Menschen geheim halten müsse, weil sie nicht jedermann zugänglich sein sollen. Dazu zählen die „Mysterien der Alten". Es bedarf also einer besondern Belehrung oder Einweihung in dieses Wissen.

Es folgt eine Abhandlung über die etymologische Bedeutung des Wortes Mysterium und der Verweis auf die kleinen und großen eleusinischen Mysterien Griechenlands.[28] Der Autor beruft sich neben Herodot auch auf Diodor, den wir vom Sethos-Roman her bereits als Quelle kennen. Er hebt hervor, dass Frauen an diesen Einweihungen teilnahmen, was deshalb bemerkenswert ist, weil der Autor sein Buch ja für Freimaurerkreise geschrieben hatte. In Eleusis waren Abbildungen sowohl des weiblichen wie männlichen Geschlechts präsent und ihnen wurde „Verehrung erwiesen"[29].

Die Beziehung von Demeter zu Ceres und Osiris über die *Ähre* – Osiris lehrte bekanntlich den Ackerbau und überliefert ist der

28 Vgl. dazu die Ausführungen in früheren Kapiteln zu Orpheus, Demeter, den Eleusinischen Mysterien usw.

29 Die folg. Ausführungen beziehen sich auf *Charakteristik der Alten Mysterien für Gelehrte und Ungelehrte, Freimaurer und Fremde …* (Frankfurt, 1787).

Brauch, Isis Weizen und Gerste zu opfern – hin zu den Mysterien von Eleusis, legt der Text ebenfalls nahe. Auch für ihn gilt, dass die griechischen Mysterien den ägyptischen nachgerichtet sind.

Für den Autor sind die Mysterien „Nachahmungen der Thaten, Begebenheiten und Schicksale einiger Götter, die theils öffentlich, theils geheim, theils von Eingeweihten selbst vorgenommen, theils ihnen in den Tempeln von den Directoren und Priestern derselben, wenigstens durch ihre Veranstaltung vorgestellt wurden." Zu den Geheimnissen der Mysterien gehören neben den Abbildungen der Geschlechtsorgane, das Herumtragen von „Körben und Kisten", die geheime Bedeutung von Bräuchen und Gegenständen als Symbole und Sinnbilder für die Eingeweihten, der Gebrauch von geheimen Worten, Redensarten und Formeln, auch die Offenbarung von Gegebenheiten rund um die dargestellten Gottheiten. Über andere „Geheimnisse" schweigt der Autor oder hat nichts davon zu berichten. Er stellt in Frage, dass die Mysterien von Fragen der Religion, der Moral und der Pflicht, des Polytheismus, des Monotheismus sowie der Unsterblichkeit der Seele handelten.

Bemerkenswert ist die Betonung des Autors darauf, dass Orpheus in Ägypten eingeweiht worden sei und an Mysterien des Dionysos teilgenommen habe.

Über die Einweihungen in alten und neuern Zeiten

Claude Robin verfasste ein Buch über die Mysterien, das wohl aus dem Umkreis der Illuminaten stammt. Dafür sprechen Jahreszahl 5782 [1782] und der Ort, Memphis [Leipzig], obwohl Leipzig auch eine Hochburg der Gold- und Rosenkreuzer war. Der Titel lautet: *Über die Einweihungen in alten und neuern Zeiten*. Vom Abt R... Robin sieht in den Mysterien eine Art „Gedächtnisfest" das der Erinnerung und Widererinnerung dient.[30]

Er meint, dass die Zeiten der Mysterieneinweihungen vorbei seien und die Zeit der Täuschung der Barbarei vorüber. Er geht auf die Freimaurer ein, ihre Geschichte und ihre Herkunft und betont, dass auch in der heutigen Zeit, das ausgehende 18. Jahrhundert, durch

30 Die folg. Ausführungen beziehen sich auf Claude Robin: *Über die Einweihungen in alten und neuern Zeiten. Vom Abt R ... Memphis* [Leipzig] *5782* [1782].

sie der Fortgang der Wissenschaften und Künste und der Versöhnung der Menschen verschiedener Herkunft („Classen“) gewährleistet wäre. Eine explizite Erklärung, worin die Geheimnisse der Mysterien bestünden, gibt er nicht, jedoch sieht er in den Freimaurern „Geheimnisbewahrer“, sodass aus Claude Robins Meinung indirekt geschlossen werden kann, dass Toleranz, Fortschritt und Aufklärung Wesensinhalte dieser Einweihungen gewesen sein könnten.

Über die Alten und Neuen Mysterien

Das anonym erschienene aber von Johann August von Starck stammende Buch *Über die Alten und Neuen Mysterien* [Berlin: Friedrich Maurer, 1782] nimmt Bezug auf das 1779 erschienene Buch von Claude Robin [Abt R.], dessen Übersetzer auch Johann August von Starck war.

Er bemängelt dieses Buch als „ungründlich und unrichtig“ und nahm sich deshalb vor, eine eigene Abhandlung über die Mysterien zu schreiben.[31] Für uns ist interessant, dass Von Starck annimmt, die Ägypter und Griechen hätten zwar dem Polytheismus gehuldigt, in ihren Mysterien aber einen Deismus also Monotheismus praktiziert. Dies entspricht der Annahme, dass das Volk mit einem Pluralismus an Göttern bekannt gemacht wurde, während der Eingeweihte *einen* Gott hinter allem sah.

Von Starck führt an, dass die eleusinischen Mysterien dazu dienten, den Tod zu überwinden. Er unterscheidet zwischen kleinen und großen Mysterien, wobei erstere für alle sozusagen Gemeingut werden konnten, letztere aber nur Auserwählten zuteil wurden. Bevor man eine Einweihung in die Mysterien erfuhr, musste geopfert werden. Dazu kamen noch Gebet, Fasten und Enthaltsamkeit. Nach der Opferung wurde eine Reinigung verlangt, erst dann konnte die Einweihung beginnen. Aber auch Von Starck weiß nicht genau, worum es sich dabei handelte.

In den kleinen Mysterien wäre wohl ein Demeter/Ceres-Mythos abgehandelt worden, namentlich das Suchen der Mutter (Ceres) nach ihrer Tochter (Persephone). Anzunehmen ist, dass es letzt-

31 Die folgenden Ausführungen beziehen sich auf Johann August von Starck *Über die Alten und Neuen Mysterien* (Berlin: Friedrich Maurer, 1782).

lich um die „Seligkeit des zukünftigen Lebens“ ging, also das Erleben des Todes und seine Überwindung, genauer: eine Nachtmeerfahrt in die Dunkelheit des Hades und die Unterwelt und den erneuten Aufstieg daraus.

In den großen Mysterien ginge es erst einmal darum, die „Volksreligion“ als unwahr zu entlarven. „Jupiter, Juno, Minerva, Mars, Venus und Merkur, und das ganze hohe Gefolge von Göttern … wären keine Götter, sondern nur eigentlich sterbliche Menschen gewesen.“ Die Aufgabe der großen Mysterien bestand darin, Irrtum und Aberglauben zu eliminieren, sozusagen aufklärerisch tätig zu sein. „Der erste Schritt, den man zur Erkenntnis der Wahrheit macht, bleibt immer Erkenntnis des Irrtums.“

Zu Orpheus bemerkt Von Starck folgendes: „Orpheus wird insgemein in der alten Welt als der Vater der Geheimnisse angesehen. Der Dichter der Geheimnisse war er wenigstens: denn in sehr vielen Mysterien wurden bey der Einweihung Lieder des Orpheus gesungen.“ Er verortet die griechischen Mysterien in Ägypten, die Orpheus von dort nach Griechenland brachte: „Die Mysterien der Griechen, die Orpheus aus Aegypten dahin überbrachte, können eigentlich als eine Schule dieses alten Mystagogen angesehen werden.“ Die Möglichkeit einer exoterischen und einer esoterischen Überlieferung macht Von Starck an einem vierfachen (!) Sinn der Hieroglyphe fest. Einmal bezeichnet sie die Gegenstände, zweitens wäre sie eine symbolische Darstellung, drittens eine alphabetische Schrift und viertens habe sie die Bedeutung für die Priester im Sinne einer „hierogrammatischen Schreibart“, sozusagen einer göttlichen Grammatik.

Mag das eigentliche Geheimnis der Mysterien – und darin sind sich alle Verfasser bisher einig – unangetastet, unerkannt und verborgen bleiben, so werden doch die Freimaurer als würdige Nachfolger dieser Mysterieneinweihungspraxis angeführt, weil sie, so Von Starck, „die erhabenste und vortrefflichste aller Societäten [sei], da die größesten Geheimnisse in ihrem Schoos danieder gelegt sind“.

Versuch über die alten Mysterien

Das Werk von Guillaume Emmanuel Joseph Guilhem de Clermont-Lodeve Des Freyherrn von Sainte-Croix lautet *Versuch über die alten Mysterien* und wurde aus dem Französischen übersetzt und mit einigen Anmerkungen begleitet von Carl Gotthold Lenz [Gotha, 1790]. Das Werk stammt aus dem Jahre 1784 und erschien 1790 auf Deutsch. Es ist ein für die damalige Zeit überaus gründlicher Versuch einer historischen Einordnung der Mysterien.

Der Autor datiert, die antiken Quellen sorgfältig abwägend, genau und vorsichtig. In seiner Hauptaussage, dass sich das antike Griechenland aus dem alten Ägypten herleite, ähnelt es den bereits behandelten: „Die Mysterien der alten und der neuen Welt machen einen so wichtigen Abschnitt in der Geschichte der Menschen aus, und bieten dem forschenden Zuschauer des Weltlaufs, in dem ewig Weisheit und Thorheit mit einander wechseln, so reichen Stoff zu fruchtbaren Betrachtungen dar, dass genauere Untersuchungen derselben in jeder Hinsicht lehrreich und anziehend seyn müssen." Soweit der Übersetzer in seinem Vorwort, das auf die einschlägigen Autoren zur Mysteriengeschichte Bezug nimmt.[32]

Behandelt werden unterschiedliche griechische Mysterien, begonnen wird aber bei den Ägyptern. Guillaume de Clermont-Lodeve betont den Vorrang des Monotheismus für den Eingeweihten. Die ägyptischen Priester suchten im Polytheismus aber auch ihre wissenschaftlichen Lehren zu verbergen. Mittels Symbolik, Fabel und Hieroglyphen wurde dem Volk die eigentliche Bedeutung verschleiert, wobei es auch hier graduelle Stufen der Weisheit unter den Priestern gegeben haben soll. Alles in allem habe dieses Wissen auf die Griechen und deren „Religion" ausgestrahlt. Auch Guillaume de Clermont-Lodeve ist davon überzeugt, dass die Priester ein geheimes Wissen hüteten, in welches man eingeweiht werden musste.

Die Gleichsetzung der ägyptischen mit der griechischen Götterwelt drückt sich u.a. so aus: Isis sei „das leidende Princip, die Schwester und Gattin des Osiris, des thätigen Prinzips. Die griechischen Theogonien machten die Ceres zur Schwester des Iupiter, mit welchem sie Proserpina erzeugte, die von Pluto geraubt wurde." Damit wird Isis zu Ceres bzw. Demeter gewandelt. Und weiter heißt es: „Isis hatte in Aegypten den Beynamen *Mouth*, Mutter, ein Wort, das von einerley Bedeutung mit dem Coptischen Maui-

32 Die folgenden Ausführungen beziehen sich auf [Guillaume Emmanuel Joseph Guilhem de Clermont-Lodeve,] *Des Freyherrn von Sainte-Croix Versuch über die alten Mysterien* aus dem Französischen übersetzt und mit einigen Anmerkungen begleitet von Carl Gotthold Lenz (Gotha: Ettinger, 1790).

Tho ist, welches die Mutter der Welt bezeichnet. Die zweyte wurde in Griechenland Demeter, das heißt, die Mutter Erde genannt, eine wörtliche Übersetzung des Namens der Isis, die der Lehre der Mysterien angemessen ist."

Der Autor bezieht sich auf Plutarch, der die Ähnlichkeit zwischen Demeter/Ceres und Isis/Osiris anführt. „Die Irrsale der Ceres waren also eine Nachahmung der Reisen der Isis." Die Übereinstimmung von Isis und Ceres sei gegeben und ihrer beider Suche und Verlust gleich einzuschätzen.

Isis wurde von den Ägyptern nicht nur symbolisch an die Erde gebunden, sondern auch an den Mond. Darüber hinaus sei Isis die Tochter der Ceres. „Proserpina, die als Symbol des Mondes, mit Hörnern dargestellt wurde, wurde in dieses Gestirn versetzt, und man hielt sie für die Beherrscherin alles dessen, was den Mond angeht. Der Name Phosphorus, von dem Plutarch den Namen Persephone ableitet, passt vollkommen auf den Mond, den die Alten auch für einerley mit der Diana hielten, deren Einerleyheit wiederum mit der Proserpina allgemein anerkannt ist." – Eine nicht uninteressante Variante, die Isis mit der Tochter der Ceres verschmelzen und sie somit Mutter und Tochter zugleich werden lässt.

Bei den Mysterien der Griechen waren ebenfalls Frauen – Priesterinnen – zugelassen. Die an den Mysterien teilnehmenden, mussten auch Kränze aus Myrte tragen. „Dieser Gebrauch hatte eine Beziehung auf die Verehrung dieser Gottheiten [Ceres, w.f.], deren Kraft sich auch bis in die Unterwelt erstreckte, und auf die Lehren, welche zu Eleusis über den Zustand der Seelen nach diesem Leben vorgetragen wurde. Man glaubte, die Seelen der Eingeweihten hielten sich dort in einem Myrtenhain auf; so wurde dieses Gesträuch ein Symbol des Todes."

Der Autor geht sukzessive Tag für Tag der Einweihung durch, wobei er bestätigt, dass ein fester Bestandteil der Mysterien auch die Reinigung und die „Opferung" war. Unter anderem wurde am fünften Tage eine Fackel von Hand zu Hand weitergegeben, „deren Flamme die Kraft zu reinigen hatte". Reinigung ist hier in einem übertragenen symbolischen Sinne zu verstehen.

Ehe man zur letzten Einweihung zugelassen wurde, mussten mehrere Nächte verstreichen. Das Innere des Tempels wurde in der Nacht – die unweigerlich mit dem „Schrecken" assoziiert wird – betreten. Donner und Blitz gingen mit dem Eintritt in den Tempel einher: „Daher entstand das Zittern, Beben, Entsetzen und der Angstschweiß, welche machten, daß, beim Plutarch, der Zustand eines Eingeweihten mit dem eines Sterbenden verglichen wird.“ – Die symbolische Erschütterung und das symbolische Sterben waren Teil der Einweihung.

Sich auf Diodor beziehend führt Clermont-Lodeve aus, dass die Mysterien in Athen und Ägypten dieselben seien. Gerade der Bezug zu Orpheus ist dabei wesentlich, weil damit deutlich wird, dass auch in der *Zauberflöte* Orpheus nicht „zufällig“ als Bezugsperson auftaucht, sondern als Begründer der Mysterien seinen festen Platz hat. „Die Priester oder Mystagogen nahmen die Orphischen Lehren auf. Sie versicherten, ihre Ceremonien könnten alle Flecken der Seele und alle Verbrechen austilgen, und die Menschen dahin bringen, furchtlos vor den Richtern der Unterwelt zu erscheinen.“ Und weiter heißt es: „Man hielt die Ceremonien der Mysterien für kräftig, gegen die Furcht des Todes zu waffnen, daher auch Bacchus und Hercules sich in den Eleusinischen einweihen ließen.“

Eine verborgene Bedeutung der Einweihung

Damit soll der kurze Überblick über die zur Zeit der *Zauberflöte* kursierenden Abhandlungen über Mysterien und ihre Bedeutung abgeschlossen sein. Als Ergebnis bleibt, dass die Autoren auf eine verborgene Bedeutung der Einweihung hinweisen, die aber nicht offenbar gemacht werden kann. Nur so viel scheint fest zu stehen, dass die Überwindung des Todes, die Bewusstwerdung der „Seele“ und die Bedeutung des Monismus besonders herausgestellt werden können.

Es zeigt sich, dass für die Autoren Isis und Demeter nicht nur gleichzusetzen sind, sondern auch in ihrer „Suche“ verschmelzen, so dass die Mysterien der Isis und die Mysterien der Demeter (*Ceres*) *in principio* ähnlich bis sogar gleich ausfallen.

Die Bedeutung der Mondphasen als Erneuerung, Überwindung des Todes, Fahrt zum Hades und die Rückkehr davon …, all das stellt verschlüsselt die Sehnsucht nach dem ewigen Leben dar, als dessen Ausläufer die Wiedergeburt als Erneuerung und damit als Nicht-Sterben zu zählen ist. Das Geheimnis der Mysterien stellt sich uns in eben jener Widererneuerung, Wiedergeburt und Unsterblichkeitsvorstellung der Todesüberwindung dar.

Die Textstellen belegen, dass in der *Zauberflöte* nicht zufällig all die Motive aus den Mysterien auftauchen, sondern sie zusammen ein „Unsterblichkeits-Potpourri" bilden, womit unbewusste oder unterschwellige Komponenten der *Zauberflöte* herausgearbeitet werden konnten.

All die Zufälligkeiten, jenes Auftauchen des Orpheus beispielsweise oder die ägyptischen und griechischen Assoziationen (Demeter und Isis) machen durchaus Sinn.

Mehr noch, denn es ließe sich die Königin der Nacht als negativ konnotierte Isis auffassen, die ihren festen Platz im Tempel der Priesterschaft einnehmen könnte, wäre es ihr möglich, sich einzugliedern. In diesem Falle wäre Osiris mit Sarastro assoziierbar, was durchaus Sinn ergibt, denn bezogen auf den Vater Paminas waren die Königin der Nacht und Sarastro „Geschwister im Geiste". Dass der Königin der Nacht neben ihrer Mutterrolle (Demeter), ihrer Rolle als Mondgöttin und projektionsbildendes Moment für Tamino, ebenfalls die Aufgabe des Seth zukommt, zeigt, wie tief die Amalgamisierung der Oper reicht bzw. wie komplex eine Figur in ihrer archetypischen Dimension angelegt ist.

Horus bzw. Tamino rächt die Tat des Dämons Seth bzw. des „Dämons" Sarastros (1. Akt) und steigt vom Sohngeliebten (ödipale Fixierung und Mutterkomplex) zum gleichwertigen Nachfolger für Paminas Vaters auf (2. Akt), überwindet die Königin der Nacht und übertrifft sie sogar.

Dahinter steckt kein bloß eindrucksvolles Dokument der Adaption verschiedener Mysteriendramen und deren Überführung in das zeitgenössische Theater, mit der Besonderheit von Resonanz. Hier wurde eine archetypische Tiefe berührt, deren Kraft und Bedeutung die Menschen bis zum heutigen Tag anspricht.

Sicherlich kann die Faszinationskraft auch jene Liebessehnsucht sein, die Befreiung von einer Mutterbindung oder die Einweihung in ein höheres Wissen usw. … Aber all das vermag nicht den Kern zu berühren, der sich als archetypisches Geheimnis in und durch die Mysterien ausdrückt. Der Kern ist die Widererneuerung und Wiedergeburt, der bereits im Symbol der Schlange präsent ist.

Die Frage, die sich notwendigerweise stellt, ob auch Mozart und Schikaneder von diesen Büchern gewusst haben oder ob sie davon sogar beeinflusst waren, lässt sich nicht beantworten. Tatsache ist, dass die erwähnten Bücher den „Zeitgeist" und die Einstellung des 18. Jahrhundert zu den Mysterien spiegeln. Und ganz offensichtlich wurden antike Motive in der Oper verwandt, wie die Entführung der Tochter und die Suche der Mutter nach ihr (Demeter und Persephone), das Abhandenkommen des Gegenstückes (Isis und Osiris), die Bedeutung des Orpheus als Träger des Geheimnisses und Führers in die „Unterwelt" (Flöte), der Aspekt der Prüfung im Sinne einer Einweihung oder Initiation in die unbewussten Mysterien des Seins (Reinigung und Opferung hier und Schweigen und Standhaftigkeit dort).

Die Zauberflöte und das Rätsel ihrer Geheimgesellschaften: Freimaurer – Rosenkreuzer – Illuminaten

Die Oper stellt einen sehr sensiblen und ambivalenten Bedeutungsraum dar, der alles andere als einheitlich zu vermessen ist. Wir mäandern zwischen verschiedenen Standpunkten hin und her und können dabei sogar zum Schluss kommen, dass verschiedene Deutungsmöglichkeiten zugelassen werden müssen.

Jan Assmann sagt treffend: „Ich würde meinen, daß Mozart und Schikaneder die Oper von vornherein auf die Wirkung als Rätsel bzw. ‚Hieroglyphe' angelegt haben."[33] Er meint damit, dass mehrere Ebenen an Deutung zulässig sind und die Oper ein Gebilde auf mehreren Deutungsebenen darstellt mit der notwendigen Folge, dass verschiedene, zum Teil sich sogar ausschließende Auffassungen zulässig sein können.

Bei kritischer Betrachtung wird deutlich, dass keine Auslegung vollständig überzeugen wird. Die *Zauberflöte* ist keine ägyptische Oper *allein*, sie ist keine Einweihungsoper *allein* und sie ist keine einer „Geheimgesellschaft" *allein* verpflichtetes Gebilde. Sie ist auch nicht *alles* zusammen. Das ist das Merkwürdige an ihr.

33 Assmann, 291.

Beispielsweise ist die *Zauberflöte* zu sehr ägyptisch, um nicht ägyptisch zu sein. Die Zeremonien, die Einweihung, der Priesterbund, das Ambiente … all das spricht dafür. Und eben doch nicht! Können die Priester nicht als verkleidete Geheimgesellschaft herhalten? Als Rosenkreuzer, Illuminaten oder Freimaurer? Sind sie dann noch ägyptisch? Ja und Nein.

Zeigt die Oper eine Liebesgeschichte? Oder eine Entführung mit erwarteten Folgen? Ist alles am Ende geplant oder doch nur zufällig? Wir finden Argumente dafür und dagegen; wir finden auch Argumente dafür, dass man keine dagegen finden sollte.

Erschöpfen können wir uns auch nicht in der bloßen Aufzählung von Fakten. Fakten sind Hinweise auf etwas anderes. Auf was? Das bleibt die Frage.

Jedenfalls ist die *Zauberflöte* als Oper durch und durch ... unentschieden. Unentscheidbar. Die *Zauberflöte* ist eine offene Oper. Sie repräsentiert keinen geschlossenen Deutungshorizont, dem „man" sich ein für allemal anschließen muss oder darf. Die Vermessung der Oper drückt den Maßstab ihrer Vermessung aus. Und dadurch weist sie über sich selbst hinaus.

Aufklärung

Werfen wir nun einen Blick auf jene Zeit, in der die Oper spielt. Wir schreiben das Jahr 1791, zwei Jahre nach der Französischen Revolution 1789 und noch immer gärt es im Land. Die Unruhe, die dieses Ereignis ausgelöst hat, ist zu spüren. Es ist eine Zeit des Wandels, in der Absolutismus – die Alleinherrschaft eines Regenten – als Regierungsform sich zu überleben beginnt. Bisher gültige Gesellschaftsordnungen werden abgelöst. König oder Landesfürst sind zwar noch uneingeschränkte Herrscher, fraglich bleibt aber wie lange noch. England könnte ein Vorbild sein mit seiner parlamentarischen Monarchie, ein Parlament und ein König, die das Land regieren. Die Französische Revolution und auch die Gründung der USA am 4. Juli 1776 bieten andere Alternativen der Herrschaftsform.

Der Aufstieg des Bürgertums ist unaufhaltsam. Vernunft und Aufklärung sollen dominieren. Die Unzufriedenheit wächst allerorten. Mit gewaltigen Schritten nähern wir uns der Französischen Revolution von 1789. Die Konflikte in diesem Jahrhundert sind vorprogrammiert, denn auf der einen Seite finden sich Adel und Monarchie und auf der anderen Klerus und Religion. Sie verkörpern den Anspruch auf Alleinherrschaft. „Der Staat bin ich“, ein Ausspruch von Ludwig XIV. (1638–1715), geistert in den Köpfen der Menschen herum, dennoch schwindet der Einfluss von Kirche und Monarchie. Der Mensch sei frei geboren und solle nicht in Ketten liegen. Man fordert Gerechtigkeit gegen alle und bezweifelt eine von Gott gegebene Ordnung. Maschinen statt Handarbeit, Fabriken statt Manufakturen, Forschrittsdenken statt göttlicher Ordnung. Das bringt zwar Wohlstand, aber auch soziale Verelendung. Das Bürgertum betritt die politische Bühne und mit ihm die Idee der „Vernunft“.

Die Allianz zwischen Adel und Klerus zerbricht und Säkularisierung – die Bindung an die Religion wird gelöst zugunsten der Vernunft und des Weltlichen – droht. Überall ist von Vernunft die Rede. Vernunft und Aufklärung, das sind die Schlagworte, die dann der Philosoph Immanuel Kant (1724–1804) in dem berühmten Ausspruch zusammenfasst, der prägend wird für die gesamte Epoche: „Sapere aude! Habe Mut, dich deines eigenen Verstandes zu bedienen!“ Er liefert *den* Wahlspruch der Aufklärung.

Die Aufklärung ist eine Bewegung der Vernunft. Das Licht der Vernunft will hell über den Glauben erstrahlen.

Kant schreibt: „Aufklärung ist der Ausgang des Menschen aus seiner selbst verschuldeten Unmündigkeit. Unmündigkeit ist das Unvermögen, sich seines Verstandes ohne Leitung eines anderen zu bedienen. Selbstverschuldet ist diese Unmündigkeit, wenn die Ursache derselben nicht am Mangel des Verstandes, sondern der Entschließung und des Mutes liegt, sich seiner ohne Leitung eines andern zu bedienen.“

Deutlicher kann man es nicht zusammenfassen: Der Mensch lernt eigenständig denken und muss die Verantwortung für sein Handeln übernehmen. Das ist die neu gewonnene Freiheit. Im Sinne der Philosophie kann sich der Mensch seiner Vernunft bedienen und sich seiner eigenen Gefangenheit und Unmündigkeit bewusst werden. Er kann den Mut aufbringen, vernünftig zu sein. Daraus folgt: Der Mensch kann frei sein! Welch zentrale Aussage für jemanden, der sich zwischen monarchistischer Macht und klerikaler Obrigkeit eingezwängt fühlt!

Nach einer Zeit der Unruhe ist aber auch die Sehnsucht nach einer stabilen Ordnung groß. Das Revolutionsjahr hat nicht nur Erfolg, sondern auch Tote und Elend gebracht. Und dazu noch Misstrauen, denn man vermutete geheime Drahtzieher hinter diesen Ereignissen. Den Franzosen wurde zugetraut, Abgesandte nach Deutschland geschickt zu haben, um den Revolutionsgedanken zu exportieren. Es erschienen Bücher und Pamphlete, die die Verschwörungstheorie stützten. Man spricht von einer freimaurerischen Verschwörung, beschuldigt die Illuminaten, sieht in der Vernunft und der Kritik an der Religion die Auslöser. War die französische Revolution das Ergebnis der Aufklärung oder das Ergebnis von Verschwörern und geheimen Gesellschaften? Die Zeitgenossen waren für Geheimgesellschaften und Verschwörungstheorien jedenfalls sensibilisiert.[34]

Was bietet sich an Geheimgesellschaften an? Drei machen sich den Rang streitig. Zum einen die Freimaurer, dann die Rosenkreuzer und zum Schluss die Illuminaten. Allen dreien wird übrigens Einfluss auf die Oper zugeschrieben.

Natürlich waren Mozart und Schikaneder Freimaurer, also ist die *Zauberflöte* eine Freimaurer-Oper … Andererseits könnte es sein, da damals viele Freimaurer-Logen von den Illuminaten unterwandert waren, dass Illuminaten ihre Finger im Spiel hatten. Und schließlich ist es ja so, dass Frauen in der Freimaurerei nicht vorgesehen waren, es aber nicht zu leugnen ist, dass Pamina ebenfalls eingeweiht wurde. Und Pamina ist eine Frau. Möglich, dass die Rosenkreuzer, deren Symbolik eine gewisse Ähnlichkeit mit den Freimaurern aufweist – es gibt sogar einen Rosenkreuzergrad in der Freimaurerei – deshalb eher in Frage kommen.

Freimaurer

In der Literatur wird immer wieder darauf hingewiesen, dass es sich bei der Oper um ein verschlüsseltes freimaurerisches Ritual oder

34 Vgl. dazu beispielsweise: *Die Illuminaten.* Band 1 (2001) und Band 2 (2007) mit Originaltexten (AAGW, Sinzheim); Johannes Rogalla von Bieberstein: „Die These von der Verschwörung 1776–1945", *Flensburger Hefte,* 1992; Richard van Dülmen: *Der Geheimbund der Illuminaten. Darstellung, Analyse, Dokumentation* (Stuttgart-Bad Cannstatt, 1975); Rene Le Forestier: *Die templerische und okkultistische Freimaurerei im 18. und 19. Jahrhundert,* 4 Bände, Herausgegeben von Antoine Faivre (Werner Kristkeitz Verlag, 1987ff); Jan Rachold (Hg.): *Die Illuminaten. Quellen und Texte zur Aufklärungsideologie des Illuminaten-Ordens (1776–1785),* (Berlin 1984); Hermann Schüttler: *Die Mitglieder des Illuminaten-Ordens. 1776–1787/93* (München, 1991); W. Daniel Wilson: *Geheimräte gegen Geheimbünde* (Stuttgart, 1991).

eine Initiation handelt. Die Parallelen sind auffällig und auch wieder nicht. In der Tat gibt es mehr Argumente dafür als dagegen. Aber es gibt eindeutige Indifferenzen, auf die wir zu sprechen kommen müssen.

Zwar ist der freimaurerische Akzent gegeben und als dickes Ausrufezeichen wahrnehmbar, aber eben nicht nur.[35] Die Arie Sarastros „Oh, Isis und Osiris“ und der dazugehörende Chor, gepaart mit dem sich abspielenden Dialog in dieser Szene, sind deutlich als freimaurerisch identifizierbar. Wie Linda Simonis meint, stellt sich die Arie „geradezu als ein mosaikartiges Pastiche aus masonischen Zitaten und Metaphern dar“[36]. In ihr wird Geduld als Tugend dargestellt und aufgegriffen und ist Gegenstand der Prüfung Taminos. Ebenso wird der Tod als zu überwindender thematisiert. Es ist bekannt, dass bei freimaurerischen Ritualen der Initiand mit dem Tod konfrontiert wird. Es muss hier nicht alles aufgezählt werden, was an der Oper freimaurerisch adäquat gedeutet werden kann. Es genügt festzustellen, dass eine erdrückende Fülle an Hinweisen für eine freimaurerische Deutung spricht. Nimmt man die Fülle an Literatur hinzu, die sich der Freimaurer-Zauberflöten-These verpflichtet fühlt, so bleibt wenig zu zweifeln übrig.[37] Zudem waren Mozart und Schikaneder selbst Freimaurer und ihr Ideengeber, Ignaz v. Born ebenfalls. Fakt ist, dass sie viele Anregungen aus der Freimaurerei übernahmen, ohne dass sie – hier ist man sich einig – ein reines Freimaurerritual nachzeichnen.

Gleichwohl es sich um eine ägyptisch inspirierte Oper handelt, ist es keine Oper, die in Ägypten spielt. Gleiches kann für die freimaurerische Motivik gelten. Motive, Bilder, Worte, die der Freimaurerei entlehnt sind …, durchaus. Und sicherlich ist für den Nicht-Freimaurer vieles verborgen, was sich erst durch eine gründliche Kenntnis der Freimaurerphilosophie offenbaren und erschließen würde.

---

35 Vgl. dazu: Assmann, Jan: *Die Zauberflöte*, 147ff.

36 Simonis, 285.

37 Vgl. u.a.: Paul Nettl: *W.A.Mozart 1756–1791* (Frankfurt, 1955); Paul Nettl: *Musik und Freimaurerei. Mozart und die königliche Kunst* (Esslingen, 1956); Alfons Rosenberg, *Die Zauberflöte* (München, 1972); Hans-Josef Irmen: *Mozart. Mitglied einer geheimer Gesellschaften* (Zülpich, 1991); Heinz Schuler: *Mozart und die Freimauerei. Daten – Fakten – Biographien* (Wilhelmshaven, 1992); Elmar Nordmann: *Die freimaurerische Idee in der Zauberflöte. Ein Spiegelbild antiker Mysterien* (Münster, 1993); Guy Wagner: *Bruder Mozart. Freimaurerei im Wien des 18. Jahrhunderts* (Wien, 2003).

Aber ist die *Zauberflöte* durch und durch freimaurerisch? Wohl eher nicht. Zu komplex scheint die Oper, um sie auf *einen* Nenner rückführen zu wollen. Zu viele Ideen greifen ineinander.

Dessen ungeachtet können rosenkreuzerische Ideen[38] und Illuminatenkonzepte[39] angeführt werden. Für sie gibt die Oper ebenfalls ein geeignetes Sammelbecken, ohne dass abschließend zu klären wäre, wem *allein* man den Vorzug geben möchte.

Paul Nettl[40] schreibt, dass eine „freimaurerische Deutung" von Mozarts Meisteroper in Logenkreisen von allem Anfang an als etwas Gegebenes betrachtet wurde. Er zeigt in seinem Werk deutlich den Bezug von Mozart zur Freimaurerei auf. Stellvertretend dafür ist das Werk von Elmar Nordmann und Gerd Schulle *Die freimaurerische Idee in der Zauberflöte*. Ein Spiegelbild antiker Mysterien. Das Buch beschäftigt sich ausführlich mit der freimaurerischen Symbolwelt und setzt diese in Bezug zur *Zauberflöte*.[41]

Es würde den Rahmen dieser Arbeit sprengen, detailliert die Freimaurersymbolik der Oper aufzulisten.[42] Mozart scheint aber bis zu seinem Lebensende engagierter Freimaurer gewesen zu sein. Und obwohl Ignaz von Born 1786 die Freimaurer enttäuscht verließ, blieb Mozart dem Bund treu und komponierte für die Eröffnungsfeierlichkeiten der Loge „Zur neugekrönten Hoffnung" zwei Lieder (KV 483 und 484). Für seine Loge „Zur Wohltätigkeit" lieferte Mozart um 1785 eine Reihe von Freimaurerkompositionen, Lieder und auch eine Kantante (KV 471 und 477).[43]

Mozart wollte sogar eine eigene Loge namentlich „Zur Grotte" gründen – ein Name, der uns in Zusammenhang mit den Illuminaten noch beschäftigten wird – und seine letzte, vollendete Kompo-

---

38 Alfons Rosenberg, *Die Zauberflöte*, 322ff.

39 Helmut Perl, *Der Fall Zauberflöte.*

40 Paul Nettl (1889–1972) war Musikwissenschaftler und Autor von 30 Büchern.

41 „Der Text war eine gelungene Durchdringung aus freimaurerischem Tempelritual und ägyptischem Mysteriengut. Mozart, der selbst Freimaurer war und die Einweihung erfahren hatte, setzte seine Gesinnung in die musikalischen Akzente der *Zauberflöte* um. Text und Musik verschmolzen so zu einer Einheit von beglückender Harmonie, die selbst den Profanen ahnen läßt, daß es sich hier um die erfahrbaren Dimensionen einer erstrebenswerten Welt handeln muß, die dem Prinzip der Rache abgeschworen hat" (Nordmann / Schulle, 7).

42 Darüber, dass Mozart speziell für Freimaurer Musik komponierte, gibt es keinen Zweifel.

43 Vgl. dazu: Marius Flothuis: „Die Zauberflöte. Vorstufe und Werkbetrachtungen". In: *Mozart Jahrbuch* 1996, 127–176.

sition (KV 623) war für die Einweihungsfeier eines neuen Logentempels bestimmt.[44]

Jan Assmann bleibt in seiner Einschätzung – der ich mich gerne anschließe – skeptisch. Er sieht die Oper mehr auf Wirkung und Rätsel ausgerichtet, denn Mozart und Schikaneder „konnten ja nicht davon ausgehen, daß die Mysterienidee der Freimaurer einem größeren Publikum bekannt und als integrierendes Handlungskonzept der Oper durchschaubar ist. Im Gegenteil: Sie legten es darauf an, daß die Oper für Eingeweihte wie Uneingeweihte gleichermaßen eindrucksvoll ist, genau wie es die Theorie der doppelten Religion für die antiken Mysterien beschreibt".[45]

Rosenkreuzer

Der Schriftsteller Alfons Rosenberg schlägt eine andere Richtung ein und betont den Einfluss der Rosenkreuzer und mit ihnen der Alchemie auf die Oper. Er weist darauf hin, dass Wien ab der Mitte des 18. Jahrhunderts ein Zentrum alchemistischer und rosenkreuzerischer Literatur war und seit 1775 dort der Hauptsitz der Gold- und Rosenkreuzer gewesen sei. „Jedenfalls waren die Wiener Freimaurerlogen entweder von den ‚Asiatischen Brüdern' oder von den ‚Gold- und Rosenkreuzern' unterwandert."[46] Alchemie, und „rosenkreuzerisch-pansophische Spekulationen" gehörten also dazu. Ignaz von Born – wir erinnern uns, er gilt als Vorbild des Sarastro – sei „eine Mischung aus Johannesfreimaurer, Rosenkreuzer und Illuminat" gewesen.

Mozart sei „seit 1784 im Strom der freimaurerisch-rosenkreuzerisch-kabbalistischen Geheimlehren" geschwommen und auch seine Gönner, wie der Graf Thun (Vater und Sohn), wären sowohl Freimaurer wie Rosenkreuzer, Kabbalisten und Geisterbeschwörer gewesen. Rosenberg konstatiert, dass Mozart „durch die rosenkreuzerischen Lehren beeinflußt werden" musste. Und weiter: „Darum sind in der ‚Zauberflöte' nicht nur nach dem bisherigen Verständnis freimaurerische, sondern auch rosenkreuzerische und alchemistische Elemente enthalten."[47]

44 Vgl. dazu: Assmann, *Die Zauberflöte*, 154.
45 Assmann, *Die Zauberflöte*, 291.
46 Rosenberg, 323.
47 Rosenberg, 324f.

Mozart habe in Wien „fast ausschließlich mit adeligen oder bürgerlichen Rosenkreuzern, Asiatischen Brüdern und Freimaurern Umgang" gehabt und aus dieser Gedankenwelt eine eigene geformt, die auch in der *Zauberflöte* eingeschrieben sei. Auch sei die Oper geprägt von alchemistischem Hintergrund, der aus dem Blei der Unwissenheit Taminos das Gold der Erkenntnis formte: „Schließlich wird er, jenseits aller Worte, mit seiner Anima Pamina vermählt und als ‚geeinte Zwienatur' keineswegs nur in den Bund der Eingeweihten, sondern in die Sonne, d.h. in den Bereich des unmittelbar Göttlichen, aufgenommen. Die ‚Zauberflöte' ist darum gleichsam das Bild eines an den Himmel wie auf die Erde projizierten alchemistischen Prozesses, in dessen Verlauf aus dem ‚tumben' Blei über sieben Wandlungsstufen das ‚Gold' des lauteren, göttlichen Menschentums hervorgeht." Das bedeutet für Alfons Rosenberg, die *Zauberflöte* umfasse „gleichsam monumentale ‚Variationen über ein Thema': über die Traditionen der Alchemie, der Rosenkreuzer und Freimaurer."[48]

Erwähnt werden muss noch, dass der Freimaurerhistoriker Arnold Marx über die Gold- und Rosenkreuzer schreibt: „Dieser Geist (der überindividuelle Geist, w. f.) ist aber das Rosenkreuzertum, das in der ‚Zauberflöte' seine letzte und schönste Blüte gezeitigt hat, und allein um dieses Werkes willen, müßte die Geschichte dem Orden für alle Sünden, die ihm zur Last fallen mögen, Absolution erteilen."

Illuminaten

Helmut Perl[49] wiederum führt an, die *Zauberflöte* stehe unter dem Einfluss der Illuminaten-Philosophie. „Die Hierarchie in der Oper beruht auf Vernunft und Weisheit, und sie rechnet mit der ‚Natur' des Menschen, nämlich mit seinen ‚göttlichen' Anlagen. Die Oper reflektiert den Kern der Ideen der Illuminaten, wonach diese Qualitäten allein in der Lage wären, positive Veränderungen in der Gesellschaft herbeizuführen."[50]

48 Rosenberg, 327.

49 Helmut Perl kommt sozusagen vom Fach. Er studierte Kirchen- und Schulmusik, promovierte über Aufführungsprobleme in der Musik des 20. Jahrhunderts und war auch Organist und Cembalist. Sein Buch über Mozart und die Illuminaten hat einiges an Aufsehen erregt.

50 Perl, 43.

Der Illuminatenorden wird am 1. Mai 1776 von Adam Weishaupt gegründet. Er sieht in der Gründung einer geheimen Gesellschaft ein ideales Instrument, seine politischen Pläne umzusetzen. Der Aufklärung und der Vernunft verpflichtet, gilt das Streben nach steter Vervollkommnung des Menschen. Weishaupt, meint, die religiöse Schwärmerei müsse zur Vernunft zurückgeführt werden und setzt damit ein deutliches Zeichen gegen Wunderglauben und Schwärmerei und vor allem gegen einen *anti*-aufklärerischen Mystizismus, zu deren Vertretern Teile der Gold- und Rosenkreuzer gehören.

Ziel der Illuminaten ist es, dass der Mensch lernt, sich selber zu führen, statt einem Fürsten oder einem anderen Untertan zu sein. Im „Priestergrad" – einem höheren Grad des Illuminaten-Ordens – wird formuliert: „Jeder Volljährige kann sich selbst vorstehen: wenn die ganze Nation volljährig ist, so fällt der Grund ihrer Vormundschaft hinweg."

Im Gegensatz zur weithin kolportierten Meinung sind die Illuminaten eine Geheimgesellschaft, die aufklärerisches Gedankengut weitergeben wollte. Perl betont den großen Einfluss der Illuminaten seit 1780 in Wien. Zu den führenden Köpfen zählt er auch Ignaz von Born. Ihr Einfluss auf die Feimaurerlogen sei groß gewesen.[51]

Perl nimmt Bezug auf eine Erzählung von Anton Pichler und dessen Buch *Salzburgs Landesgeschichte*, worin eine Illuminatenloge angeführt wird, die in einer der Berggrotten zu Aigen bei Salzburg Zeremonien und Initiationen abgehalten habe. Dann zitiert er ausführlich Richard Koch, der diesen Ort 1900 besucht habe. Sein Bericht zeigt eine große Übereinstimmung zwischen der Initiationsszene der Oper und dem realen Ort:

> Die Sitzungen der Illuminaten fanden auf dem bei Salzburg am Fusse des Gaisberges (oder auch Golserberg) herrlich gelegenen Schlosspark Aigen, einer Art Götterhain mit Altären, Grabmalen usw. geschmückt, statt. Die Besitzung war Eigentum eines Mitglieds der Illuminaten, Basil von Amann. Zur Aufnahme [gemeint sind die Zeremonien zur Aufnahme in den Orden; Verf.] diente aber anscheinend nicht, wie einige behaupten, die obere Gilowsky-Höhle (Fuchsloch), sondern die untere Berggrotte (im Volksmunde Hexenloch genannt). Über dem von zwei Säulen umrahmten Eingang ist ein uraltes Symbol geheimer Mysterien, eine Sphinx mit

51 Perl, 92f.

> Flügeln angebracht. Betritt man das finstere Tor, so hört man, von kalten Lüften umweht, aus der Tiefe herauf das Brausen des Wasserfalls. Der Weg geht etwas bergan und wendet sich nach links, worauf man die eigentliche Grotte, eine alte Verwerfungsspalte, betritt. – Gespensterhaftes Dunkel umfängt den Eintretenden, von einem schwachen Dämmerschein, der alles nur noch unheimlicher erscheinen läßt, mühsam erhellt. In das Tosen des Wasserfalles, dessen Umrisse im Finstern verschwimmen, mischt sich der eintönig-schwermütige Ton des durchsickernden Tropfwassers. Ein eisig-kalter Hauch aus der Tiefe streift die Wange, und schaurige Felsmassen, geisterhaft hervorleuchtend, erregen wild die Phantasie. So mögen wohl die erregten Sinne der Neophyten bei der Aufnahme in den Illuminatenorden, die noch obendrein mit allerlei geheimnisvoll-symbolischen Handlungen verknüpft war, ihnen das Bild der Höhle vorgestellt haben …[52]

Perl sieht die deutliche Parallele zum Finale der *Zauberflöte* und kommt zum Ergebnis: „Die Untersuchungen lassen nur einen Schluss zu: Die Riten der ‚Zauberflöte' sind nichts anderes als die Bühnenfassung der entsprechenden Zeremonien der Illuminaten in Aigen."[53]

Fazit

Damit haben wir drei Sichtweisen über den Einfluss sogenannter Geheimgesellschaften und ihrer Symbolik auf die *Zauberflöte*, drei Standpunkte, die sich teilweise ausschließen, teilweise aber verbinden lassen. Für die Freimaurer spricht die Symbolik und die historische Situation: Mozart und Schikaneder waren Freimaurer. Bei Sarastros Vorbild, Ignaz von Born, wird es schon schwieriger, ihn allein in die freimaurerische Zauberflötenwelt integrieren zu wollen, weil er nicht nur als Freimaurer, sondern auch als Illuminat und möglicherweise rosenkreuzerisch inspiriert, gehandelt werden muss. Der Ägyptenkult kann ebenfalls als Hinweis für die Freimaurer angesehen werden – in der Ägyptensymbolik scheiden die Illuminaten aber aus –, wobei hier auch die Rosenkreuzer gemeint sein

52 Perl, 139f.

53 „Im buchstäblichen Sinne ist demnach das Naheliegende das Zutreffende. Mozart mag sich dabei als Tamino gesehen haben. Er könnte diese Rituale selbst in Aigen erlebt haben, vielleicht sogar zusammen mit seiner Frau und Schikaneder. Als Zeitpunkt kann man – als spätesten Termin – den Sommer 1783 annehmen, in dem Mozart mehrere Monate in Salzburg nachzuweisen ist" (Perl, 150).

können. Ebenfalls teilen sich beide die Elementenprobe: Feuer und Wasser, erweitert um Luft und Erde. Verschwiegenheit, Standhaftigkeit, Tugend ... auch diese Eigenschaften sind beiden Gesellschaften als Ideal zuzusprechen.

Ein Unterschied kann der angemahnte Gebrauch der Vernunft sein. Die Rosenkreuzer – namentlich die Gold- und Rosenkreuzer um 1780 – stehen für ein konservatives Weltbild, für die alte Ordnung und für den katholischen Glauben. Hier wird Glaube der Vernunft vorgezogen. Andererseits ist dies nur ein rudimentärer Ausschnitt aus dem breiten Spektrum der Rosenkreuzerphilosophie. Möglicherweise ist dies auch nicht repräsentativ.

Die Originalschriften der Rosenkreuzer aus dem Jahre 1614 und 1615 zeichnen ein ganz anderes Bild, denn sie sprechen sich für eine Art der Vor-Aufklärung und der kritischen Vernunftprüfung aus. Hierin lägen wieder deutlichere Argumente für die Rosenkreuzer, denn es ging ihnen ja nicht um die Erhaltung einer überkommenen Ordnung, sondern um Evolution und Umgestaltung, was sein Echo in der *Zauberflöte* findet.

In der Tat wähnen sie sich in Besitz eines höheres Wissens (*ingenium*), möchten aber die Menschen daran teilhaben lassen. Deshalb trägt die Rosenkreuzerschrift auch den Titel *Generalreformation der gantzen weiten Welt*, richtet sich gegen religiösen Dogmatismus und steht für wissenschaftlichen Fortschritt.

Bei den Rosenkreuzern wurde keine geschlechterspezifische Aufteilung gemacht. Da es sich nicht leugnen lässt, dass Pamina eine entscheidende Rolle in der Oper und bei der Initiation spielt, spräche dies für eine solche Philosophie, wenngleich ihr Auftauchen als *Seelenführerin* vordergründig durchaus symbolisch interpretiert werden muss. Als Anima kann sie symbolisch für Taminos Seele stehen. Im Gegenzug müsste man ihr dann „reale Qualität" absprechen. Es bleibt schwierig.

Dennoch: weder Freimaurer noch Rosenkreuzer stehen von ihrer Struktur her für ein politisches Mandat ein. Jedenfalls nicht direkt, radikal und offensichtlich. Beide sind keine politischen Geheimbünde. Und obwohl man den Freimaurern bis heute eine gewisse Verschwörungsabsicht nachsagt, lassen ihre Aussagen und Schriften nur sehr wage den Schluss zu, dass ihr Auftreten politisch im Sinne einer aktiven Einflussnahme auf Staat und Regierung zu verstehen sei.[54] Eine solche erkennbare Absicht kann man allein den Illuminaten zuschreiben. Sie gelten offen und erklärtermaßen als politischer Geheimbund mit dem Ziel einer Revolution von Oben. Andererseits haben wiederum die Illuminaten zwar eine symbolische Ordnung, ein Gradsystem und auch eine geheime Seite, sie sind aber weder erklärtermaßen symbolisch noch im weitesten Sinne esoterisch orientiert, so wie es für Rosenkreuzer und Freimaurer gilt. Zur Illustration eines Systems der Illuminaten gibt sich aber die Idee einer solch aufwändigen und symbollastigen Oper einfach nicht her.

Unterm Strich bleiben zahlreiche Spekulationen. Die *Zauberflöte* ist alles andere als eindeutig. Zum einen wird Tamino sozusagen von den Priestern ernannt, aber gleichzeitig sind sie es, die einem geheimen Ratschluss folgen. Sie sehen Taminos Einsetzung nicht als Zufall an, sondern als Fügung. So vernünftig die Priester um Sarastro sind, so sehr vertrauen sie in solchen Momenten einer höheren Macht und nicht der Vernunft alleine. Tamino wird letztlich nicht aus Vernunftgründen erwählt. Er wird gewählt, weil die Zeichen stimmen!

Tamino ist, was sicher von Vorteil ist, von adeliger Herkunft. Die Priester, im weitesten Sinne sind Bürger. Offensichtlich gehören sie auch nicht dem zweiten Stand, dem Klerus an, sondern stellen als Priesterkaste eine eigene Mischform dar. Sie aber *machen* den neuen Herrscher. Sie sind es, die ihn auswählen und – durch die Zeichenhaftigkeit der vollzogenen und bestandenen Prüfung gestützt – krönen. Damit wird Tamino weder zum Herrscher aus Gnade noch aus Vernunft allein, sondern dank einer Mischung aus Fügung, Bestimmung, Einsicht und vernünftiger Überlegung. Die eigentlichen Initiatoren dieser Bestimmung, ihre Durchführer und Nachlassverwalter sind die Priester.

Wer gab ihnen die Macht, solches zu tun? Diese Frage bleibt offen. Offen bleibt aber nicht, dass Tamino in diesem Moment zu einem *Priesterkönig* gekrönt wird. Sein Reich wird ein Reich der Wissenschaft, Bildung, Initiation und Symbolik *und* ein Reich des Königs sein.[55] Eine aktive Gestaltung der politischen Kräfte spräche für

54 Eine Ausnahme gibt es bei den Gold- und Rosenkreuzern und zwar wurde Friedrich Wilhelm II. (1744–1797) von sogenannten Rosenkreuzern beeinflusst, namentlich von Johann Christoph von Woellner (1732–1800).

55 „Dabei erschöpft sich … die Rolle der Priestersozietät nicht in ihrer Funktion

den Illuminaten-Einfluss. Jedoch zeigt sich dieser vordergründig an Vernunftentscheidungen gebunden und nicht an symbolische oder zeichenhafte Ereignisse. Man erwartete von Illuminaten einen moralischen und politischen Wandel mittels Vernunft. Der Glaube an eine Art *Schickung* – im wahrsten Sinne des Wortes – träfe eher für Freimaurer und Rosenkreuzer zu.

Das einzige Fazit, das man ohne schlechtes Gewissen ziehen kann, ist, allen dreien Einfluss zuzubilligen. Das erinnert an den Ring Nathans des Weisen und dessen Frage, wer allein den wahren Glauben habe. Auf die *Zauberflöte* übertragen meint das: *wer* übt den entscheidenden oder alleinigen Einfluss aus? Antwort: Das gerade ist letztlich nicht zu entscheiden.

Und selbst wenn einmal ein Papier auftauchen würde, das unzweifelhaft bewiese, dass nur eine dieser Gruppierungen in Frage käme, so bliebe in den Köpfen der Menschen – und noch viel mehr in ihren Ohren – die Musik zurück, der es letztlich gleichgültig ist, wessen Kind sie ist oder auch nicht ist.

Vereinigende Vereinigung: Die Zauberflöte in der Literatur der Psychologie C. G. Jungs

Tamino und Pamina werden zur Einweihung zugelassen, was im Sinne der Ablösung, Reife und Bewusstwerdung gedeutet werden kann. Das wird auch in der bisherigen psychologischen Kommentierung der Oper aufgegriffen. So stellt Ursula Jungeblodt in ihrem Buch *Die Königin der Nacht* eine Beziehung zwischen der Oper und einer Therapie her. Sie zeigt, dass die *Zauberflöte* eine therapeutische Oper ist, wobei der Umgang mit dem Unbewussten des Patienten in der Therapie dem entspricht, was hier mit Faszination gemeint ist.[56]

---

als Hüter und Bewahrer des ägyptischen ‚Wissensschatzes'. Es bestehen, so erfährt man, enge Beziehungen zwischen dem Königshaus und den Vertretern des Priesterordens. Letztere sind nicht nur zuständig für den gesamten Bereich des Rechts und der Jurisdiktion, sondern sie sind auch an politischen Entscheidungen beteiligt und stehen in Krisenzeiten dem Monarchen als weise Ratgeber zur Seite" (Simonis, 193).

56 Ursula Jungeblodt, *Die Königin der Nacht*, 28.

Oper und Therapie

Ursula Jungeblodt geht davon aus, dass, ebenso wie Mozart Gefühle in seine Oper legte und diese im Publikum zu erwecken suchte, nämliches für die therapeutische Arbeit mit dem Patienten gelte: sich auf den Patienten einzulassen, dessen innere Gefühlswelt und das Unbewusste zu erreichen, um es zu verstehen.[57] Ihr Schwerpunkt liegt auf der Symbiose von Trennung und Tod. Sie begreift die *Zauberflöte* für die Handelnden als Traumgebilde. Die Rückübersetzung in einen analytischen Diskurs offenbart dabei den Entwicklungsgang, der zur Befreiung vom Mutterimago und zur Menschwerdung führt, was gleichermaßen für Tamino wie für Pamina gilt.[58]

Die Trennung im Sinne der Rücknahme von Projektionen ist zugleich Ausgang für eine neue Bindung. Paminas Versuch, Selbstmord zu begehen, kann daher auch als symbolischer Ausdruck der Selbstwerdung betrachtet werden: Der Dolch, mit dem sie töten soll, kommt von ihrer Mutter. Wendet sie ihn gegen sich, wendet sie ihn symbolisch gesehen gegen die Mutter, verbunden mit der Hoffnung, sich von dieser Last zu befreien, um wieder sie selbst zu werden. Dass dies der falsche Weg wäre, muss nicht betont werden, denn er stellt eine destruktive Individuation dar. Destruktiv, weil sich daraus keine konstruktiven und lebensbejahenden Impulse ergeben und der Konflikt weder gelöst noch überwunden wird.

Der therapeutische Prozess des Miteinander wird bei Jungeblodt in einen geschlossenen Opernraum transformiert und in eine Zauberflötenwelt eingeschlossen, die wesentliche Aufschlüsse für das Leben offenbart. Die Tiefenstruktur der Oper wurde von der psychologischen Literatur erkannt und thematisiert.

57 Ursula Jungeblodt, *Die Königin der Nacht*, 33.

58 „Mit dem Raub der Pamina beginnt der eigentliche Weg der Menschwerdung: durch Gesundung der Seele und Findung zur Liebe. In der psychoanalytischen Nomenklatur spiegelt sich dieser Weg der Menschwerdung als Entwicklung der Identität. Pamina wird ebenso als hilfloses Wesen von der Mutter getrennt, wie das Kind die Trennung aus der Ursymbiose mit der Mutter geschehen lassen muß, um den Weg ins Menschwerden, in die individuelle Identität antreten zu können. Pamina stürzt diese Trennung von der Mutter in tiefe Verzweiflung und großes Leid. Die Angst vor dem Erleiden des Todes wird geringer als die Angst vor einem Leben ohne den Schutz der Mutter, ohne das Einssein mit ihr […]" Ursula Jungeblodt, *Die Königin der Nacht*, 138.

Der Blütenprinz

Wolfgang Schmidbauer legt ebenfalls eine psychologische Deutung der *Zauberflöte* vor, die auf C.G. Jung beruht, aber auch die freudsche Analyse einbezieht. Für ihn ist Tamino unverhofft in ein Abenteuer geraten, das nicht in einer martialischen Heldentat endet, sondern in einer unverhofft friedlichen, dennoch nichtsdestoweniger anstrengenden, mühevollen und anspruchsvollen Lösung: „Der Prinz erobert die Prinzessin nicht dadurch, daß er den Zauberer besiegt, sondern sich ihm fügt. Der körperliche Kampf wird durch die ‚Prüfung' ersetzt; das Bildungsbürgertum triumphiert über die Feudalzeit.“[59] – Tamino kämpft nicht, jedenfalls nicht mit Waffengewalt – und wird am Ende doch siegreich sein, indem er sich selber überwunden hat.

Als „Blütenprinz“ ist er auch Liebhaber der Mondgöttin.[60] Diese wird in ihrer Widersprüchlichkeit dann verständlich, wenn in der Königin der Nacht der Animaarchetypus erkannt wird. Somit wird sie „Ausdruck einer psychologischen Weisheit, die sich womöglich ihrer selbst gar nicht bewusst“ sein kann. Erst langsam differenziert sich die Anima und es wird deutlich, dass die Königin der Nacht ihren destruktiv-verführenden und Pamina den konstruktiv-führenden Aspekt verkörpert.[61] Die Bedrohung des ständigen Verschlungenwerdens auch nach der glorreichen Tat, bleibt aus.[62] Wie Schmidbauer betont, verkörpern die Protagonisten Archetypen bzw. sind ihre Handlungen, Gedanken, Äußerungen archetypisch zentriert.[63]

Entlastung ohne Erinnerung

Bernd Oberhoff zieht es in seiner freudianisch ausgelegten Deutung vor, die ödipalen Momente der Fixierung und Verdrängung zu beto-

---

59 Schmidbauer, *Das Geheimnis der Zauberflöte*, 15.

60 Schmidbauer, *Das Geheimnis der Zauberflöte*, 21.

61 Schmidbauer, *Das Geheimnis der Zauberflöte*, 65 f.

62 Tamino erweitert den Bereich des Kampfes um die Initiation im Sinne der Selbstüberwindung. In *Star Wars* II (bzw. V) wird Luke Skywalker die nämliche Anweisung erhalten, nicht zu kämpfen. Aber erst am Ende wird er die Lektion gelernt haben, sich führen und sich überwinden zu lassen. Seine Niederlage ist ein Opfer im Sinne eines Potlatsch (Mauss, *Die Gabe*) und damit sein Sieg.

63 Schmidbauer, *Das Geheimnis der Zauberflöte*, 91.

nen, die in einer unbewussten Katharsis mündet. „Der Opernbesuch erfüllt damit eine ähnliche Funktion wie der ungedeutete nächtliche Traum: Man fühlt sich kurzfristig entlastet ohne wirklich erinnert zu haben.“[64]

Woran will man sich nicht erinnern? Einerseits an die starke Abhängigkeit von der Mutter, welche Tamino anders als Papageno lösen muss. Jener bleibt „ein Papageno“, das bedeutet er bleibt „ein auf kindlich oraler Stufe fixiertes Kind, das die Weiterentwicklung zum Mann verfehlt. Weiterhelfen kann nur ein aufrichtiger Ausdruck der inneren emotionalen Befindlichkeit gegenüber der mütterlichen Dominanz“[65]. Nicht unterschlagen werden darf, dass es Papageno durchaus gelingt, zu einem Familienvater nebst Familie zu mutieren.

Oberhoff betont die Notwendigkeit des Ablösungsprozesses (Tamino von der Mutter in Gestalt der Königin der Nacht, Pamina vom Vater in Gestalt Sarastros usw.), der durchaus möglich ist. Es ist auch die Grundbedingung einer reifen Beziehung.[66]

Mag die rituelle Handlung und die symbolische Überfrachtung im Lichte einer psychoanalytischen Betrachtung auch bloße Verschleierung für den (psychoanalytisch) wahren Konflikt sein, so treffen sich die psychologischen Modelle – archetypische und psychoanalytische bzw. ödipale Deutung – am Ende doch im Aspekt der Aufarbeitung des Verdrängten und des frühkindlich Prägenden sowie der Ablösung, Differenzierung und Neugestaltung des Projizierten. Dies stellen notwendige Komponenten der „unbewussten“ Opernhandlung dar, sind aber auch Ausdruck eines Prozesses der fortschreitenden Bewusstwerdung, was nichts anders als Individuation meint.

---

64 Oberhoff, *Wolfgang A. Mozart: Die Zauberflöte*, 26f.

65 Oberhoff, *Wolfgang A. Mozart: Die Zauberflöte*, 28.

66 „Indem sich in dieser Oper adoleszentes Begehren mit frühkindlicher Affektivität durchmischen, erfährt das Musikdrama eine Frische und Unmittelbarkeit, die Alt und Jung begeistern. Zudem sorgen die aufheiternden Späße des Papageno dafür, dass kein Abgleiten in eine depressive Stimmung zu fürchten ist. Die geniale Musik Mozarts, die soviel an Lebenszuversicht und ästhetischer Schönheit verströmt, tut das ihre dazu, dass sich jeder Zuschauer am Ende der Vorstellung mit guten psychoästhetischen Gaben reich beschenkt und in wohliger Stimmung auf den Heimweg begeben kann.“ Oberhoff, *Wolfgang A. Mozart: Die Zauberflöte*, 90.

Die Reife zum Erwachsensein

Helmut Remmler drückt diesen Gedanken in seiner jungianisch geprägten Analyse der *Zauberflöte* so aus:

> Es kann also festgehalten werden, dass Männliches und Weibliches, wenn es reift und erwachsen wird, sich der Macht der großen Mutter wie auch der des mächtigen Repräsentanten des Patriarchats entzieht. Anders ausgedrückt: Es kommt zu einer Befreiung von den übermächtigen Eltern-Imagines. Der Chor wendet sich abschließend noch einmal ganz dem edlen Paar zu, womit ausgedrückt wird, dass es das Ziel der Individuation ist – und zwar sowohl des Einzelnen wie des Paares –, vor dem Hintergrund des Machtkampfes zwischen matriarchalen und patriarchalen Kräften und der vollzogenen Spaltung im kollektiven Bereich die Conjunctio oppositorum, die Vereinigung der Gegensätze, zu vollziehen und damit die Spaltung im individuellen Bereich wieder aufzuheben. [...] Tamino und Pamina ordnen sich der Führung und Weisheit des Bundes der Eingeweihten unter, Papageno und Papagena entwickeln über ihre naturhafte Verbundenheit einen Zugang zu ihrem göttlichen Funken. Beide Paare gelangen so auf ihre Weise zum höchsten Reifegrad und können in gegenseitiger Würde und Achtung miteinander leben und ihr Leben, so wie es ist, annehmen.[67]

Die psychologischen Deutungen berühren den archetypischen Kern, ohne ihn weiter benennen zu können oder zu wollen. Die *Zauberflöte* vermag noch mehr zu sein. Dieses Mehr offenbart sich in der Symbolik rund um die Einweihung in die Mysterien der Priesterschaft.

Alchemie und Zauberflöte: Die sieben Stufen der alchemistischen Wandlung

Vorbild für die Berechtigung einer Verbindung von psychologischer Deutung im Sinne eines symbolischen Individuationsprozesses und Alchemie im Sinne eines Wandlungsprozesses kann die Forschung C.G. Jungs sein, die den Individuationsprozess mit der alchemistischen Transformation zu erklären bzw. zu stützen suchte. Alchemie und Individuation korrespondieren miteinander. Die Analyse von Träumen und Traumse-

67 B. Deininger / H. Remmler: *Liebe und Leidenschaft in Mozarts Opern*, 220.

rien als Prozesse der Selbstwerdung mittels eines alchemistischen Vokabulars förderte neue Erkenntnisse und Zusammenhänge zutage. Wie die Alchemie in ihrer Symbolsprache Parallelen zur Traumsprache aufweist, so weisen die Stufen der Individuation Parallelen zur Stufenfolge der Alchemie auf.

Im Folgenden werden zwei Bereiche miteinander kombiniert, um die Zauberflöte in ihrer komplexen Wandlungsfähigkeit deuten zu können: der klassische Individuationsprozess C. G. Jungs mit den Stationen:

Persona – Schatten – Anima/Animus – Selbst

und der alchemistische Weg mit den sieben Stufen:

Calcinatio (Pulverisierung)
Solutio (Lösung)
Coagulatio (Verbindung)
Sublimatio (Erhöhung)
Mortificatio (Tötung)
Separatio (Trennung)
Coniunctio (Vereinigung)

Die *Zauberflöte* kann dabei mehr oder weniger organisch in folgende Teile gegliedert werden: Das Schema dient der Gliederung und erleichtert nicht nur das Verständnis in die Abfolge des Individuationsprozesses, sondern zeigt auch die Schwerpunkte und Gewichtung der Oper. Damit wird deutlich, dass die Handlung einer inneren Logik folgt, die überzeugend stringent ist, wenn man den Verständnisschlüssel dafür gefunden hat. Deshalb soll kurz auf die Alchemie eingegangen werden, wobei es nicht so wesentlich ist, sie in ihrer historischen Ausrichtung zu begreifen, sondern die ihr innewohnende Idee, im Sinne eines stufenweisen Aufbaus nachzuvollziehen, der mit der Individuation harmoniert. Besonders wichtig ist, dass jede einzelne Stufe auf die andere verweist – letztlich der Anfang auf das Ende und umgekehrt! Für C.G. Jung stellt die Alchemie einen Schlüssel zur Deutung verborgener Trauminhalte und Traumsymbole dar, und er weist in einer ausführlich gedeuteten Traumserie in seinem Werk *Psychologie und Alchemie* nach, dass die Alchemie immer noch große Bedeutung für den modernen Menschen hat. Es sei nur am Rande erwähnt, dass die dabei analysierten Träume von

Akte	Stichworte der Handlung	7 Stufen	Alchemie	Individuation
1–3	Schlange	Calcinatio (Pulverisierung)	Nigredo	Initiationstraum Persona
4–12	Bildnis Paminas, Königin der Nacht, Tamino macht sich auf den Weg, Szenenwechsel, Pamina, Monostatos, Papageno	Solutio (Lösung)		Mutterkomplex Schatten Anima
13–19	Tamino sieht falsche Ansichten ein	Coagulatio (Verbinden)		
2. Aufzug				
1–6	Zulassung zur Prüfung, Furcht überwinden, unterscheiden lernen	Sublimatio (Erhöhung)	Albedo	Alter Weiser Selbstsymbole Selbstwerdung / Individuation
7–12	Intrige von Monostatos und der Königin der Nacht: Mordpläne und Rache	Mortificatio (Tötung)		
13–27	Schweigeprüfung, Papageno ohne Papagena, Paminas Selbstmordversuch	Separatio (Trennung)		
28–30	Initiation	Coniunctio (Vereinigung)	Rubedo	Selbst

Wolfgang Pauli stammen. Der Physiker und Nobelpreisträger hatte sich übrigens auch von Marie Louise von Franz therapieren lassen.

Die Alchemie kennt kein fest umrissenes Begriffssystem, dennoch gibt es in ihr ein klares Ziel: die Herstellung des *Steins der Weisen*. Mit dem „Stein der Weisen“ könne man wahre Wunderdinge verrichten: Krankheiten heilen, unbeschränkten Reichtum und ewiges Leben erlangen, lediglich indem man Blei in Gold verwandelt. Weil Gold das edelste Metall war, das man kannte (die Alchemisten sagen, Gold sei das perfekte Metall, weil in ihm Sal, Sulphur und

Mercurius rein vorhanden seien), wurde es mit dem Stein der Weisen gleichgesetzt. Auch wenn ein solcher Prozess durchaus praktische Anwendung fand, muss man ihn symbolisch verstehen. Die Gewinnung des Steins der Weisen setzte verschiedene Stufen voraus, bei der sieben, an der Transformation beteiligte traditionelle Planeten und ihre Metalle eingebunden sind:

Sonne (= Gold),
Mond (= Silber),
Merkur (= Quecksilber – nicht Mercurius),
Mars (= Eisen),
Venus (= Kupfer),
Jupiter (= Zinn) und
Saturn (= Blei).

Jeder Planet entspricht symbolisch einer bestimmten Stufe des Großen Werkes. Zusammen mit den bereits erwähnten sieben Wandlungsstufen bilden sie den alchemischen Prozess. Letztlich kann durch das Symbol des *Uroboros*, einer Schlange, die sich in den Schwanz beißt, dargestellt werden, dass es einen Anfang in dem Sinne nicht geben kann. Daraus kann man auch die Begründung ableiten, den alchemistischen Prozess nach Gutdünken dort beginnen lassen zu wollen, wo es einem „gefällt". Es gibt zwar den klassischen Prozess, aber es gibt auch Ausnahmen von dieser Regel. Die *prima materia* wird alchemisch so lange bearbeitet, bis eine Substanz entsteht, die als Universalmittel Reichtum, Glück, ewiges Leben, Lebensverlängerung, Gesundheit und *Ganzheit* im Sinne der Selbstwerdung verspricht.

Ausgangsmaterial der Umwandlung im alchemischen Prozess ist die Urmaterie oder *prima materia*, ein Name, der für die unreine Materie, die es zu veredeln gilt, steht. Sie entspricht dem Chaos, dem Urstoff oder dem Samen. Es gibt Hunderte von Namen für sie. Letztlich wird die *prima materia* (die erste Materie) mit der *ultima materia* (der letzten oder endgültigen Materie), dem Stein der Weisen, gleichzusetzen sein. Die wichtigsten Farben in der Alchemie sind Schwarz, Weiß und Rot. Einige nehmen noch Gelb als vierte Farbe hinzu, wobei drei Farben aber zu genügen scheinen.

Die drei Farben der Alchemie

Schwarz bezeichnet die Nigredo, die Schwärzung, womit der Anfangszustand gemeint ist. Das Werk beginnt. Dunkelheit und Unwissen sind noch überall und von Licht oder gar Erleuchtung keine Spur. Der Name *Alchemie* selbst verweist übrigens auf Ägypten als dem Land der schwarzen Erde. Der Zustand der Nigredo ist mit dem Zustand vor einer Initiation vergleichbar. Der *symbolische Tod* ist ein Anzeichen der Nigredo und erinnert an Taminos Ohnmacht zu Beginn der Oper.

Die Schwärze drückt sich symbolisch aus im Saturn, im Raben, in der dunklen Nacht usw. Damit sind, psychologisch gesprochen, Zustände des Unbewusst-Seins gemeint. Schwarz ist also der Urzustand, der Anfang, das Nicht-Bewusste, der Schlaf oder die unbearbeitete Urmaterie. Schwarz ist die Dunkelheit, die Abwesenheit des Lichtes und jeglicher Farbe. Die Königin der Nacht ist eine Vertreterin der *Nigredo.*

Der Schwärzung folgt die Weißung, Albedo. Für die Alchemisten ist es ein Zwischenzustand. Noch im Leben, noch nicht im Himmel; noch sterblich, noch nicht unsterblich; noch nicht am Ziel, denn das Ziel ist die Gewinnung des *philosophischen Steins*, was letztlich bedeutet, die *prima materia* so umgewandelt zu haben, dass einem nichts mehr etwas anhaben kann. Weiß bedeutet Reinigung und Läuterung. Ein inneres Licht ist an die Stelle des äußeren, des natürlichen Lichtes getreten. Der Mensch hat nun die Voraussetzung in sich, frei zu sein, also: jenseitig im Diesseits und diesseitig im Jenseits. Die Priester um Sarastro können als Vertreter der *Albedo* gelten.

Nach der Vergeistigung des Körpers kommt nun die Verkörperlichung des Geistes, also nach dem Wort folgt die Tat. Der Zustand der Rötung zeigt, dass das Gift, die Schlacke oder eben jegliche Unvollkommenheit aus der Materie herausgezogen wurde. Rot bedeutet aber für die Alchemie auch *alle* Farben. Die Rötung ist das letzte Ziel der Alchemisten. Der rotgewandete König herrscht über sein Königreich. Er symbolisiert die Kraft, die Macht, das Feuer und steht für Unsterblichkeit. Steht das Weiß für eine eher kontemplative, beschauliche Haltung, so ist das Rote initiativ und handelnd. Tamino und Pamina als *eine* Person im Sinne der Personifizierung der Chymischen Hochzeit personifizieren die *Rubedo.*

Die drei Zustände entsprechen den Welten der zweigeteilten Oper: Der Bereich der Königin der Nacht als *Nigredo* und deren Loslösung mittels Vernunft und Einsicht. Die *Albedo* der Priesterkaste und deren Aufgabe, die Initiation bereit zu stellen und die *Rubedo* in Gestalt des neuen Herrscherpaares: Pamina und Tamino. Nun kann gehandelt und agiert werden. Die Stagnation, die durch die Zweiteilung des Reiches ausgelöst wurde, ist aufgehoben. Das Reich ist eins.

Der Überblick über die alchemischen Farben belegt eine grobe Einteilung in drei Phasen, wobei die dritte Phase nur angedeutet aber nicht ausgelebt wird. Die Dreiteilung kann weiter verfeinert werden, was hier auch geschehen soll.

Die Sieben Stufen der Zauberflöte

1. Stufe: Die Calcinatio oder Pulverisierung

Ausgangspunkt der Individuation ist die Bewusstwerdung der Persona bzw. des Schattens. Übertragen auf den alchemistischen Prozess der Wandlung spricht man von der Schwärzung (*Nigredo*) und, in einem anderen Zusammenhang von *Calcinatio* oder *Pulverisierung*. Sie ist der Anfang und Ausgangspunkt des Großen Werkes, dessen Teil Tamino geworden ist.

Das Motiv der Zerstückelung ist mit der alchemischen *Calcinatio* (Pulverisierung) verbunden. Der feste Körper wird durch starke Erhitzung brüchig gemacht. Zurück bleibt ein festes, trockenes Pulver. Zurück bleibt Asche, weiße Asche, die an den Vogel *Phönix* erinnert, der aus der Asche zu neuem Leben aufsteigt. Feuer und *Calcinatio* werden mitunter gleichgesetzt.

Der Prozess der Initiation beginnt mit der Erschütterung des Ichbewusstseins Taminos. Sein Gefühl der Einheit löst sich auf. Sein unbewusster oder vorbewusster Zustand, in alchemistischer Sprache als Dunkelheit (*Nigredo*) bezeichnet, wird ihm offenbar. Die auftauchende Schlange, als Uroboros – eine Schlange, die sich in den eigenen Schwanz beißt und damit den Kreislauf des Lebens symbolisiert –, wird als *prima materia* assoziierbar, die als erste Materie und damit als Ausgangspunkt des Großen Werkes der Alchemie gilt. Tamino ist in diesem Zustand jene *prima materia*. Er ist es, der gewandelt werden wird.

In einem rituellen Geschehen ist der Anfang bedeutsam. So wie Hermann Hesse schreibt, dass in jedem Anfang ein Zauber innewohne, ist es auch psychologisch wahr. Der erste Traum in einer Analyse, der erste Eindruck, der erste Moment der Begegnung … all das stellt die Weiche für das Spätere und wirkt entscheidend für das weitere Vorgehen. Auch hier enthält die erste Szene der Oper symbolisch verschlüsselt „alles" im Keim, was sich im Weiteren entfalten wird. Auf die Symbolik der Schlange als Träger in der Erneuerung und Wiedergeburt, der Weisheit und des Selbst, wurde bereits hingewiesen. Doch ehe die Kraft der Schlange sich entfalten kann, müssen Projektionen zurückgenommen und diese Station des Individuationsprozesses eingesehen werden, als da sind: Persona und Schatten.

2. Stufe: Die Lösung – Solutio

Die alte Welt Taminos verliert ihre Gültigkeit. Tamino nimmt Abschied und weiß es noch nicht. Die vertrauten Ansichten und Bindungen werden gelöst. Einer alchemischen Aussage gemäß findet die *Solutio* – die Loslösung – im Mond statt. Was hier ohne Weiteres zutrifft, denn Tamino ist bei der Königin der Nacht und damit in der Mondsphäre angelangt. Hier begegnet Tamino dem Mutterimago; als leidende Mutter spricht sie ihn als „Sohn" an und nimmt ihn auch für sich ein. Tamino wird von ihr zum Sohn *gemacht*, ist ganz von ihr durchdrungen und weiß am Ende nicht zu sagen, ob die Begegnung wirklich stattfand oder ob er sie geträumt hatte. Sein Ich wird vom Mutterarchetypus ergriffen und aufgesogen. Eine Inflation droht und damit eine Überflutung (Wasser) mit unbewussten Inhalten. Die Schlange wandelt sich zur Mondgöttin.

Wird die *Calcinatio* mit dem Element *Feuer* gleichgesetzt, so die *Solutio* mit dem Element *Wasser*. Wasser und Mond, Anima und Mutter – die Nacht als Reich des Unbewussten – entsprechen sich im Symbol des „Wassers". Wasser als Urstoff des Lebens ist ein geeigneter Katalysator für das neue Leben Taminos. Doch davon, dass ein neues Leben auf ihn wartet, ahnt er noch nichts. Wie könnte dieses neue Leben aussehen? Im Prinzip kündigt sich die Veränderung nun an, ehe sie sich manifestiert. Man muss dabei die Zeichen des Neuen deuten, ihren Spuren folgen, um Ahnung davon zu bekommen, wohin der Weg führen wird. Tamino weiß nicht, dass er dadurch, dass er einen Fuß auf dieses felsige Gelände setzte, bereits einen Initiationsweg betrat. Dabei wird er buchstäblich auf seinen Weg getrieben. Wie anders als *gedrängt* kann der Angriff durch die Schlange und seine waghalsige Flucht sonst gesehen werden? Gäbe es einen klareren Beginn für eine symbolisch-initiatorische „Nachtmeerfahrt“?

3. Stufe: Coagulatio – Das Gewirr der Verbindungen

Mehr und mehr gilt es nun, Verbindungen herzustellen, die Zeit als solche ihrer linearen Abfolge zu berauben und Beziehungen zu knüpfen. Pamina hält in einer Szene innere Zwiesprache mit ihrer Mutter und schafft im Geiste eine Verbindung zu ihr, wobei sie sich wie in einem Traume fühlt. Papageno erscheint, berichtet was geschehen ist und erzählt ebenfalls von ihrer Mutter aber auch von sich selbst, wobei es merkwürdig ist, dass Pamina den Diener ihrer Mutter früher nie gesehen hat und sich erklären lassen muss, was seine Aufgabe ist. Dennoch kommt hier der entscheidende Satz vor, der auf die gelungene Initiation vorausweist. Der eigentliche Zweck der Liebe ist ja die Verbindung:

Die Lieb' versüsset jede Plage,
Ihr opfert jede Kreatur.
Sie würzet unsre Lebenstage,
Sie wirkt im Kreise der Natur.
Ihr hoher Zweck zeigt deutlich an,
Nichts edlers sey, als Weib und Mann.
Mann und Weib, und Weib und Mann,
Reichen an die Götter an. (14. Auftritt)

Die *Coagulatio* – die Vereinigung oder Verbindung zwischen den Gegensätzen: Mann und Frau – drücken programmatisch aus, was Sinn und Absicht der Oper ist: durch die Liebe zu einen, Gegensätze zu verbinden und Harmonie und Frieden herzustellen, sowohl in der Horizontalen – unter den Beteiligten – wie auch in der Vertikalen – zwischen Oben und Unten, zwischen Menschen und Göttern. Der alchemistische Grundsatz *solve et coagula* – Löse und Binde – wird hier eindrucksvoll demonstriert. Die alte Ordnung muss einer neuen weichen, zuvor jedoch muss die alte Ordnung pulverisiert (*Calcinatio*) und aufgelöst (*Solutio*) werden, ehe eine neue Verbindung (*Coagulatio*) eingegangen werden kann.

Coagulatio ist dem alchemischen Element Erde zugeordnet, was eine gewisse Kühlung und Festigkeit bedeutet. Eine neue Ordnung wird festgelegt und gefestigt, ohne dass ein übertrieben wohlwollender gefühlsmäßiger Zugang vorhanden sein muss. Pamina soll zwar zu Tamino gehören, aber nicht nur auf emotionale Weise, sondern vor allem initiatisch.

Schuld ist ebenfalls der *Coagulatio* zuzuschreiben. Tamino hat Schuld an seiner Unbewusstheit, Monostatos macht sich schuldig gegenüber Pamina und Sarastros Schuld besteht darin, dass er die Tochter gegen ihren Willen von der Mutter fernhält und entführen ließ. Hier wurden Verbindungen eingegangen, die aus unterschiedlichen Motiven, unterschiedliche Verwicklungen mit sich bringen. Aber sie verbinden miteinander und ketten die Protagonisten eng aneinander. Dadurch wird greifbar, was zuvor wage, durch Erzählungen, zu ahnen war.

Tamino, der die *Zauberflöte* spielt und wie Orpheus um die verlorene Liebe trauert, versucht durch Musik eine Verbindung herbeizusehnen. Ihm gelingt es, die Tiere herbeizurufen, die sich ihm vertrauensvoll nähern. Mittels der Flöte vermag er also, seine Instinkte, die ihm anteilige animalische Seite, zu meistern. Auch Papageno und Pamina (sein Schatten und seine Anima) nähern sich, werden aber von Monostatos abgefangen.

4. Stufe Sublimatio: – Die Kunst der Erhöhung

Sublimatio ist ein Begriff, der durch die Psychoanalyse populär wurde. Unter Sublimierung versteht Sigmund Freud die Umwandlung oder Umlenkung von Triebwünschen in eine geistige oder kulturelle Leistung. Im Prinzip gehört Sublimation zu den Abwehrmechanismen des Ich, das anstatt einen Trieb auszuleben, ihn verwandelt.

In der Alchemie wird *Sublimatio* ebenfalls im Sinne der Verwandlung oder Erhöhung gebraucht. Eine niedere Substanz (Blei) wird in eine andere, wertvollere oder hochgradigere (Gold) transformiert. Die Kunst der *Sublimatio* gebraucht derjenige, der aus der *prima materia* (erste Materie oder Urstoff) die *ultima materia* (vollendete Materie) wandeln will, wobei nicht vergessen werden darf, dass bereits am Anfang das Endresultat vorhanden ist.

Die *Sublimatio* ist dem alchemischen Element *Luft* zugeordnet. Das Motiv eines Aufstiegs, einer Überhöhung des eigenen Bereiches, die Symbole eines Berges, einer Leiter oder Turmes beispielsweise, entsprechen der *Sublimatio*. Auch ein initiatischer Aufstieg zu einem höheren Bewusstsein kann als *Sublimatio* bezeichnet werden.

Wie drückt sich dies in der Zauberflöte aus? Indem Tamino sein profanes und alltägliches Leben gegen ein „vernünftiges", das eines Initiierten eintauscht. Diese Sublimierung nimmt den gesamten zweiten Teil der Oper ein. Waren die ersten vier Stufen noch den vier alchemischen Elementen zuzuordnen, so werden die folgenden drei Stufen eine andere Qualität mit sich bringen. Die Trennung der Vier und der Drei.

5. Stufe: Mortificatio – Der Tod in der Oper

Der Tod spielt auch in der Zauberflötenwelt eine Rolle. Er ist permanent anwesend und weist symbolische Qualitäten auf. Seine tiefere Symbolik erschöpft sich nicht in der gewohnten Ansicht, der Tod sei das Ende des Lebens. Tod meint hier Umwandlung und Überwindung und stellt damit eine Stufe auf dem Weg zur Individuation dar.

Die Farbe Schwarz und der Planet Saturn, die Verwesung oder Fäulung (*Putreficatio*) werden symbolisch der *Mortificatio* oder Tötung zugeschrieben. Obschon jedes Element eigenständig für sich bestehen kann, ist der gemeinsame Nenner die Auflösung im Sinne eines endgültigen Schrittes, wofür der Tod steht. Es gibt alchemistische Abbildungen, in denen der alte König erschlagen und durch einen neuen ersetzt wird oder der Tod in Gestalt des „Sensenmannes" mit am Tisch sitzt, jemandem begegnet oder Krähen über Gräbern und Särgen kreisen.

Die Qualität des Todes im Sinne der *Mortificatio* ist auf Zerstörung und Vernichtung angelegt, verbunden mit dem Ziel der Wandlung bestehender Verhältnisse. *Mortificatio* ist die Voraussetzung der Wiedergeburt. Der Planet *Saturn*, als Symbol der *Mortificatio* offenbart damit seine zwei Gesichter. Saturn ist nicht nur Sinnbild von Vernichtung und Zerstörung, sondern ebenso ein Werkzeug für Veränderung. Saturn ist Gott des Ackerbaues und Symbol des Goldenen Zeitalters, der *Saturnia regna*. Nach seiner Entmachtung durch Zeus respektive Jupiter flieht er und lehrte den Einwohnern Latiums die Kunst des Ackerbaues. Aus seiner Destruktivität erwächst neue Kreativität.

Der alchemische Prozess legt großen Wert auf *Scheidung*, der dann ein Neuanfang im Sinne einer Neu-Vereinigung folgen kann. Deshalb liegt es nahe, der *Separatio* die *Mortificatio* voranzustellen. (*Partir, c'est mourir un peu*, Abschiednehmen ist ein bisschen wie sterben ...) Deshalb kann folgerichtig nach der 5. Stufe, der *Mortificatio*, eine *Separatio* erfolgen. Die im Akt der Tötung im Sinne des Absterbens abgespaltenen Inhalte werden in der *Separatio* bewusst. Ein letztes Lebewohl, eine drohende Selbsttötung, Trennung und Neuverbindung, all das gehört zur *Separatio*.

6. Stufe: Separatio – Trennung ist Bewusstwerdung

Trennung ist, wie bereits im Unterkapitel „Schweigen und Trennung" näher ausgeführt, möglich, wenn zuvor eine Verbindung bestanden hat. Der psychologische Sinn einer Trennung ist Bewusstwerdung des Eigenen und des Anderen. Bewusstsein kann nur über Differenzierung erreicht werden und sich von etwas differenzieren bedeutet, sich zu unterscheiden. Wenn ich mich von etwas unterscheide, dann werde ich mir allmählich meiner eigenen Persönlichkeit im Sinne meines Selbst im Individuationsprozess bewusst.

Individuation ist von Individualität zu unterschieden. Letzteres ist als Unteilbares (In-di-viduum = Un-teilbares) eine Nicht-Zweiheit und damit unbezogen. Eine neue Beziehung herzustellen und sich von alten Strukturen und Mustern zu lösen, ist gerade der Sinn der Unterscheidung im Sinne einer Separatio.

Die Zerlegung in einzelne Bestandteile ermöglicht gleichzeitig eine Neu-Zusammensetzung. Trennung kann nur aufgrund einer *Coniunctio* verstanden werden. Eine isolierte *Separatio* wäre ein Widerspruch in sich.

Die *Separatio* erlaubt die Erkenntnis und damit die Bewusstwerdung der Gegensätze. Gegensätze stellen aber kein unabänderliches Hindernis dar, zwischen denen eine imaginäre unüberwindliche Grenze verläuft. Gegensätze sind im Sinne der Bewusstwerdung notwendige Ergänzungen. *Altus* im Lateinischen bezeichnet ja beides: hoch *und* tief. Beide gehören zusammen ebenso wie gerade und ungerade, oben und unten, Einheit und Vielheit, Licht und Schatten oder gut und böse.

Der alchemische Prozess legt großen Wert auf Scheidung, setzt aber im nächsten Moment wieder auf Neu-Vereinigung. Tamino und Pamina trennen sich, um für immer zusammen zu kommen.

7. Stufe: Die Coniunctio – Hochzeit und Versöhnung

Die Nähe des Selbst zur *Coniunctio* als Vereinigung, Einheit und Versöhnung wird offensichtlich. In ihr sieht der Alchemist das eigentliche Ziel, das er mit symbolischen Ausdrücken belegt wie „Stein der Weisen", „Hochzeit" als Versöhnung der Gegensätze oder auch „Liebe" als Auslöser und Verbinder ... Sie stehen für die *Coniunctio*.

Dieser Prozess, der sich auf den ersten Blick so einleuchtend darstellt, ist aber alles andere als eindeutig, besser gesagt: er ist wirklich *ein*-deutig und deshalb nicht fassbar, weil wir es nicht gelernt haben, etwas aus der Einheit heraus zu betrachten. Um etwas zu erkennen, bedürfen wir eines Gegenübers. Zur Bewusstwerdung bedarf es der Unterscheidung. Aber aus der Einheit der *Coniunctio* heraus gedacht, aus dem Selbst heraus gelebt, bedarf es einer anderen Sprache, um diese Einheit auch ausdrücken zu können. Die Symbolsprache kann es nur ansatzweise leisten.

Wenn eine Vereinigung der Gegensätze vor sich geht, wo bleiben dann die Eigenheiten der Gegensätze? Wie C.G. Jung immer wieder betont: *tertium non datur*, ein Drittes darf es nicht geben. Und doch sagt er auch, ist dieses Dritte das Selbst oder der *lapis philosophorum*, von dem die Alchemisten sagen, dass es kein *Stein* sei, trotzdem aber ein *Stein* genannt werden muss. Was ist es nun?

Sicherlich gibt es genügend Hinweise darauf, wie eine *Coniunctio* aussehen kann. Wir finden Symbole des Selbst, die sich relativ leicht zuordnen lassen. Die Gefahr besteht, dass man sich all zu schnell von einer symbolischen Sprache vereinnahmen lässt, ohne sie zu hinterfragen.

Gewiss drücken Tamino und Pamina am Ende der Oper „Einheit" aus, aber sie stehen auch für ein Rätsel und eine ungewisse Zukunft. Individuation ist nie abgeschlossen und auch ein strahlendes Königspaar kann in seinem Symbolgehalt nur eine Durchgangsstation auf dem Weg zur Unsterblichkeit sein, was als letztes und eigentliches Ziel der Zauberflöte ausgemacht werden kann. Gerade dieses Ziel in seiner paradoxen Art ist prädestiniert dafür, den Prozesscharakter der Oper zu unterstreichen.

Sicherlich ist die Oper eine Liebesgeschichte. Andererseits ist die Liebe hier Band und Auslöser für noch etwas ganz anderes.

Der Mythos der Zauberflöte liegt in seinem initiatischen Charakter, der sich anhand der sieben Stufen der Alchemie aufzeigen lässt. Doch der Sinn dahinter, muss wohl immer wieder neu geborgen und erlebt werden.

Schema für die sieben Stufen der Alchemie

Aufzug	Szene	Alchemischer Prozess Planet
1. Aufzug		
1. Bedrohung durch die Schlange Errettung durch die Drei Damen 2. Papageno tritt auf; Gespräch zwischen beiden: Ein Mensch und ein Fürst; Königin der Nacht wird erwähnt 3. Die Drei Damen nähern sich Papageno erhält für seine Lügen eine Strafe	1–3	**Calcinatio** (Pulverisierung) Venus
4. Tamino sieht das Bildnis der Pamina: „Dies Bildnis ist bezaubernd schön“ 5. Tamino erfährt von der Entführung Paminas; Sarastros Name wird genannt. 6. Die Königin der Nacht erscheint als leidende Mutter: Eheversprechen 7. Wirklichkeit oder Täuschung? 8. Tamino und Papageno werden auf die Rettung vorbereitet; Wider den Lügnern: „Lieb und Bruderbund“; Tamino erhält die Zauberflöte, Papageno das Glockenspiel, er soll Diener des Prinzen sein; die Drei Knaben weisen den Weg. **Szenenwechsel** 9. Pamina konnte fliehen 10. Die Sklaven unterhalten sich darüber 11. Sie kündigen Monstatos Erscheinen mit Pamina an; Monostatos will Pamina für sich gewinnen. 12. Papageno erscheint und sieht Pamina Monostatos und Papageno erschrecken voreinander	4–12	**Solutio** (Lösung) Mond

13. Pamina spricht im Geiste mit ihrer Mutter	13–19	**Coagulatio**
14. Papageno erzählt Pamina von ihrer Mutter und Tamino: „Mann und Weib reichen an die Gottheit heran“		(Verbin- dung)
15. Die Drei Knaben geben Tamino den Rat: „sei standhaft, duldsam und verschwiegen“ … kurz: „ein Mann“ zu sein; Tamino nähert sich dem Tempel und spricht mit einem Priester über Sarastro; er sieht seine Täuschung ein: „Wann wird das Dunkel schwinden“; durch „Freundschaft im Heiligtum“; Tamino als Orpheus		Merkur
16. Papageno und Pamina nähern sich		
17. Monostatos fängt sie wieder ein. Papageno lässt ihn „tanzen“		
18. Sarastro wird angekündigt, er erscheint von sechs Löwen oder Sklaven gezogen; Pamina bittet um Freilassung		
19. Monostatos erscheint mit Tamino. Monostatos soll als Strafe 77 Sohlenstreiche erhalten; Vorbereitung zur Prüfung.		

2. Aufzug

1. Im Weisheitstempel; Priester beraten sich; „Tugend, Verschwiegenheit, Wohltätigkeit“; „Er ist Mensch“; Sarastros Arie	1–6	**Sublimatio** (Erhöhung)
2. Nacht; Tamino und Papageno verschleiert; Beginn der Prüfung; Furcht überwinden.		Jupiter
3. Tamino, Papageno, Priester. „Freundschaft und Liebe“; Todesdrohung für Weisheit und Pamina; Prüfung: Kein Wort mit Pamina sprechen. „Bewahret euch vor Weibertücke“ (= Geschwätzigkeit, Intrige, Täuschung)		
4. Papageno und Tamino halten ein kurzes Zwiegespräch; „Licht und Geduld“		
5. Die Drei Damen erscheinen, um sie zu überreden; Prüfung des Gesprochenen; „Ein Weiser prüft…“ Versuchung folgt; die Drei Damen werden verjagt		
6. Priester erscheinen mit Fackeln; die Wanderung geht weiter		
7. Mondlicht; Monostatos betrachtet die schlafende Pamina	7–12	**Mortificatio**
8. Königin der Nacht erscheint bei Pamina. Sie erzählt, dass Tamino sich den Eingeweihten anschließen will. „Nun bist du auf ewig mir entrissen“; Königin der Nacht erzählt von Paminas Vater, ebenfalls ein Eingeweihter und vom siebenfachen Sonnenkreis; Pamina soll Sarastro töten; Königin der Nacht sinnt auf Rache und droht Pamina mit Verstoßung		(Tötung) Saturn
9. Morden will Pamina nicht		
10. Monostatos will Pamina zum Mord überreden		
11. Monostatos will Pamina erdolchen; Sarastro hält ihn zurück und verstößt ihn		
12. Sarastro will sich an der Königin der Nacht rächen; „In diesen heil’gen Hallen“		

13. Tamino und Papageno: Schweigegebot	13–27	**Separatio**
14. Tamino und Papageno üben sich im Schweigen		(Trennung)
15. Papageno trifft auf seine Papagena als alte Frau und trennt sich wieder von ihr		Mars
16. Die Drei Knaben bringen Essen, Flöte und Glockenspiel		
17. Tamino spielt Flöte; Pamina erscheint; Tamino und Papageno schweigen; Tamino schickt Pamina fort, sie ist bestürzt über die Trennung		
18. Tamino und Pamina; Tamino schweigt		
19. Papageno spricht		
20. Priester: Die Nacht ist durch die Sonne vertrieben		
21. Tamino: Männliches und gelassenes Betragen; wird als weiser Fürst regieren; Pamina in einem Sack hereingeführt zum Letzten Lebewohl; Pamina und Tamino singen; Pamina muss fort		
22. Papageno alleine; seine Initiation wird hier enden		
23. Man kümmert sich um Papageno		
24. Papageno erhält seine Papagena		
25. Papageno wird von den Priestern weggeführt Papageno muss sich von Papagena trennen		
26. Garten; die Drei Knaben beobachten Pamina, die sich erdolchen will		
27. Die Drei Knaben bewahren Pamina vor dem Selbstmord: „Mutter durch dich leide ich und dein Fluch verfolgt mich"; Trennung von der Mutter		
28. Initiation: „wird rein durch Feuer, Wasser, Luft und Erden … Todes Schrecken überwinden … Erleuchtet … sich den Mysterien der Isis weih'n"; Wasserfall; Taminos Initiation beginnt; Die Geharnischten bereiten ihn vor; Pamina wird mit eingeweiht Pamina führt Tamino; Tamino spielt Flöte; „Wir wandeln durch des Tones Macht froh durch den Todes düstre Nacht!"; Feuergeprassel und Windgeheul; Donner und Wassergeräusch; 1. Prüfung: Feuer; 2. Prüfung Wasser; Tempel öffnet sich; Isis-Weihe: „Triumph …"	28–30	**Coniunctio** (Vereini-gung) Sonne
29. Papageno will sich erhängen; Die Drei Knaben halten ihn zurück; „Ich Narr vergaß der Zauberdinge"; Papagena erscheint;		
30. Monostatos, Königin der Nacht, Drei Damen: Verschwörung im Tempel; Sarastro: „Die Strahlen der Sonne vertreiben die Nacht"; Verschwörer stürzen in die ewige Nacht;		

Tamino	Schlange	Orpheus	Osiris	Individuation	Gegensätze	3 Stufen d. Alchemie
Getrennt von der Heimat	Zerstückelung	Zerstückelung	Zerstückelung	Persona	Mond	Nigredo
Ohnmacht	Tod	Tod–Kopf lebendig	Wiedergeburt	Schatten		
Initiation	Unsterblichkeit	Unsterblichkeit	Unsterblichkeit	Anima	Sonne	Rubedo
Regent	Uroboros	Sänger Gott	Gott	Selbst		Albedo
wird „geerdet“	Erde / chtonisch	Unterwelt	Unterwelt			
Tamino und Pamina	Paradies / Christus	Orpheus und Eurydike	Isis und Osiris			

Anmerkungen zu Anima /Animus

In meinem Buch sind nicht alle Facetten der Anima/Animus-Problematik identifizierbar. Dennoch bleibt dies ein wesentliches Thema für die archetypische Deutung, denn die Begriffe Anima und Animus haben in den letzten Jahren für Missverständnisse gesorgt. Es ist abzusehen, wann der „Schatten“ „Der alte Weise“ oder „Die Große Mutter“ in den Blick einer eben solch kontroversen Diskussion geraten.

Im Folgenden referiere ich deshalb kurz wesentliche Punkte zur Anima/Animus-Debatte im Bewusstsein, auf dass sie einen Eindruck von der Komplexität des Themas bieten, auch um letztlich darzulegen, dass Individuation ein Prozess ist.

Eine kritische Würdigung des Begriffspaares Anima/Animus erfolgte jüngst durch Christian Roesler in seinem Buch *Das Archetpyenkonzept C. G. Jungs* (2016). Zum einen hebt Roesler hervor, dass „allein schon die Behauptung der Tatsache, dass jeder Mensch in sich auch gegengeschlechtliche psychische Anteile trägt, ein epochaler Beitrag Jungs zur Psychologie“ (36) sei. Er weist aber auch darauf hin, dass das Postulat Jungs, dass „die Anima beim Mann seine Emotionalität bzw. präziser seine Einstellung zum eigenen Gefühlsleben ausdrückt, während der Animus bei der Frau das geistige Prinzip darstellt bzw. ihre generelle Einstellung und Zugänglichkeit zu geistigen Inhalte und Qualitäten“ (37) problematisch sei. Denn dies würde bedeuten, dass „dem Mann grundsätzlich Gefühle nicht per se zu eigen, sondern etwas fremdes sind, während für die Frau dasselbe mit dem Geistigen der Fall sein sollte“ (37). Roesler nimmt an, dass Jung den Zeitgeist spiegelt und „nicht wirklich reflektiert“ habe (37; vgl. 40). Im Grunde wird C. G. Jung Sexismus zw. Chauvinismus vorgeworfen (40). Dazu kommt, dass seit einigen Jahrzehnten der Versuch unternommen wird, beides, Anima und Animus, in der Frau bzw. im Mann nachzuweisen. Basis dabei ist, wie Verena Kast in ihrem Buch *Die Dynamik der Symbole* betont, die Anziehungskraft und numinose Wertigkeit von Anima und Animus:

Da Animus und Anima Archetypen sind, haben sie Wirkung auf das Bewußtsein, die üblicherweise mit archetypischen Bildern verbunden sind: Sie wirken zwingend, numinos, es umgibt sie oft eine Atmosphäre von Geheimnis, Unbedingtheit, letzter emotionaler Konsequenz. Von Animus und Anima kann man also nur sprechen, wenn dieses emotionale Erlebnis mit den inneren Bildern oder in der Projektion auf Menschen vorfindbar ist (244f).

James Hillmann führt dazu aus: „Das Weibliche und Leben sind [...] für Männer und Frauen gleich wichtig.“ Und Daniela Heisig schreibt: „Wie Hillman hervorhebt, ist der Archetyp des Weiblichen vielleicht selbst gar nicht weiblich. Er äußert sich zwar in weiblicher Form, als weibliches Bild, meint aber von der archetypischen Bedeutung her Seele, Leben, weibliches Prinzip. In dieser angesprochenen Strukturkomponente ist der Archetyp nicht weiblich. Hillmans Fazit: Dann muß ein solcher Archetyp auch in der Frau angelegt sein.“ (*Die Anima. Der Archetyp des Lebendigen.*)

Verena Kast hat mindestens seit 1979 in ihren Schriften darauf hingewiesen, dass – wie Daniela Heisig schreibt – „sich die Anima nicht nur beim Mann, sondern auch in der Bilderwelt der Frau finden läßt, also – dies gilt gleichermaßen für den Animus – geschlechtsunspezifisch ist. Anima und Animus sind Archetypen, die von Mann und Frau erlebt werden können“ (Daniela Heisig in: *Die Anima. Der Archetyp des Lebendigen.*) Damit geht die Forschung über die Theorie Jungs hinaus, die auch die Begriffe Anima/Animus in Frage stellt.

Christian Roesler greift Alternativbegriffe der Forschung auf, die die konkrete Verknüpfung mit Frau/Mann relativieren bzw. aufheben. Die Lösung läge darin, „Anima und Animus als Strukturen zu betrachten, die bei beiden Geschlechtern in gleicher Weise vorhanden sind und zu entwickeln sind" (40). Der Vorteil wäre zudem eine präzisere Klassifizierung und Fassung der Begriffe (40).[1]

Bedeutet dies letztlich, dass die Inhaltsebene von Anima/Animus unberührt bleiben? Heißt das, dass es lediglich um Begrifflichkeiten geht, die Vorurteile bedingen? Anders ausgedrückt: Signifikanten werden einem anderen neutraleren Signifikat zugeordnet? Die Lösung, dass die Anima „die spezifische Gesamtheit aller bewussten und unbewussten Aspekte des weiblichen Prinzips im Mann, der Animus die spezifische Gesamtheit aller bewussten und unbewussten Aspekte des männlichen Prinzips in der Frau" (40f) ausdrücke, kann nicht darüber hinwegtäuschen, dass wir es mit einer immer noch eigentümlichen Dichotomie des Weiblich/Männlichen zu tun haben und damit lediglich in die Gefahr geraten, den Signifikaten anders zu benennen. Mir bleibt es auch unverständlich, wie angenommen werden kann, dass Sätze von C.G. Jung wie die folgenden über Anima bzw. Animus wörtlich und auf reale Personen bezogen aufgefasst werden können oder gar müssen:

> Nach außen gewandt ist die Anima wetterwendisch, maßlos, launenhaft, unbeherrscht, emotional, manchmal dämonisch intuitiv, rücksichtslos, ruchlos, lügnerisch, gleisnerisch und mystisch, der Animus dagegen starr, prinzipienhaft, gesetzgeberisch, lehrhaft, weltverbessernd, theoretisch, in Wörtern verfangen, streit- und herrschsüchtig. Beide haben schlechten Geschmack: Die Anima umgibt sich mit minderwertigen Subjekten, und der Animus fällt auf minderwertiges Denken herein.[2]

Es ist schwer einzusehen, dass C.G. Jung unterstellt werden muss, dass er eine reale Frau, einen realen Mann vorbildhaft gesehen habe. Mit scheint es sinnvoller zu vermuten, dass sich Jung der Analogie, Allegorie bzw. Metapher im Umgang mit den diagnostizierten At-

1 Zu diesem Prozess vgl. neben den genannten Büchern – ohne Anspruch auf Vollständigkeit – auch Emma Jung: *Ein Beitrag zum Problem des Animus;* Marie-Louise von Franz: *Die Katze*; Dieselbe: *Die Erlösung des Weiblichen;* Verena Kast: *Vater-Töchter. Mutter-Söhne*; Dieselbe: *Mann und Frau im Märchen*; Und noch: Andrew Samuels: *Jung und seine Nachfolger.*

2 C.G. Jung, *GW* Band 9/2, 223.

tributen bediente. Umso befremdlicher wird es, wenn obige Sätze zitiert werden und von Kritikern gefordert wird, mit Anima nicht „die“ Frau, mit Animus nicht „den“ Mann zu meinen. Was anderes kann denn sonst gemeint sein als das? Selbstverständlich kann nicht *die* Frau und *der* Mann gemeint sein. Was für eine absurde Betrachtung. Das würde ja bedeuten, dass Jung seine Mitarbeiterinnen und Patientinnen sowie seine Mitarbeiter und Patienten auf funktionale Begrifflichkeit reduziert habe.[3] Das kritische Moment ergibt sich eher aus dem Kontext. Die angeführten Attribute sind per definitionen projektionsgeladen und vorurteilsbehaftet. Doch darum geht es gerade im Prozess der Individuation, um die Bewusstwerdung von *Vor*-Urteilen und die Ablösung bzw. Rücknahme von Projektionen. Wer dabei die Trägersubstanz, das Medium ist, bleibt nachgeordnet!

Der einzige Vorwurf, den man C. G. Jung in diesem Zusammenhang machen kann ist, dass er sich einer bildhaften Sprache bediente, was er aber absichtsvoll tat, denn er *wollte* sprechende Namen.[4]

Irgendwie erinnert das an Kafkas „Von den Gleichnissen“, worin gesagt wird, dass man entweder das eine oder das andere verliere:

> Darauf sagte einer: „Warum wehrt ihr euch? Würdet ihr den Gleichnissen folgen, dann wäret ihr selbst Gleichnisse geworden und damit schon der täglichen Mühe frei.“
> Ein anderer sagte: „Ich wette, daß auch das ein Gleichnis ist.“
> Der erste sagte: „Du hast gewonnen.“
> Der zweite sagte: „Aber leider nur im Gleichnis.“
> Der erste sagte: „Nein, in Wirklichkeit; im Gleichnis hast du verloren.“

Letztlich hat der *gewonnen*, der einsieht, dass er verloren hat oder anders gesagt, sobald das Gleichnis mit der Wirklichkeit verwechselt wird ... haben *wir* ein Problem!

---

3 Welch naive Einschätzung der Mitarbeiterinnen C. G. Jungs ... Und mehr noch: In welcher Weltsicht lebt jemand, der immer noch einem anderen unterstellt, er pflege in naiver Sorglosigkeit ein überholtes Frauenbild, wenn er Definitionen Jungs zitiere, ohne diese sofort kritisch zu kommentieren? Auch Kritik kann übertrieben werden und Dekonstruktion – so sie nicht mit Augenmaß betrieben – richtet sich letztlich an den, der dekonstruiert. (Bei einer solchen Auffassung von Jungscher Weltsicht fragt man sich, welche Naivität größer ist, die des Kritikers oder die des Kritikers [sic!].)

4 Sinnvoller für die heutige Auflassung wäre es möglicherweise, anstatt von Anima/Animus von einer „diskursiv-dialektischen Erwartung im Antlitz des Anderen“ zu sprechen. Aber wie will man das abkürzen? DDEAA? Oder genauer +/-DDEAA?

Inhaltsangabe der Zauberflöte

Eine felsige Gegend. Vereinzelt finden sich Bäume und auf beiden Seiten sind Berge und ein runder Tempel zu sehen. Tamino, in ein prächtiges japanisches Jagdgewand gekleidet, flieht vor einer herannahenden Schlange. Er hält einen Bogen in der Hand, hat aber keine Pfeile mehr. Tamino kommt – vom Zuschauer aus gesehen – von rechts. Er ist verzweifelt und ohne Ausweg. Er wird ohnmächtig. Im selben Moment nähern sich drei Damen vom nahen Tempel und töten die Schlange mit ihren Speeren.

Während Tamino ohnmächtig daliegt, streiten sich die Drei Damen um den schönen Jüngling und darum, wer die Botschaft seiner Ankunft an die Fürstin überbringen soll und wer beim Jüngling wachen darf. Ihre Lösung ist pragmatisch: Sie lassen Tamino alleine zurück und eilen zusammen in den Tempel.

Tamino erwacht. Es folgt Papagenos Auftritt. Dieser kommt auf einem Fußweg die Felsen herunter, hat eine Vogelsteige mit Vögeln auf dem Rücken, pfeift ab und an auf seiner kleinen Flöte und singt. Aus Papagenos Arie erfahren wir, dass er ein weithin bekannter, lustiger, heiterer aber auch erfahrener und erfolgreicher Vogelfänger ist. Doch statt Vögel würde er lieber Mädchen einfangen und sich die passende aussuchen. Ihr würde er Zucker geben und beide wären dann Mann und Frau.

Papagenos naive Art lässt ihn als Naturburschen im Sinne von Jean-Jacques Rousseau erscheinen. Das sich anschließende Gespräch zwischen ihm und Tamino ist nicht ohne Witz. Papageno gibt sich geschäftstüchtig aber auch bauernschlau und naseweis.

Papagenos Aufgabe ist es, der Königin der Nacht Vögel zu bringen und sie gegen Zuckerbrot, Wein und süße Feigen zu tauschen. Er haust in einer Hütte, die ihn gegen Regen und Kälte schützt und seine Mutter hatte im Tempel der Königin der Nacht gedient. Über seinen Vater wissen wir nichts. Tamino spricht Papageno an und fragt ihn, wer er sei. Dieser antwortet, er sei ein Mensch und fragt Tamino nun gleichermaßen zurück. Er sei ein Prinz und aus fürstlichem Geblüte. Papageno wird gewahr, dass es auch außerhalb dieses Landes weitere Länder gibt und sein Geschäftssinn erwacht.

Das Gespräch kommt auf die Königin der Nacht, jene Sternenflammenden Königin oder Göttin der Nacht. Tamino erinnert sich, dass sein Vater ihm über diese immer wieder erzählt habe. Papageno meint, dass niemand sie jemals zu Gesicht bekam.

Sie bemerken die tote Schlange. Papageno gibt an, sie erdrosselt zu haben. In dem Moment erscheinen die Drei Damen, händigen Papageno Wasser und einen Stein aus und verschließen seinen Mund mit einem Vorhängeschloss, weil er gelogen hatte. Sie teilen Tamino mit, dass sie ihn vor der Schlange gerettet haben und zeigen ihm das Medaillon Paminas. Falls er sich in sie verliebe, stellen sie ihm Glück, Ehre und Ruhm in Aussicht. Es gelingt. „Ich fühl‘ es, wie dies Götterbild / Mein Herz mit neuer Regung füllt.“ Seine Liebe erwacht und auch seine Lebensgeister kehren zurück.

Tamino erfährt, dass ein böser Dämon Pamina entführt habe. Es donnert und die Königin der Nacht erscheint. Sie gibt sich als unschuldig liebende und leidende Mutter und verspricht Tamino ihre Tochter Pamina, wenn er sie zurückbringt. Dann entschwindet sie ebenso plötzlich wie sie erschienen war.

Tamino entschließt sich, Pamina zu befreien. Papageno wird das Schloss abgenommen unter der Auflage, nicht mehr zu lügen. Tamino wird der Name des Entführers genannt: Sarastro. Er erhält eine Zauberflöte mit der wundersamen Eigenschaft, die Leidenschaften der Menschen zu verwandeln: „Der Traurige wird freudig sein, / Den Hagestolz nimmt Liebe ein.“ Papageno erhält er als seinen Gefährten zugeteilt und dieser erhält zu seinem Schutz ein silbernes Glockenspiel. Drei Knaben schweben einher, um Tamino und Papageno zu Sarastros Burg zu führen. Auf dem Weg dorthin werden die beiden getrennt. Papageno meint später zu Pamina, dass sie hätten keine Knaben gesehen und der Prinz habe ihn vorausgeschickt.

Papageno trifft genau in dem Moment bei Pamina ein, als sie einen Fluchtversuch unternommen und von Monostatos, dem „alles belauschenden Mohr“, wieder eingefangen wurde. Monostatos wollte sie anscheinend vergewaltigen aber als Pamina Sarastros Namen rief, blieb Monostatos „stumm und unbeweglich stehen“ und Pamina nutzte die Gelegenheit zur Flucht.

Monostatos bringt die Ausreißerin zurück. Er und Papageno begegnen sich, erschrecken voreinander und fliehen. Monostatos hält Papageno für den Teufel. Papageno kommt gleich wieder zurück mit der Bemerkung: „Es gibt ja schwarze Vögel in der Welt, warum denn nicht auch schwarze Menschen?"

Pamina ruft verzweifelt ihre Mutter um Hilfe an. Papageno erzählt Pamina, dass Tamino und er geschickt wurden, sie zu retten. Anscheinend kennen sich beide nicht, obwohl Papageno schon jahrelang Vögel in den Palast lieferte.

Er erzählt von der Liebe Taminos zu ihr. Pamina ist davon, dass sie von einem Fremden geliebt wird, beeindruckt: „Liebe? Freudig. Er liebt mich also? O sage mir das noch ein Mahl, ich höre das Wort Liebe gar zu gerne." Weil er sie liebt, muss er auch ein gutes Herz haben. Pamina berichtet, dass Sarastro um die Mittagszeit von der Jagd kommen würde.

Papageno und Tamina singen ein Duett über die Liebe mit den Zeilen: „Ihr hoher Zweck zeigt deutlich an, / Nichts edleres sei, als Weib und Mann. / Mann und Weib, und Weib und Mann, / Reichen an die Götter an." Sind Frau und Mann durch Liebe Verbundene, reichen sie sogar an die Göttersphäre heran.

Papageno hatte im Gespräch mit Pamina geschwindelt,[5] denn Tamino sieht die Drei Knaben sehr wohl und sie führen ihn zu Sarastros Hain, wobei jeder von ihnen einen „silbernen Palmzweig" in der Hand hält. Sie geben Tamino den Rat „männlich", das bedeutet: „standhaft, duldsam, und verschwiegen" zu sein. Wenn er ein Mann sei, könne er Pamina retten.

Tamino steht vor drei Tempeln, dem der Weisheit in der Mitte und den Tempeln der Vernunft und der Natur an den Seiten. Er mutmaßt, ob hier wohl der Sitz der Götter sei, denn die Säulen der Tempel zeigen an, dass Klugheit, Arbeit und Künste hier zu Hause sind. Es ergeben sich folgende Attribute, die in dieser Szene genannt werden:

Standhaftigkeit	Duldsamkeit	Verschwiegenheit
Vernunft	Weisheit	Natur
Arbeit	Klugheit	Künste

Das sind die Charaktereigenschaften, die es für diese „heiligen Hallen" vorzuweisen gilt. Tamino, dessen Naivität zwar sympathisch,

5 Friedrich Dieckmann gibt in seiner Geschichte „Orpheus eingeweiht" die nicht unoriginelle Erklärung, Schikaneder habe dies so arrangiert, um als Papageno ein Duett mit Pamina singen zu können, um eben selbst zu glänzen.

seine unüberlegte Handlungsweise aber ebenso leichtsinnig wie gefährlich ist, wagt sich zu den Tempeln, um von Sarastro die Herausgabe Paminas zu fordern. Er öffnet die Tempeltür zu seiner Rechten und dann zur Linken, wagt aber nicht einzutreten, weil ihn eine Stimme anfährt, er solle zurückbleiben.

Ein alter Priester stellt sich ihm im Tempel der Weisheit in den Weg und fragt, was er hier suche, worauf Tamino antwortet: „Der Liebe und Tugend Eigentum." Während Tamino mit seinen Worten die Absicht kundtut, Pamina zu befreien, sieht der Priester darin eine verborgene Wahrheit, erkennt aber auch, dass Tamino sich von Täuschung und Vorurteil leiten lässt.

Tamino ist enttäuscht und wittert Betrug, als er erkennen muss, dass gerade Sarastro in einem Weisheitstempel gebietet. Doch der Priester fragt ihn nach Beweisen für seine Anschuldigungen, die Tamino ungeprüft aus dem Munde der Königin der Nacht übernommen hat. („Ist das, was du gesagt, erwiesen?") Die Entführung wird bestätigt, doch die Gründe dafür werden erst offengelegt, wenn Tamino in friedlicher und freundschaftlicher Absicht ins Heiligtum zum „ew'gen Bund" kommen würde.

Tamino muss in den Bund Sarastros aufgenommen werden, um zu durchschauen, was geschieht und warum. Seine verzweifelten Worte: „O ewige Nacht! Wann wirst du schwinden? / Wann wird das Licht mein Auge finden?" enthalten aber bereits die Lösung für sein Problem: Unwissenheit, Dunkelheit und Leichtgläubigkeit. Ihrer muss er sich entledigen. Stimmen aus dem Tempel bestätigen ihm, dass Pamina noch lebt. Tamino spielt auf der Flöte. Wie einst bei Orpheus gesellen sich ihm friedlich die wilden Tiere zu.

Dann hört er Papagenos Flöte und sie treffen einander wieder. Monostatos entdeckt beide und will sie gefangen nehmen, doch Papageno bringt ihn mit dem Glockenspiel zum Singen und Tanzen. Monstatos und seine Sklaven entfernen sich.

Sarastros Erscheinen wird angekündigt. Er kommt mit seinem Gefolge, auf einem Triumphwagen sitzend, der von sechs Löwen gezogen wird. Der Chor bestätigt, dass Sarastro ein anerkannter, beliebter und weiser Herrscher sei: „Es lebe Sarastro! Sarastro soll leben! / Er ist es, dem wir uns mit Freuden ergeben! / Stets mög er des Lebens als Weiser sich freuen! / Er ist unser Abgott, dem alle sich weihen." Sarastro hört Pamina an und verspricht ihr keinen

Zwang auszuüben, will ihr aber die Freiheit nicht zurückgeben. Dazu spricht er die rätselhaften Worte: „Du liebest einen andern sehr. / Zur Liebe will ich dich nicht zwingen, / Doch geb ich dir die Freiheit nicht."

Sarastro hat Pamina aus dem Dunstkreis der Mutter entführt, um sie vor ihr zu schützen und um sie der männlichen Führung anzuvertrauen. Die Königin der Nacht wäre durch ihren Stolz nicht fähig, sich unterzuordnen. Sie sei zwar ihre Mutter aber auch eine stolze Frau. „Ein Mann muss eure Herzen leiten, / Denn ohne ihn pflegt jedes Weib / Aus ihrem Wirkungskreis zu schreiten." Hier spielt Sarastro darauf an, dass Paminas Vater und Ehemann der Königin der Nacht vor seinem Tode die Herrschaft über das Land ihm anvertraut hatte und Frau und Tochter in seine Obhut gab. Die Königin der Nacht sollte unter Sarastros Einfluss und Herrschaft leben, was sie jedoch ablehnte.

Durch Monostatos Vermittlung sehen sich Pamina und Tamino zum ersten Male. Sie fallen einander in die Arme, werden aber von Monostatos getrennt. Sarastro erkennt das doppelte Spiel seines Untergebenen und verurteilt ihn zu siebenundsiebzig Stockschlägen. Wie wir später erfahren, wird die Strafe nicht ausgeführt. Sarastro zeigt so seine Unbestechlichkeit und seinen Gerechtigkeitssinn aber auch seine Entschlossenheit zu strafen und zu richten. Er ordnet an, dass Tamino und Papageno verschleiert in den Prüfungstempel geführt werden. Zuerst müssen sie „gereinigt", also geprüft und von ihren Vorurteilen befreit werden. Papageno und Tamino sollen in die Bruderschaft Sarastros und in den Tempel der Weisheit initiiert werden. Ihre Bereitschaft dazu haben sie, wenn auch nur indirekt, dadurch bekundet, dass sie hier sind und Pamina befreien wollen. Sarastro geht mit Pamina ab, Papageno und Tamino folgen den Priestern. – Damit endet der erste Aufzug.

Der zweite beginnt ebenso feierlich wie der erste geendet hatte. Die Priester und Sarastro ziehen ein und in einer Regieanweisung dazu heißt es: „Das Theater ist ein Palmwald; alle Bäume sind silberartig, die Blätter von Gold. 18 Sitze von Blättern; auf einem jeden Sitze steht eine Pyramide, und ein großes schwarzes Horn mit Gold gefasst. In der Mitte ist die größte Pyramide, auch die größten Bäume. Sarastro nebst andern Priestern kommen in feierlichen Schritten, jeder mit einem Palmzweige in der Hand."

Die Üppigkeit der Szene – Silber und Gold, Pyramiden und Palmenzweige als Ausdruck der Macht – zeigt den Herrschaftsbereich Sarastros. Dieser spricht zu den versammelten Priestern und wirbt um Aufnahme Taminos: „Ihr, in dem Weisheitstempel eingeweihten Diener der großen Götter Osiris und Isis! – Mit reiner Seele erkläre ich euch, dass unsre heutige Versammlung eine der wichtigsten unsrer Zeit ist. – Tamino, ein Königssohn, 20 Jahre seines Alters, wandelt an der nördlichen Pforte unsers Tempels, und seufzt mit tugendvollem Herzen nach einem Gegenstande, den wir alle mit Mühe und Fleiß erringen müssen. – Kurz, dieser Jüngling will seinen nächtlichen Schleyer von sich reißen, und ins Heiligtum des größten Lichtes blicken. – Diesen Tugendhaften zu bewachen, ihm freundschaftlich die Hand zu bieten, sei heute eine unsrer wichtigsten Pflichten."

Dadurch legt er das Anliegen und den Grund dar, in die Mysterien eingeweiht zu werden, eben um den Schleier der Unwissenheit zu lüften und das größte Licht des Heiligtums, also die ewige Wahrheit, zu erblicken und gewahr zu werden. Sarastro will Tamino in die höchsten Mysterien der Isis und des Osiris aufnehmen. Die Priester fragen nach, ob er Tugend, Verschwiegenheit und Wohltätigkeit besitze, was Sarastro bestätigt. Die Priester geben ihre Zustimmung.

Sarastro führt weiter aus, dass Pamina dem Tamino von den Göttern her bestimmt sei. Das sei auch der Grund, dass Pamina entführt wurde, um Tamino zugeführt zu werden. „Das Weib dünkt sich groß zu sein; hofft durch Blendwerk und Aberglauben das Volk zu berücken, und unsern festen Tempelbau zu zerstören." Die Königin der Nacht ist für Sarastro Inbegriff der Verblendung, des Aberglaubens und des Stolzes im Sinne der Unfähigkeit, sich unter- und einzuordnen und den Ratschluss der Götter anzuerkennen.

Die Priester zweifeln, ob Tamino als Prinz überhaupt fähig ist, die Prüfungen zu bestehen. Sarastro hält dagegen, dass er nicht nur ein Prinz sei, sondern auch ein Mensch (Papageno gab Tamino die nämliche Antwort auf die Frage wer er denn sei). Tamino und Papageno werden in den Vorhof des Tempels geführt, um dort die ersten Belehrungen zu erhalten. In Sarastros anschließender Arie besingt er Weisheit, Geduld und Tugend, vor allem Geduld im Angesicht von Gefahr. Sollten die zu Initiierenden jedoch scheitern, so wird darum gebeten, dass sie bei den Göttern ihren Wohnsitz nehmen können.

Es ist mittlerweile Nacht geworden und Tamino und Papageno werden in den Vorhof des Tempels geführt. Ihnen wird der Schleier abgenommen. Sie bleiben alleine. Es donnert.

Priester kommen mit Fackeln und fragen nach ihrem Begehr. Tamino antwortet: „Freundschaft und Liebe." Er bekräftigt, dass ihn der Tod nicht schrecken würde. Er bestätigt seine Bereitschaft, sich den Prüfungen zu unterziehen mit den Worten: „Weisheitslehre sei mein Sieg; Pamina, das holde Mädchen mein Lohn."

Im Gegensatz dazu tut sich Papageno nicht leicht mit seinen Entscheidungen. Erst die Aussicht eine Gefährtin zu erhalten, kann ihn umstimmen. Beiden wird es aufgegeben zu schweigen. Tamino wird Pamina sehen, darf sie aber nicht ansprechen. Das Schweigen ist ein „heilsames Schweigen", weil es Tamino von seiner naiven, leichtsinnigen und vorschnellen Lebensart kurieren soll. Tamino muss damit seine Standhaftigkeit und Entschlossenheit unter Beweis stellen.

Dann folgt die eigenartige Warnung: „Bewahret euch vor Weibertücken: / Dies ist des Bundes erste Pflicht! / Manch weiser Mann ließ sich berücken, / Er fehlte, und versah sichs nicht. / Verlassen sah er sich am Ende, / Vergolten seine Treu mit Hohn! / Vergebens rang er seine Hände, / Tod und Verzweiflung war sein Lohn." Die erste und wohl wichtigste Pflicht sei es, die Machenschaften der Frau zu durchschauen und diesen zu misstrauen, ansonsten wäre Mann (!) verloren.

Unverhofft erscheinen die Drei Damen und prophezeien beiden den Tod. Tamino bleibt standhaft. Sie erzählen, dass die Königin der Nacht hier sei, erinnern ihn an das ihr gegebene Versprechen, Pamina zu befreien und zurückzubringen. Tamino hat sich verändert und schenkt den Worten der Drei Damen keinen Glauben: „Von festem Geiste ist ein Mann, / Er denket, was er sprechen kann." Die Drei Damen haben keine Möglichkeit, ihn zu beeinflussen.

Die Priester kommen und verjagen sie. Sie loben Tamino wegen seiner Standhaftigkeit und verkünden, dass er die Vorprüfung bestanden habe und weiterschreiten könne. Er wird in einen Sack, als Ausdruck der Bescheidenheit und der Genügsamkeit, Anspruchslosigkeit und Duldsamkeit gekleidet. Papageno zögert, folgt den Priestern aber doch.

Die Szene wandelt sich. Man sieht die schlafende Pamina und Monostatos sich zu ihr hinschleichen. Er will sie küssen. Er klagt dem Mond gegenüber seine Einsamkeit und sein Begehr: „Lieber, guter Mond – vergebe / Eine Weiße nahm mich ein! – / Weiß ist schön! – ich muss sie küssen; / Mond! verstecke dich dazu! – / Sollt es dich zu seh'n verdrießen, / O so mach die Augen zu." Doch ehe er zur Tat schreiten kann, erscheint die Königin der Nacht und gebietet ihm Einhalt.

Sie erfährt von ihrer Tochter, dass Tamino sich Welt und Menschen entzogen habe, um ein Eingeweihter zu werden. Darauf antwortet sie rätselhaft: „Unglückliche Tochter, nun bist du auf ewig mir entrissen." Pamina bleibt dies unverständlich und sie befiehlt sich unter ihren Schutz. Die Königin der Nacht erklärt ihr aber, dass sie die Macht durch den Tod ihres Vaters in Gestalt des „siebenfachen Sonnenkreis" verloren habe. Dieser übergab den Eingeweihten die Herrschaft.

Pamina, die Sarastro für tugendhaft hält, ist bereit, sich ihm zu überantworten, doch für ihre Mutter ist das unmöglich. Sie gibt ihr einen Dolch mit dem sie den Sarastro töten solle. Die nachfolgende Arie offenbart die dunkle Seite der Königin der Nacht, die bereit ist, für ihr Machstreben ihre Tochter zu opfern: „Der Hölle Rache kocht in meinem Herzen, / Tod und Verzweiflung flammet um mich her! / Fühlt nicht durch dich Sarastro Todesschmerzen, / So bist du meine Tochter nimmermehr. / Verstoßen sei auf ewig und verlassen, / Zertrümmert alle Bande der Natur, / Wenn nicht durch dich Sarastro wird erblassen! / Hört Rache, – Götter! – Hört der Mutter Schwur." Die Königin der Nacht versinkt unter einem Donnerschlag,

Monostatos nimmt den Dolch an sich und bedroht Pamina. Doch Sarastro schreitet ein und rettet sie. Er stellt Pamina in Aussicht, ihre Mutter zu bestrafen und sie in ihr Reich zurückzuschicken: „In diesen heil'gen Hallen, / Kennt man die Rache nicht. – / Und ist ein Mensch gefallen; / Führt Liebe ihn zur Pflicht. / Dann wandelt er an Freundeshand, / Vergnügt und froh ins bess're Land." Und weiter: „In diesen heiligen Mauern / Wo Mensch den Menschen liebt, / Kann kein Verräter lauern, / Weil man dem Feind vergibt."

Liebe, Verständnis und Güte sind es, die letztlich obsiegen werden und deren Wert Sarastro preist. Nun wird endgültig offenbar, wer die „Böse" und wer der Gute" ist.

Die Szene wandelt sich und Tamino und Papageno werden ohne Säcke von den zwei Priestern in eine Halle geführt. Ihnen wird eingeschärft, unter allen Umständen zu schweigen. Papageno hat eine Unterhaltung mit Papagena, die ihm als altes Weib ein Glas Wasser reicht. Doch ehe sie ihren Namen nennen kann, donnert es und sie verschwindet.

Die Drei Knaben kommen im Auftrag Sarastros mit der Zauberflöte und dem silbernen Glockenspiel und ermuntern beide zum Essen und Trinken. Sie stellen in Aussicht, dass sich bei ihrer dritten Begegnung alles zum Guten gewandelt haben wird.

Tamino bläst die Flöte und wenig später erscheint Pamina. Sie spricht Tamino an, erhält aber keine Antwort. Sie ist verzweifelt. Tamino muss dann Papageno beinahe mit Gewalt in einen halbdunklen Raum zerren, in dem achtzehn Priester in Form eines Dreiecks zu je sechs Personen aufgestellt sind. Die Priester stellen das Ende der Prüfungen in Aussicht: „O Isis und Osiris, welche Wonne! / Die düstre Nacht verscheucht der Glanz der Sonne. / Bald fühlt der edle Jüngling neues Leben; / Bald ist er unserm Dienste ganz gegeben. / Sein Geist ist kühn, sein Herz ist rein, / Bald wird er unser würdig sein.“

Auch Sarastro ist mit dem Betragen Taminos, der männlich gehandelt habe und gelassen geblieben ist, zufrieden. Er stellt ihm in Aussicht, Pamina zu gewinnen und dann als weiser Fürst zu regieren.

Pamina wird hereingeführt und Sarastro täuscht sie mit den Worten, dass Tamino gekommen sei, um ihr ein letztes Lebewohl zu sagen. Obwohl Sarastro ein Wiedersehen verspricht, ist Pamina beunruhigt.

Tamino wird weggeführt. Papageno will ihm folgen, weicht aber vor einem Donnerschlag und dem Feuer, das aus der von ihm geöffneten Tür herausschlägt, zurück. Papageno bricht hier die Einweihung ab und wünscht sich nur ein Glas Wein. In seiner Arie bekräftigt er den Wunsch nach einem „Mädchen oder Weibchen“.

Papagena erscheint in Gestalt einer alten Frau. Papageno findet sich mit der Situation ab und willigt ein, sie zur Frau zu nehmen. Papagena verwandelt sich in eine junge Frau, die ihrem Papageno gleicht. Doch wird sie ihm von den Priestern wieder entrissen.

Die Drei Knaben erscheinen in einem Garten und verheißen eine glückliche Zukunft: „Bald prangt, den Morgen zu verkünden, / Die Sonn' auf goldner Bahn, – / Bald soll der finstre Irrwahn schwinden, / Bald siegt der weise Mann. – / O holde Ruhe, steig hernieder; / Kehr in der Menschen Herzen wieder; / Dann ist die Erd' ein Himmelreich, / Und Sterbliche den Göttern gleich."

Doch auch in diesem Garten will sich Pamina das Leben nehmen. Die Drei Knaben greifend rettend ein. Sie versprechen ihr, sie zu Tamino zu führen. Ihre Liebe zu Tamino ist so stark, dass es ihr dann gelingen wird, ihn bei seiner abschließenden Einweihung zu finden: „Zwei Herzen, die von Liebe brennen, / Kann Menschenohnmacht niemals trennen. / Verloren ist der Feinde Müh; / Die Götter selbst beschützen sie."

Währendessen bereitet sich Tamino auf die eigentliche Prüfung vor, die durch einen Wasserfall und einen feuerspeienden Berg dargestellt wird. Tamino muss die Elementenprobe bestehen, die aus den Elementen Feuer und Wasser besteht. Erde und Luft gehören zwar auch zu den Elementen, werden auch genannt, fehlen aber. Zwei Männer in Rüstung geleiten Tamino und lesen ihm den Text vor, der auf einer Pyramide zwischen dem Feuer- und dem Wasserberg geschrieben steht.

Sie belehren ihn, dass derjenige, der die Elementenprobe besteht, den Schrecken des Todes überwindet und er schwinge sich „aus der Erde Himmel an. – / Erleuchtet wird er dann im Stande sein, / Sich den Mysterien der Isis ganz zu weih'n." Tamino bestätigt, dass er zur Prüfung zugelassen werden will und den Tod nicht fürchte. In dem Moment erscheint Pamina.

Tamino wird es erlaubt, mit ihr zu sprechen. Ihr Erscheinen allein scheint Grund genug, auch sie in die Mysterien der Isis einzuweihen: „Froh Hand in Hand in Tempel geh'n. / Ein Weib, das Nacht und Tod nicht scheut, / Ist würdig, und wird eingeweiht."

Pamina gibt ihrem Tamino den Rat, nachdem sie ihn bei der Hand genommen hat, die Zauberflöte zu spielen, damit diese sie beschütze. Sie erzählt ihm, wie ihr Vater die Flöte aus einer tausendjährigen Eiche zur „Zauberstunde" und bei Blitz und Donner geschnitten habe: „Sie leite uns auf grauser Bahn. / Wir wandeln durch des Tones Macht / Froh durch des Todes düstre Nacht."

Pamina ist es, die die Prüfung auslegt und Tamino führt: „Wir wandelten durch Feuergluten, / Bekämpften mutig die Gefahr. / Dein Ton sei Schutz in Wasserfluten, / So wie er es im Feuer war." Die Feuerprobe ist bestanden. Die beiden Geharnischten bestätigen, dass beide durch Tod und Dunkelheit, durch Düsternis und Finsternis gewandelt sind.

Es folgt die Wasserprobe, die sie ebenfalls bestehen, wiederum vom Klang der Zauberflöte unterstützt. Ihnen wird versichert, die Weihe der Isis erhalten zu haben.

Unterdessen will sich Papageno erhängen, weil er seine Papagena verloren hat. Er wird von den Drei Knaben gerettet und spielt das Glockenspiel, wodurch Papagena herbeigerufen wird. Beide sind vereint.

Die Szene wandelt sich. Es ist Nacht in einer Felsengegend. Die Königin der Nacht, die Drei Damen und Monstatos nähern sich, um Rache zu üben. Die Königin der Nacht verspricht Monostatos die Hand Paminas.

Donner, Blitz und Sturm verwandeln die Szene und lassen alle im hellen Sonnenlicht stehen: Sarastro, Pamina und Tamino, letztere in priesterlicher Kleidung, die Priester und die Drei Knaben. Das Komplott ist aufgeflogen und die Macht der Königin der Nacht zerstört. Die Eindringlinge versinken in der „ewigen Nacht." Und: „Die Strahlen der Sonne vertreiben die Nacht, / Zernichten der Heuchler erschlichene Macht."

Die Einweihung in die Mysterien brachte Pamina und Tamino aus dem Einflussbereich der Nacht zum Licht. Schönheit und Weisheit wurden dadurch von ihnen errungen. All dies unter dem Schutz von Isis und Osiris: „Heil sei euch Geweihten! Ihr drangt durch die Nacht, / Dank sei dir, Osiris und Isis, gebracht! / Es siegte die Stärke, und krönet zum Lohn / Die Schönheit und Weisheit mit ewiger Kron'."

Durch die erfolgreiche Initiation werden Tamino und Pamina die Nachfolge Sarastros antreten und gemeinsam werden sie herrschen, der in die Mysterien eingeweihte Prinz und Pamina, die Tochter der Königin der Nacht.

∞

Danksagung

Der C. G. Jung Gesellschaft in Basel, Köln, München und Stuttgart möchte ich zuerst Danke sagen für die Möglichkeit, dort Seminare zur *Zauberflöte* geben zu dürfen. Danke an Thomas Hakl (Graz) für die großzügige Erlaubnis, seine Bibliothek zu nutzen. Seine selbstlose Art ist für mich Ansporn und Inspiration zugleich.

Bei Elisabeth Staehelin (Basel) möchte ich mich dafür bedanken, dass sie mir die Erlaubnis gab, großzügig aus Ihrem Aufsatz über den Sethos-Roman, den sie in der Zeitschrift *Gnostika* veröffentlichte, zu zitieren. Danken möchte ich für die Antworten von Georg Horcicka (Wien), der ein sehr erhellendes Buch über die Zauberflöte verfasste, und Fredrik Wulz (Wien), der mir bei der Beschaffung von Aufsätzen behilflich war.

Dank an meinen alten Freund Andreas Fütterer für seine Unterstützung bei der Entstehung des Buches; meiner Frau Hildegard für Satz, Spiel und Sieg und meinen Kindern Katharina und Sebastian für ihre „bibliothekarischen Dienstleistungen". Dank auch an all jene, die ich vergessen habe und an diejenigen, die das berühmte Haar in der Suppe suchen: Machen Sie sich keine Sorgen, wenn sie es gefunden haben, es gibt sicher noch weitere.

Dank am Ende für den Anfang: *Die Zauberflöte*, die in ihrer komplexen Unbedarftheit nie unterschätzt werden sollte …

Gaggenau, im Juni 2017

Literatur

Ambos, Claus & Stephan Hotz & Gerald Schwedler & Stefan Weinfurter (Hg.). *Die Welt der Rituale. Von der Antike bis heute.* Darmstadt, 2005.

Apuleius: *Der goldene Esel.* Frankfurt, 1989.

Assmann, Jan. *Ägyptische Geheimnisse.* München, 2004.

Assmann, Jan. *Die Zauberflöte. Oper und Mysterium.* München, 2005.

Assmann, Jan. „Pythagoras und Lucius. Zwei Formen ägyptischer Mysterien". In: J. Assmann / Martin Bommas (Hg.): *Ägyptische Mysterien?* München, 2002.

Assmann, Jan. „Tod und Initiation im altägyptischen Totenglauben". In: *Gnostika*, Juli und Oktober 2001.

Becker, Max (Hg.). *Mozart. Sein Leben und seine Zeit in Texten und Bildern.* Frankfurt, 2000.

Bloch, Marc. *Die wundertätigen Könige.* München, 1998.

Böhme, Gernot & Hartmut Böhme. *Feuer, Wasser, Erde, Luft. Eine Kulturgeschichte der Elemente.* München, 1996.

Born, Ignaz von. „Die Mysterien der Aegyptier". In: *Journal für Freymaurer* 1, 1784, 15–132.

Born, Ignaz von. „Über die Mysterien der Indier". In: *Journal für Freymaurer* 4, 1784, 5–54.

Burkert, Walter. *Die Griechen und der Orient. Von Homer bis zu den Magiern*, München, 2003.

Charakteristik der Alten Mysterien für Gelehrte und Ungelehrte, Freimaurer und Fremde, aus den Originalschriftstellern. Frankfurt, 1787.

Coudert, Allison P. *Der Stein der Weisen. Die geheime Kunst der Alchemisten.* Bern, 1982.

„Crata Repoa, oder Einweihungen in der alten geheimen Gesellschaft der Aegyptien Priester". In: *Freymäurer Bibliothek.* 2. Stück, 3. Auflage. Berlin, 1783.

Culianu, Ioan P. *Eros und Magie in der Renaissance.* Geleitwort von Mircea Eliade. Aus dem Französischen von Ferdinand Leopold. Frankfurt, 2001.

Deininger, Bernd & Helmut Remmler. *Liebe und Leidenschaft in Mozarts Opern. Eine psychologische Deutung.* München, 2000.

Dieckmann, Friedrich. *Orpheus eingeweiht.* Berlin, 1983.

Edinger, Edward F. *Der Weg der Seele. Der psychotherapeutische Prozess im Spiegel der Alchemie.* München, 1990.

Einstein, Alfred. *Mozart. Sein Charakter, sein Werk.* Frankfurt, 1968.

Eleazar, Abraham *Uraltes chymisches Werck, welches ehedessen von dem Autore theils in Lateinischer und Arabischer, theils auch in Chaldäischer und Syrischer Sprache geschrieben, nachmals von einem Anonymo in unsere deutsche Muttersprache übersetzet, nun aber nebst zugehörigen Kupfern, Figuren, Gefässen, Dessen, einer kurzen Vorrede, nöthingen Registern, wie auch beygefügten Schlüssel derer in selbigem vorkommenden fremden Wörter, ingleichen einigen philosophischen Regeln von dem Steine der Weisen zu Nutz und Gebrauch aller Liebhaber der edlen hermetischen Philosophie, in II. Theilen zum öffentlichen Druck befördert worden durch Julium-Gervasium Schwatzburgicum, P.M.&I.P.E.* Erfurt: Augustinus Crusius, 1735.

Eliade, Mircea. *Das Heilige und das Profane.* Frankfurt, 1990.

Eliade, Mircea. *Geschichte der religiösen Ideen.* Vier Bände. Freiburg, 1994.

Eliade, Mircea. *Jugend ohne Jugend.* Frankfurt, 2008.

Eliade, Mircea. *Schmiede und Alchemisten.* Stuttgart, 1980.

Eliade, Mircea. *Der Magische Flug.* Sinzheim, 2000.

Eschenbach, Wolfram von. *Parzival.* München, 1980.

Flamel, Nicholas. *Chymische Schriften.* Sinzheim, 1996.

Flothuis, Marius. „Die Zauberflöte. Vorstufe und Werkbetrachtungen“. In: *Mozart Jahrbuch* 1996, 127–176.

Franz, Marie-Louise von. *Das Weibliche im Märchen.* Stuttgart, 1977.

Franz, Marie-Louise von. *Der ewige Jüngling. Der Puer aeternus und kreative Genius im Erwachsenen.* München, 1987.

Franz, Marie-Louise von. *Die Erlösung des Weiblichen im Manne. Der goldene Esel von Apuleius in tiefenpsychologischer Sicht.* Frankfurt, 1986.

Franz, Marie-Louise von. *Die Katze. Ein Märchen über die Erlösung des Weiblichen.* Küsnacht, 2008.

Frazer, James George. *Der goldene Zweig. Das Geheimnis von Glauben und Sitten der Völker.* Reinbek bei Hamburg, 1989.

Frede, Dorothea. „Die Orphik – Mysterienreligion oder Philosophie?“ In: Maurer Zenck, Claudia (Hg.): *Der Orpheus-Mythos von der Antike bis zur Gegenwart.* 229–246.

Frick, Karl R. H. *Die Erleuchteten. Gnostisch-theosophische und alchemistisch-rosenkreuzerische Geheimgesellschaften bis zum Ende des 18. Jahrhunderts. Ein Beitrag zur Geistesgeschichte der Neuzeit.* Graz, 1973.

Frick, Karl R. H. *Licht und Finsternis.* Teil 1: *Ursprünge und Anfänge.* Graz, 1975.

Frietsch, Wolfram. „Alchemie und Rosenkreuzer“. In: *Novalis*, November, Dezember 2000, 25–28.

Frietsch, Wolfram. „Die Anima als Mittlerin zum Selbst. Peter Handkes Erzählung ‚Die Linkshändige Frau‘“. In: Eva Jaeggi und Hilde Kronberg-Gödde (Hg.): *Zwischen den Zeilen. Literarische Werke psychologisch betrachtet.* Gießen, 2004, 349–358.

Frietsch, Wolfram. „Esoterik und Wissenschaft. Newton und die Alchemie, Leibniz und die Kabbala“. In: *Gnostika*, 14, April 2000, 15–26.

Frietsch, Wolfram. „Fama Fraternitatis. Über die Rosenkreuzer, ihre Herkunft und ihre Schriften“. In: *Tattva Viveka* 15, November 2000, 18–25.

Frietsch, Wolfram. „Hermann Hesses Chymische Hochzeit. Der Individuationsprozess in Hermann Hesses Roman Der Steppenwolf. In: *Jung Journal* 22, August 2009, 87–94.

Frietsch, Wolfram. *Intersubjektivität und Macht. Eine phänomenologische Untersuchung, basierend auf Edmund Husserls „Die Krisis der europäischen Wissenschaften und die transzendentale Phänomenologie“, bezogen auf magische Diskursfelder im Umkreis der Ethnologie als Raum „wilden Denkens“ in der Kultur.* Gaggenau, 2009.

Frietsch, Wolfram. „Muss die Rosenkreuzergeschichte neu geschrieben werden? Versuche zu Johann Valentin Andreae, Christian Rosencreutz und die Chymische Hochzeit“. In: *Gnostika*, 18, Juli 2001, 49–65.

Frietsch, Wolfram. *Newtons Geheimnis. Wissenschaft und Esoterik – Zwei Seiten einer Medaille.* Vorwort von Ruediger Dahlke. Gaggenau, 2006.

Frietsch, Wolfram. *Peter Handke – C.G. Jung: Selbstsuche – Selbstfindung – Selbstwerdung. Der Individuationsprozess in der modernen Literatur am Beispiel von Peter Handkes Texten.* Gaggenau, 2006. 2. Auflage.

Gebelein, Helmut. *Alchemie.* München, 1991.

Geisig, Daniela. *Die Anima. Der Archetyp des Lebendigen.* Mit einem Vorwort von Verena Kast. Zürich und Düsseldorf, 1996.

Gottschalk, Friedrich (Hg.). *Eine Wiener Freimaurerhandschrift aus dem 18. Jahrhundert von Bruder (Joseph) Baurnjöpel.* Herausgegeben und transkribiert von Friedrich Gottschalk. Zwei Bände. Graz, 1986.

Guillaume Emmanuel Joseph Guilhem de Clermont-Lodeve. *Des Freyherrn von Saint-Croix. Versuch über die alten Mysterien aus dem Französischen übersetzt, mit einigen Anmerkungen begleitet v. Carl Gotthold Lenz.* Gotha, 1790.

Heisig, Daniela. *Die Anima. Der Archetyp des Lebendigen.* Mit einem Vorwort von Verena Kast. Zürich und Düsseldorf, 1996.

Hildesheimer, Wolfgang. *Mozart.* Frankfurt, 1994.

Horcicka, Georg. „Dreimal drei Akkorde in der ‚Zauberflöte'". In: *Mozart Jahrbuch* 1997, 69–107.

Horcicka, Georg. *Vom Zauber der „Zauberflöte". Für Kenner und künftige Freunde Mozarts. Anlässlich des 250. Geburtstages des Komponisten 2006.* Wien, 2005.

Hornung, Erik. „Ägyptische Wurzeln der Isis-Mysterien". In: *Gnostika* 6, 1998.

Hornung, Erik. *Das esoterische Ägypten. Das geheime Wissen der Ägypter und sein Einfluß auf das Abendland.* München, 1999.

Hornung, Erik. *Der Eine und die Vielen. Altägyptische Götterwelt.* 6., vollst. überarb. und erw. Aufl. Darmstadt, 2005.

Jung, C. G. *Die Psychologie des Kundalini-Yoga.* Nach Aufzeichnungen des Seminars 1932. Hg. von Sonu Shamdasani. Zürich / Düsseldorf, 1998.

Jung, Carl Gustav. Gesammelte Werke. Düsseldorf, 1995.

Jungeblodt, Ursula. *Die Königin der Nacht. Schöpfungsprozesse zwischen Kunst und Therapie.* Freiburg, 1993.

Kaltenbrunner Gerd-Klaus. *Johannes ist sein Name. Priesterkönig, Gralshüter, Traumgestalt.* Heiterheim, 1993.

Kaltenbrunner, Gerd-Klaus. *Johannes ist sein Name. Priesterkönig, Gralshüter, Traumgestalt.* Heiterheim: Die Graue Edition, 1993.

Kast, Verena. *Die Dynamik der Symbole. Grundlagen der Psychotherapie.* Olten, 1990.

Kast, V. *Mann und Frau im Märchen. Eine psychologische Deutung.* Olten 1983.

Kast, Verena. *Paare. Beziehungsphantasien oder wie Götter sich in Menschen spiegeln.* Stuttgart, 1988.

Kast, Verena. *Vater-Töchter. Mutter-Söhne. Wege zur eigenen Identität aus Vater- und Mutterkomplexen.* Stuttgart, 2005.

Kingsley, Peter. *Die Traumfahrt des Parmenides. Die mystischen Wurzeln der westlichen Zivilisation.* Frankfurt, 2000.

Klibansky, Raymond & Erwin Panofsky & Fritz Saxl. *Saturn und Melancholie. Studien zur Geschichte der Naturphilosophie und Medizin, der Religion und der Kunst.* Frankfurt, 1994.

Klodt, Claudia. „Der Orpheus-Mythos in der Antike". In: Maurer Zenck & Claudia (Hg.): *Der Orpheus-Mythos von der Antike bis zur Gegenwart*, 37–98.

Maurer Zenck, Claudia (Hg.). *Der Orpheus-Mythos von der Antike bis zur Gegenwart.* Die Vorträge der interdisziplinären Ringvorlesung an der Universität Hamburg, Sommersemester 2003. Frankfurt, 2004.

Lenoir, Alexandre. *La franche-maçonnerie rendue à sa veritable origine, ou l'antiquité de la franche-maçonnerie prouvée par l'explication des mysteres anciens et modernens.* Paris, 1814.

Meiners, Christoph. *Über die Mysterien der Alten, besonders die Eleusinischen Geheimnisse.* Göttingen, 1776.

Meinhold, Günter: *Zauberflöte und Zauberflöten-Rezeption. Studien zu Emanuel Schikaneders Libretto „Die Zauberflöte" und seiner literarischen Rezeption.* Frankfurt, 2001.

Michaelsi, Axel (Hg.). *Die neue Kraft der Rituale.* Heidelberg, 2007.

Mila, Massimo. *Lettura del Flauto magica.* Torino, 1989.

Moritz, Karl Philipp. *Die symbolische Weisheit der Aegypter aus den verborgensten Denkmälern des Alterthums. Ein Theil der Aeyptischen Maurerey, der zu Rom nicht verbrannt worden.* Berlin, 1793.

Müller, Lutz & Anette Müller (Hg.). *Wörterbuch der analytischen Psychologie.* Düsseldorf, 2003.

Müller, Lutz. *Das tapfere Schneiderlein. List als Lebenskunst.* Stuttgart, 1987.

Narby, Jeremy. *Die kosmische Schlange. Auf den Pfaden der Schamanen zu den Ursprüngen modernen Wissens.* Stuttgart, 2001.

Nettl, Paul. *Musik u. Freimaurerei. Mozart u. d. königliche Kunst.* Esslingen, 1956.

Neumann, Erich. *Die Große Mutter. Eine Phänomenologie der Weiblichen Gestaltung des Unbewußten.* Olten und Freiburg im Breisgau, 1985.

Neumann, Erich. *Ursprungsgeschichte des Bewußtseins.* Mit einem Vorwort von C.G. Jung. Frankfurt, 1986.

Neumann, Erich *Zur Psychologie des Weiblichen.* Frankfurt, 1987.

Nordmann, Elmar & Gerd Schulle. *Die freimaurerische Idee in der Zauberflöte. Ein Spiegelbild antiker Mysterien.* Münster, 1993.

Oberhoff, Bernd. *Wolfgang A. Mozart. Die Zauberflöte. Ein psychoanalytischer Opernführer.* Gießen, 2006.

Ouspenski, P. D. *Tertium Organum. Der dritte Kanon des Denkens. Ein Schlüssel zu den Rätseln der Welt.* Bern, 1980.

Pahlen, Kurt: *Die Zauberflöte. Textbuch. Wolfgang Amadeus Mozart.* Einführung u. Kommentar Kurt Pahlen. Unter Mitarbeit v. Rosmarie König. Mainz, 2000.

Perl, Helmut. *Der Fall „Zauberflöte". Mozart und die Illuminaten.* Zürich, 2006.

Ploos, Emil Ernst et. al. *Alchimia. Ideologie und Technologie.* München, 1970.

Priesner, Claus & Karin Figala. *Alchemie. Lexikon einer hermetischen Wissenschaft.* München, 1998.

Robin, Claude. *Über die Einweihungen in alten und neuern Zeiten. Vom Abt R ... Memphis* [Leipzig] *5782* [1782].

Roesler, Christian. *Das Archetypenkonzept C. G. Jungs. Theorie, Forschung und Anwendung.* Stuttgart, 2016.

Rosenberg, Alfons. *Die Zauberflöte. Geschichte und Deutung von Mozarts Oper.* München, 1972.

Rosenberger, Veit. *Griechische Orakel. Eine Kulturgeschichte.* Darmstadt, 2001.

Samuels, Andrew. *Jung und seine Nachfolger. Neuere Entwicklungen der Analytischen Psychologie.* Stuttgart, 1989.

Schmidbauer, Wolfgang. *Das Geheimnis der Zauberflöte. Symbole der Reifung – Wege zur Integration.* Freiburg, 1995.

Schröder, Dorothea. „Orpheus auf der Opernbühne des 18. Jahrhunderts". In: Maurer Zenck, Claudia (Hg.): *Der Orpheus-Mythos von der Antike bis zur Gegenwart,* 99–118.

„Sethos-Roman". Rezension. In: *Freymäurer Bibliothek.* Erstes Stück, 3. Auflage. Berlin 1795, 127–137.

Silberer, Herbert. *Probleme der Mystik und ihrer Symbolik.* Gaggenau, 2016.

Simonis, Linda. *Die Kunst des Geheimen. Esoterische Kommunikation und ästhetische Darstellung im 18. Jahrhundert.* Heidelberg, 2002.

Staehelin, Elisabeth. „Zum Motiv der Pyramiden als Prüfungs- und Einweihungsstätten". In: *Gnostika,* Oktober 2001 und Februar 2002.

Stein, Murray. *C. G. Jungs Landkarte der Seele. Eine Einführung.* Düsseldorf, 2000.

Storch, Wolfgang (Hg.): *Mythos Orpheus. Texte von Vergil bis Ingeborg Bachmann.* Leipzig, 1997.

Terrasson, Abbé Jean. *Sethos. Histoire ou vie tirée des monumens anecdotes de l'ancienne Egypte. Traduite d'un manuscrit Gréc 1731.* Übersetzung von Matthias Claudius: *Geschichte des egyptischen Königs Sethos.* Breslau, 1777/78.

Treumann, Rudolf. *Die Elemente. Feuer, Wasser, Luft und Erde in Mythos und Wissenschaft.* Frankfurt, 1997.

Wolff, Toni. *Studien zu C. G. Jungs Psychologie.* Zürich, 1991.

Wunderlich, Werner (Hg.). *Mozarts Zauberflöte und ihre Dichter. Schikaneder, Vulpius, Goethe, Zuccalmaglio. Faksimiles und Editionen von Textbuch, Bearbeitungen und Fortsetzungen der Mozart-Oper.* Anif/Salzburg, 2007.

∞

Bildnachweis

50, 53, 70, 80, 101, 198, 199 und Motiv der Umschlaggestaltung aus: M. Alexandre Lenoir: *La Franche-Maçonnerie rendue à sa véritable origine* ... Paris, 1814.

76: „Auftritt der Königin der Nacht", Bühnenbildentwurf von Karl Friedrich Schinkel. Königliches Schauspiel- und Opernhaus Berlin, 1816.

82: Strahlenkranz-Madonna aus: *Das Lied der Seele – Dokumente abendländischer Mystik*, Gaggenau: AAGW, 2008.

157, 163: S. Trismosin: *Splendor Lucis*, London 16. Jahrhundert.

161: Nikolaus Flamel: *Chymische Werke*, Sinzheim: AAGW, 1996.

162, 164: Abraham Eleazar: *Uraltes Chymisches Werk*, Leipzig, 1760.

Übrige Abbildungen: Privatarchiv W. Frietsch.

Zum Autor

Wolfram Frietsch,

Dr. phil., M.A. Studium der Literaturwissenschaft, Musikwissenschaft und Politikwissenschaft in Freiburg und Heidelberg; 1. und 2. Staatsexamen Lehramt; Dozent an der Pädagogischen Hochschule Karlsruhe; Dozent in der Erwachsenenbildung; Vorsitzender der Gesellschaft für angewandte Philosophie in Baden-Baden; Autor und Vortragender in den Bereichen: Literatur, Musik, Philosophie, Politik, „Symbolsysteme“ und „Kreatives Schreiben“; Seminartätigkeit und Vorträge an C.G. Jung-Instituten in Basel, Freiburg, Köln, München und Stuttgart.

Unter anderem vom Autor bei scientia nova erschienen:

Wolfram Frietsch:

Peter Handke – C.G.Jung

Selbstsuche – Selbstfindung – Selbstwerdung

Der Individuationsprozess in der modernen Literatur
am Beispiel von Peter Handkes Texten

2. Auflage, 256 Seiten, Softcover.

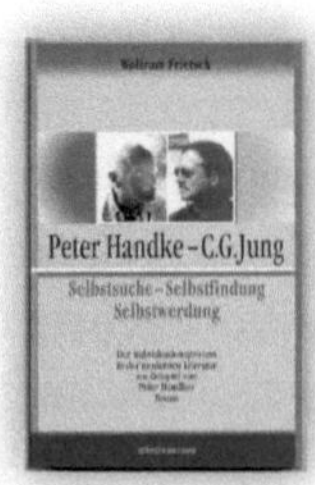

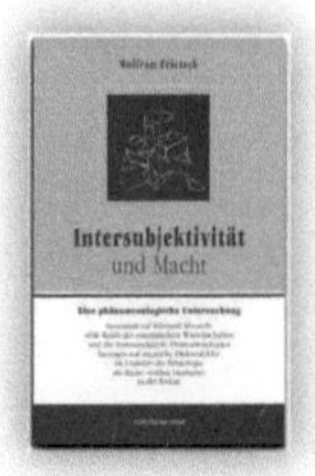

Wolfram Frietsch:

Intersubjektivität und Macht

Eine Phänomenologische Untersuchung
basierend auf Edmund Husserls „Die Krisis der europäischen Wissenschaften und die transzendentale Phänomenologie“
bezogen auf magische Diskursfelder im Umkreis der Ethnologie als Raum „wilden Denkens“ in der Kultur

172 Seiten, Softcover.

www.scientia-nova.de